国家社会科学基金资助

The Philosophical Foundation of Ecological Economics

生态经济学的哲学基础

张德昭 李树财／著

科学出版社
北京

图书在版编目(CIP)数据

生态经济学的哲学基础 /张德昭，李树财著. —北京：科学出版社，2013.9
ISBN 978-7-03-038569-7

Ⅰ.①生… Ⅱ.①张…②李… Ⅲ.①生态经济学-经济哲学-研究
Ⅳ.①F062.2-05

中国版本图书馆 CIP 数据核字（2013）第 214668 号

责任编辑：邹 聪 王酋艳/ 责任校对：宣 慧
责任印制：徐晓晨/ 封面设计：无极书装
编辑部电话：010-64035853
E-mail：houjunlin@mail.sciencep.com

科学出版社 出版
北京东黄城根北街 16 号
邮政编码：100717
http://www.sciencep.com
北京凌奇印刷有限责任公司 印刷
科学出版社发行 各地新华书店经销
*
2013 年 10 月第 一 版 开本：B5（720×1000）
2021 年 1 月第四次印刷 印张：13 1/4
字数：249 000

定价：58.00 元

（如有印装质量问题，我社负责调换）

目录

引言　生态经济学的哲学基础研究的意义、进展与视角

生态经济学的出现是20世纪经济学发展史上的重大事件，也是20世纪人类文明史的缩影。生态经济学的哲学基础问题是介于生态经济学和哲学两个学科之间的交叉领域，对这一问题的探究既是生态经济学研究的一个重要视角，也是哲学研究的一个重要课题。本书在开始对这一问题的探讨之前，有必要就研究生态经济学之哲学基础的重要意义、生态经济学学科目前所处的阶段、国内外学术界对生态经济学的哲学基础的研究进展、生态经济学的哲学基础的研究视角等问题作一概述性的说明。

一

首先，生态经济学的哲学基础研究具有重要的理论意义和现实意义。

从生态经济学学科自身发展的需要来看，生态经济学的学科建设和研究的深化有赖对其哲学基础的审视。自博尔丁(K. E. Boulding) 提出“生态经济学”这一概念以来，国内外学术界对生态经济学的研究已经取得了丰硕的成果，这些研究涉及生态经济学的学科定位、研究对象、理论基础、学科体系、研究方法，以及生态经济学与相关学科（如环境经济学、资源经济学、可持续发展经济学等）之间的关系等。虽然有部分研究已经开拓性地涉及对生态经济学之哲学基础的探讨，但这些研究总体上还没有形成系统的论述，而且大多主要立足于经济学角度。这种状况应该得到改变。在哲学大家族中，针对经济学有经济哲学，针对生态学有生态哲学，相应地，针对生态经济学也应该有生态经济哲学。生态经济学本身是一门跨学科的经济学学科，从

多学科、多角度，特别是从哲学高度系统、深入地研究生态经济学的理论基础，能够澄清相关问题的争论，深化对生态经济学的研究，推进其学科建设。

另外，从哲学自身发展的需要看，对生态经济学的哲学基础的研究能够推动相关学科的交叉研究，开拓出若干新的哲学研究领域和研究方向。生态经济学的哲学基础涉及自然科学、经济学、价值论、伦理学和发展理论等多学科的交叉研究，对这一问题的研究不仅能够深化对经济学与哲学之间关系问题的探索，而且能够开拓出生态经济学的存在论、自然哲学与经济学、自然科学与经济学，以及生态经济价值论、生态经济伦理学、生态经济的发展哲学等新的研究领域和研究方向。

从现实需要上看，坚持科学发展观，发展生态经济，实施可持续发展和建设生态文明都需要开展对生态经济学的哲学基础的研究。不同的经济学总是以不同的哲学为前提。不以正确的哲学为指导的经济学不是好的经济学，同样，不以正确的哲学为指导的经济发展也不可能是健康的经济发展。当代人类所面临的资源短缺、生态危机等问题的深层根源在于，经济发展过程中的世界观、价值观、伦理观和发展观等方面存在片面性。因此，从哲学高度审视生态经济学，透视生态经济学的哲学基础，揭示并建构生态经济学的存在论前提、自然观基础、价值观和伦理观基础、发展理念等问题，对于反思传统经济增长方式和现代文明的发展道路等具有重要意义，对于在中国特色社会主义建设实践中更好地坚持科学发展观，发展生态经济、实施可持续发展、建设生态文明亦具有指导作用。

二

在历史上，经济学比生态学出现得要早很多。一般认为，公元前5世纪到公元前4世纪的古希腊学者色诺芬（Xenophon）在其名著《经济论 雅典的收入》中最早使用了“经济”一词。“生态学”（ecologie）这一概念则是直到1866年才由德国生物学家、博物学家恩斯特·海克尔（E. Haeckel）创立。经济学和生态学出现之后一直独立发展，而将这两门学科结合起来所形成的“生态经济学”学科的出现则要晚很多，这是因为，生态经济学的出现还需要时代问题的推动。因此，尽管在历史上早就有生态经济学的思想奠基，但“生态经济学”这一概念的最早提出却是在1968年美国经济学家肯尼斯·博尔丁的著名论文《一门科学：生态经济学》中，这篇著名论文也因此成为生态经济学学科诞生的标志。从这一过程可以看出，生态经济学是在经济学发展到特定阶段后与生态学相结合而形成的，这意味着生态经济学的基本取向是探讨经济发展过程中的生态学问题，或者说是从生态学的角度研究经济发展规律。

自从生态经济学问世，它就受到国内外学术界的高度重视，至今仍是学术研究的热点。在当今世界各国的学术界中，生态经济学的研究机构已经成为学术建制的重要组成部分，生态经济学专业已经成为大学里的热门专业。1989 年，国际生态经济学学会（International Society for Ecological Economics）成立，与此同时，《生态经济学》（Ecological Economics）杂志创刊。此后，国际上先后有两个生态经济学的重要研究机构成立：一个是位于美国马里兰大学的生态经济学研究所（Institute for Ecological Economics in University of Maryland）；另外一个是位于瑞典首都斯德哥尔摩皇家科学院的北界国际生态经济学研究所（The Beijer Institute of Ecological Economics）。

哲学的目的和任务在于澄清前提、揭示根基和探索普遍性。有的学者认为，生态经济学的出现标志着经济学发展史上的一次范式（paradigm）转换。可以说，对生态经济学的哲学基础的探究实质上就是要揭示生态经济学的学科范式。问题在于，生态经济学的范式是否已经形成？这本身就是一个很难明确说明的问题。在现代西方科学哲学中，“范式”这一重要范畴是美国科学哲学家库恩（T. Kuhn）于 1959 年率先提出来的。不过，这一范畴在库恩的著作中并没有确定的含义。据相关学者统计，库恩本人曾经在二十多种不同的意义上使用“范式”一词。大致说来，“范式”指的是科学共同体成员共同具有的“研究传统”、“理论框架”、“理论上和方法论上的信念”、科学的“模型”和具体运用的“范例”，以及指导和联系理论体系与心理认识的自然观或世界观。库恩在 1962 年出版的《科学革命的结构》一书中提出，科学发展的基本模式是：前科学—常规科学（形成范式）—科学危机—科学革命（新的范式取代旧的范式）—新的常规科学……他认为，在一个学科内部，共同的东西是否已经形成是判断这一学科是否已经成为常规科学的基本标准。换言之，判断一个学科是否已经成为常规科学的标准就是看这个学科的“范式”是否已经形成。因此，我们有理由认为，生态经济学的哲学基础实质上就是指生态经济学的范式，是生态经济学中已经形成的比较稳定的、共同的哲学观念。

那么，生态经济学的学科范式是否已经形成呢？在很大程度上可以说，生态经济学目前还大致处于库恩所说的科学发展之“前科学”阶段。按照库恩的看法，“前科学”阶段指的是该学科的“范式”还没有完全形成的阶段，这一阶段的基本特点是：从事同类学科研究的学者们对共同研究的科学问题在基本观点上很不一致，各种理论长期争辩和彼此竞争，还没有被大家所共同接受的公认的理论模式。

到目前为止，生态经济学并没有形成如同古典经济学（classical economics）或新古典经济学（neoclassical economics）那样为经济学家们所普遍接受和遵循的学科范式。事实上，在目前的生态经济学研究中，学派林立，争论丛生。例如，在关于生态环境对经济发展的制约性问题上，有“悲观主义”、“乐观主义”和“现实主义”之争；在与生态经济学相关的学科类型上存在着诸多具有维特根斯坦（L. Wittgenstein）所说的“家族相似”（family resemblance）性的学科，如“稳态经济观”、“循环经济观”、“低碳经济观”、“节约型经济观”、“绿色经济观”、“可持续发展经济学”、“环境经济学”等；在与生态经济学相关的发展理念上，有“可持续发展观”、“科学发展观”、“绿色发展观”等提法；在人类应该以生态经济为基础建设什么样的社会形态和文明形态这一问题上，有“环境友好型社会”、“资源节约型社会”、“和谐社会”、“生态社会”、“生态文明”、“绿色文明”等多种提法。因此，我们有理由认为，生态经济学的学科范式尚未完全形成。但是，任何学科的范式都不一定是完全自发形成的，我们可以深入探讨、寻找生态经济学的学科范式，这也是生态经济学学科发展的内在要求。因此，研究生态经济学的哲学基础，重点不仅在于揭示生态经济学的哲学基础**已经**是什么，而且在于揭示生态经济学的哲学基础**应该**是什么。

目前，国内外学术界对生态经济学的哲学基础的研究还比较少，系统的研究更少。迄今为止，在中国国家图书馆可以查阅到的与生态经济学的哲学基础相关的专著只有一本，书名是 Philosophical Basics of Ecology and Economy①，而且这本书也仅是与生态经济学的哲学基础相关。可以说，直接研究生态经济学的哲学基础的专著无论国内学术界还是国外学术界都还是一个空白点。但是，这种状况并不等于说国内外学术界的研究还没有涉及生态经济学的哲学基础这一问题。事实上，国内外学者在对生态经济学基本理论问题的研究中，都一再涉及对生态经济学哲学基础问题的探索，这些探索是本书对生态经济学的哲学基础进行系统研究的宝贵基础。从整体上看，生态经济学的**自然观**基础、生态经济学的**价值论**和**伦理学**基础，以及生态经济学的**发展理念**等问题是国内外学术界关注的重点。显然，尽管这些方面是生态经济学的哲学基础所涉及的主要方面，但相关的研究还有待深入化、系统化。同时，生态经济学的哲学基础还应该包含更广阔的内容，如生态经济学的**研究纲领**、生态经济学的**存在论前提**、**生态经济学与自然科学的关系**等。其中，存在论问题是最能反映生态经济学之哲学内涵的核心问题。

三

系统研究生态经济学的哲学基础，必须选择特定的研究视角，这个研究视

① Faber M, Manstetten R. 2010. Philosophical Basics of Ecology and Economy. New York : Routledge.

角的选择应该从当代哲学发展的大背景，尤其是从当代哲学的存在论转向上确定。当代哲学之存在论转向的阿基米德点在于凸显人的**生存**的意义。对生存问题的关注是当代哲学的主题，它表现为批判与建构的双重维度：在胡塞尔(E. E. Husserl)的现象学中，批判的维度是对理性判断进行“现象学悬置”、“加括号”，建构的维度则是主张“返还生活世界”、“面向事情本身”；在海德格尔(M. Heidegger)的生存论中，批判的维度表现为与自柏拉图以来的理性主义传统的决裂，建构的维度则试图重新唤起对存在的记忆，回到人与世界的“原初关联”；在维特根斯坦的哲学中，从前期的语言“图像论”转变到后期的“生活游戏学说”或“家族相似论”；在费耶阿本德（P. Feyerabend）的科学哲学中，批判的维度表现为“告别理性”、“反对方法”，建构的维度则表现为主张“怎么都行”、“科学是一种无政府主义”及文化相对主义；如此等等。正是在这里，当代哲学的科学观超越并转换了传统哲学的科学观，而这一超越和转换的核心是对科学之生存论界面的开启。生存论界面的开启使当代哲学对“科学”概念的理解有了根本转变，这一转变的核心是从“小科学”转变为“大科学”，从关注“内史”转变为关注“外史”、从知识论路向转变到生存论路向，即不再把科学仅仅视为由理性概念和逻辑命题等所组成的知识体系，而是把科学视为人的实践方式和在世存在的方式；不再仅仅从内在的视野上把科学视为具有自身逻辑结构的理性知识，而且从外在的视野上把科学视为与整个人类文化母体相关的文化形式；不再仅从科学发展的内在逻辑演进方面把科学视为独立的理智演进过程，而且把科学视为在整个人类文化母体中成长发展的历史过程。将科学文化与人文文化统一起来并从两种文化统一的高度理解科学和科学史，这就是当代哲学之科学观的基本特征。

从存在论维度看，生态经济学的出现与当代哲学的存在论转向是密切相关的。当代哲学对科学的全新理解也影响到经济学。如果不否认经济学也是一门科学，那么可以说，经济学不仅是一种智力成果，更是一种人类文化形式，经济学史首先是人类文明史。同时，经济学不仅是一种理性知识，而且是人的实践方式和在世存在的方式。事实上，当代经济学对“经济学”这一概念本身的理解已经不同于以往。其中，生态经济学的出现就是明证。如果从科学文化与人文文化统一的角度看，生态经济学的产生是经济学发展史内在逻辑演进的理论成果，更是经济学外部的社会实践、人类文化发展的产物。事实上，生态经济学在20世纪60年代出现不是偶然的，它的产生有其深刻的文化人类学根源，它不仅是经济学出现转折的信号，而且是人类文化、文明形态、人的生存方式和实践方式出现转折的重要信号。

上述存在论关系表现在学科之间的关系上就是，生态经济学不是经济学单一学科发展的产物，而是整个人类文化——尤其是哲学、生态学、物理学、生物学、系统科学、价值论和伦理学等学科发展的结晶。特别是，生态经济学的出现显然受到19世纪后半叶到20世纪前半叶自然科学发展的重大影响。研究生态经济学的基本著作及其发展历史不难发现，在生态经济学的基本主张中，明显透射出它与物理学、生物学、生态学和一般系统论等学科之间不可分割的内在联系。因此，生态经济学体现了当代经济学与当代哲学、自然科学各学科交叉发展与彼此渗透的趋势，特别是它与自然科学的发展密切相关。可以说，生态经济学就是经济学与哲学、生态学、自然科学等各门学科之间相互交叉和彼此渗透的产物。

但是，生态经济学的出现绝不是经济学与其他学科之间的一种单纯的知识嫁接，它更深深地扎根于人类的生存和实践之中，它是对环境、发展和生态危机等时代问题的积极回应。

本研究试图以马克思主义哲学为指导，结合生态经济学现有的理论和学说，在充分认识生态经济学的特殊性，以及全面总结国内外生态经济学已有研究成果的基础上，结合当代哲学、自然科学发展的基本背景和时代特征，深入分析生态经济学的哲学基础。以马克思主义哲学所开启的存在论与海德格尔的生存论对话的境域为切入点，系统构建生态经济学之哲学基础的理论框架。在此基础上，按照历史与逻辑相统一、理论与实践相结合的原则，从哲学高度系统总结生态经济发展过程中存在的问题及其对策。然后从坚持科学发展观、建设生态文明、实现可持续发展的现实需要出发，提出对中国特色社会主义建设具有指导意义的哲学论述，尝试性地建构与科学发展观和生态文明建设要求相适应的生态经济的世界观、方法论、价值观、伦理观和发展观，深化对生态经济学、生态经济哲学，以及坚持和落实科学发展观过程中的若干重大理论与现实问题的研究。

第一章 生态经济学的理论发轫

马克思说："任何真正的哲学都是自己时代精神的精华。"[①] 哲学是在思想中把握它自己的时代。生态经济学是特定历史时代的产物，它蕴含着特定的时代内涵。为了准确揭示生态经济学的哲学基础，有必要首先考察生态经济学赖以产生的时代背景。从这个维度看，生态经济学产生的根源是多方面的，它与经济学自身发展所暴露出来的理论问题有关，与当代哲学的发展和自然科学的进步有关，与传统经济发展方式所引发的资源环境问题更有着深刻的内在联系。限于篇幅，这里仅从哲学层面简要考察两个问题：一是从经济学自身理论发展的历史视野，考察生态经济学产生的理论必然性；二是从社会实践发展的历史视野，考察生态经济学产生的现实必然性。

第一节 生态经济学产生的理论必然性

在科学的大家族中，经济学素来被冠以"社会科学的皇后"这样的美誉。从生存论的意义上说，经济学研究的是人的在世存在的方式；从知识论的意义上说，经济学是对经济现象背后的本质和规律的揭示，是经济实践活动在理论上的反映。不同历史时期的经济学所针对的中心问题是不同的，因而不同历史时期的经济学思想的侧重点也存在很大差异。经济活动是人类生产、交换、分配并消费物质财富的实践活动。人类将自己关于经济活动的认识，通过系统化、理论化的总结和加工转变为经济学理论。

① 马克思，恩格斯.1965.马克思恩格斯全集.1卷.中共中央马克思恩格斯列宁斯大林著作编译局译.北京：人民出版社：121.

经济学就是用来解释经济现象、研究经济活动规律的科学，它关注的主要问题是，人类在经济活动过程中如何因利益的驱动，在特定的约束条件下实现自身利益的最大化。同时，经济学还探讨使经济系统走向某种均衡化、有序化、组织化状态的基本途径和方法。

马克思主义认识论认为，理论来源于实践又反过来指导实践，从实践中来，到实践中去，如此循环往复，以至无穷。社会实践的基本形式有三种，即生产物质资料的实践、处理社会关系的实践和科学实验。作为最基本的实践形式，经济活动是社会发展的前提和基础。在此基础上，人类通过揭示经济活动的本质和规律，建立起经济学的知识体系并转而为经济发展的实践服务。由于任何实践都是具体的、历史的，经济活动也不例外，因而每一时代的经济学都既有其积极的进步性也有其时代局限性。事实证明，在历史上能够传承下来的经济学学说，都无不反映了当时经济发展过程中的主要矛盾和主要问题，并以这些主要矛盾和主要问题作为研究中心，形成特定的学说。因此，经济学的“问题域”或“研究域”总是随着经济实践活动的主要矛盾的转换而转换。同时，也正是不同时代的经济学所关注的问题域和研究域的差异推动了经济学的发展。经济学来源于经济实践，又反过来对经济实践起着指导作用，因此，如果要使经济学能够促进经济活动的健康发展，就必须系统了解经济学学科发展的历史，针对崭新的时代问题，不断变革经济学理论。

一、经济学发展中存在的问题

早在14～15世纪的欧洲，资本主义生产关系就已经开始萌芽。自资本主义生产方式确立以来，尤其是第二次世界大战结束以来，经济迅速增长，物质财富极大丰富，同时，经济发展也推动了科学技术、人类文化和社会的整体进步。当然，这首先应当归功于资本主义先进的生产关系对生产力的解放作用。

资本主义在经济上的巨大成功及其问题都表征于**现代性**（modernity）。“现代性”这一概念包含多重含义，但就资本主义经济发展过程来说，现代性的核心是**理性化**，即理性地追求**经济利益**。现代性的基本观念是，认为一切皆可以按照理性的逻辑建构出来，并且随着理性逻辑的不断改进，社会机器的运转效率能够得到不断提高。现代性在经济领域中的体现是：认为在经济发展过程中能够通过建立理性的经济秩序，使经济活动完全按照理性的逻辑建构出来并进行运转，从而获得最大的经济效益。马克斯·韦伯（M. Weiber）在《新教伦理与资本主义精神》一书中较早谈到现代性的特征。他说：“只有在西方，才发展出一种理性的、有系统的专业科学研究，亦即由一群训练有素的**专业人士**所经营的学术，他们现今已居于一种近乎文化支配的重要地位。尤其是专业性的**官员**，他们乃西方近代国家与近代经济的基石。”[①] 韦伯认为，“资本主义不外乎以持续不断的、理性的资本主义‘经营’（betrieb）来追求利得，追求一再**增新的**利得，也就是追求‘**收益性**’。”[②] 资本主义经济的不断增长使人们确信，经济效益的提高与理性的进步是同步的。只要不断改进生产方式和经济活动的理性逻辑，不断扩大投资规模和生产规模，经济的发展和增长就能够得到不断扩大，经济效益就可以得到不断提高。由于经济发展是社会发展的决定性力量，经济发展必然带动社会其他方面的全面进步，推进政治民主、文化发达、教育进步、观念更新、生活方式更加先进等。现代性使人类沉浸在经济增长、社会文明进步的乐观主义信念之中。

现代性的一个必然结果是，将自然界作为理性存在者纳入资本主义经济发展的内在逻辑之中，从而导致自然界**自身性**的丧失。在资本主义现代化过程中，自然界不是“自然”而是“非自然”，即不是以它自身而存在，而是以经济系统的理性要素而存在。因此，这种完全以理性逻辑推动经济增长为核心的经济发展是以消耗大量不可再生的自然资源为代价的。人类通过控制自然、改造自然和征服自然以实现经济增长，进而满足自己不断增长的物质需要，这是自近代以来的资本主义经济发展所遵循的基本思路。随着时间的推移，这样的经济发展越来越显露出它的问题和局限性，这些问题和局限性在进入20世纪以后表现得日益突出，如人口与日俱增、生态环境日趋恶化、自然资源因消耗量的不断增加而日益枯竭等。同时，这些问题反过来又严重制约了经济和社会的健康发展，甚至发出了经济发展和人类文明能否持续的警讯。于是，人与自然、经济系统与生态系统之间的依存关系凸显出来，并成为经济学面临的重大时代课题。

资本主义经济发展过程中所包含的现代性是以主流经济学为其理论根据的，反过来，主流经济学则是资本主义经济发展过程中出现的现代性的理论形态。本书所谓主流经济学，主要指的是古典经济学、微观经济学（microeconomics）、宏观经济学（macroeconomics）及新制度经济学（new institutional economics），尤其是经济学中的**机械论传统**。从古典经济学开始，由于受到以牛顿经典力学为代表的近代机械论科学和机械论哲学的影响，机械论观念渗透到经济学领域中成为经济学研究的基本观念和范式，形成了经济学中的机械论传统。包括机械论经济观在内的主流经济学，无论在理论上还是实践上都取得了巨大成功，但是，它也存在着一些明显的问题和局限。

---

① 马克斯·韦伯．2007．新教伦理与资本主义精神．康乐，简惠美译．桂林：广西师范大学出版社：3.

② 马克斯·韦伯．2007．新教伦理与资本主义精神．康乐，简惠美译．桂林：广西师范大学出版社：5.

（一）“只见事实的科学”

既然现代性的核心是理性地追求经济利益，那么，按照什么样的理性知识来指导经济发展、建构经济秩序呢？解决这一问题成为经济学的重要任务。自经济学形成系统性的理论开始，其正确发展方向应该是什么就成为一个具有特殊重要性的问题。这一问题不断地困扰着不同时期、不同流派的经济学家。围绕这一问题，在经济学史上出现了实证主义（positivism）与规范主义之间的反复争论。从存在论上看，这一争论实质上是主体与客体、事实与价值两分的二元论（dualism）在经济学中的具体表现。不过，尽管经济学中有实证主义与规范主义之分，但是，由于实证主义经济观在经济学中长期居于霸主地位，实证主义与规范主义之间争论的结论预先就被认为是毋庸置疑的——实证主义已经为经济学指明了唯一科学的发展方向。

作为一种哲学思潮，实证主义产生于19世纪30～40年代的法国和英国等国家，它的创始人是法国哲学家和社会学家孔德（A. Comte）。实证主义是随着近代自然科学的兴盛而逐步形成并渗透到经济学中的，它的形成与以牛顿力学为主导的机械论科学和哲学直接相关。在近代科学之初，培根（F. Bacon）、伽利略（G. Galilei）等否定了古希腊的有机论及目的论的研究方法，伽利略等更是将近代科学引向对自然界数量关系的研究，最终形成了对科学和哲学具有深远影响的机械论哲学。机械论以物质与精神、主体与客体、主观与客观两分的二元论为其本体论基础，在此基础上形成了以分析方法、还原方法和实证方法为核心的科学研究方法。因此，随着西方自然科学进入近代科学阶段，自然科学在方法论上也随之进入了以实证主义研究方法为中心的时代。

在哲学史上，实证主义主要经历了三代，即以孔德等为代表的早期实证主义、以马赫（E. Mach）等为代表的第二代实证主义，以及以维特根斯坦等为代表的逻辑实证主义。实证主义强调对现象的研究而拒斥形而上学，主张以人对外部世界的感性经验为基础，通过归纳而不是理性达到对客观对象的科学认知。实证方法主张，客观世界与人的主观世界分离，它是唯一客观、真实的世界。科学应该是对客观世界之本质和规律的揭示，只有与客观世界相符合的认识或知识才是科学、真理，这种具有客观性的科学和真理才是人类实践活动唯一正确的指南。作为一种哲学思潮，实证主义是以理性主义的对立面出现的，但二者其实两极相通。因为不仅实证主义与理性主义的本体论基础完全一致，而且实证主义强调从经验上升到理论，按照实证原则建构起来的知识体系最终也是以理性知识来表达的。

实证主义研究方法在自然科学领域肇始以后，推动了自然科学的极大发展并取得巨大成功，这种成功奠定了自然科学在各门学科中的霸主地位。与此相应，自然科学的基本观念和研究方法对其他学科形成极权态势，各门学科纷纷模仿自然科学的实证方法，这实质上是科学主义（scientism）的开端。实证方法使各门学科的学者们坚信，实证主义是人类迄今为止所发明的唯一科学的研究方法，它是各门科学获得可靠的真理性知识从而达到对客观世界确定性描述的唯一可靠的方法。如此一来，实证主义不仅对自然科学的发展产生了重大影响，而且对社会科学尤其是经济学的发展也产生了至关重要的影响。它不仅被认为是自然科学研究所应该遵循的唯一正确的方法，而且也被认为是包括经济学在内的所有社会科学研究都应该遵循的正确方法。

实证主义在经济学中的应用和推广，使它作为一种世界观和方法论在经济学研究中长期处于霸权地位。它不仅成为经济学家们的基本信念，而且也成为经济学家们信奉的唯一科学的研究方法。经济学家们坚信，“经济活动仅仅需要而且应该遵循客观经济规律。”由于经济学与自然科学一样是对客观世界本质和规律的正确反映，经济学与自然科学一样是价值中立的。经济学应该只关心事实问题而不应该关心价值问题；应该只关心经济规律“是什么”，而不需要关心经济学的目的“应该”怎么样。一句话，以价值判断为基础的规范方法应该从经济学中被驱逐出去。不仅如此，这种对价值、伦理问题的剔除并不妨碍经济政策的制定和对经济实践活动提供有意义的指南。这样，经济学与包括自然科学和其他社会科学在内的所有学科一样成为胡塞尔所说的“只见事实的科学”，经济学朝着事实化、客观化和中立化的方向发展。经济现象的本质和规律成为经济学唯一的研究对象，对经济活动之本质和规律的揭示成为经济学的基本任务。这种关于事实的经济学及其因实证方法的使用而获得的精确性、严密性，使经济学彻底摆脱价值论、伦理学的束缚而独立发展，而运用实证方法对经济现象本质和规律的正确揭示，为经济学获得了与其他社会科学和自然科学学科相当的平等地位，成为经济学学科获得尊重和支持的重要前提。

实证主义对经济学发展固然有其积极意义，但其问题也是显而易见的。它的问题在于见物不见人，忽视了经济发展过程中的规范、价值和伦理维度，忽视了事实与价值，以及客观经济规律与人的感性生存之间的矛盾。正如胡塞尔所说：“在十九世纪后半叶，现代人让自己的整个世界观受实证科学支配，并迷惑于实证科学所造就的‘繁荣’，这种独特现象意味着，现代人漫不经心地抹去了那些对于真正的人来说至关重要的问题。只见事实的科学造成了只见事实的人。”① 实证主义的局限性在20世纪中叶以来的半个世纪里引起了经济学家们的高度重视，不少经济学家对经济学中的实证方法提出了批评，同时也提出了一系列崭新的经济学理论，这些理论创新都是经济学中超越实证主义观念和方法

---

① 埃德蒙德·胡塞尔.2005.欧洲科学危机和超验现象学.张庆熊译.上海：上海译文出版社：7.

的努力，它们几乎都试图凸显经济发展过程中人的地位，凸显经济发展的规范、价值和伦理维度。如奥裔英国经济学家和哲学家哈耶克（F. A. Hayek）在批判理性建构主义（rational constructivism）的基础上，提出了"演化理性主义"，认为人是一种追求目的（purpose-seeking）和遵循规则（rule-following）的动物；美国著名经济学家和管理学家西蒙（H. A. Simon）提出了"有限理性"论，他认为经济学和管理学中的"人"应该是介于理性与非理性之间的"有限理性人"；美国学者格兰诺维特（M. Granovetter）在"嵌入理论"中提出了"社会人"假设，认为经济行为是嵌入社会关系和社会结构之中的；如此等等。同时，历史主义、后现代主义等思潮在现代经济学研究中的兴起，也是对经济学中实证主义观念和方法的某种批判与超越。

近代以来的经济学发展史已经证明了这样一个基本事实：不涉及价值、伦理、道德和规范的经济学是不完整的经济学，也是不好的经济学。包括经济学在内的全部社会科学都不仅应该是关于事实的科学，而且应该是关于价值的科学；不仅应该是关于客观事物本质和规律的科学，而且应该是关于人的科学。因此，经济学的社会科学本性决定了它不能完全按照实证主义的方向发展下去，也不能仅是对经济现象之本质和规律的揭示，经济学不可避免地要关心价值问题、伦理问题和规范问题。为此，经济学必须超越其客观化倾向，发展出它的人文维度，将人的感性生存突出出来作为其终极关怀和终极目的，将关于事实的科学与关于人的科学这两个方面统一于一体，只有这样的经济学才是完整的、好的经济学。因此，当代哲学的主题——科学文化与人文文化的统一，也是经济学的新发展所必须面对的主题。生态经济学正是针对这一主题的一种理论回应。

（二）"不见人的科学"

从另一方面看，"只见事实的科学"也就是"不见人的科学"。人怎样对待物，人就怎样对待人自身。与经济学成为只见事实的科学、人成为只见事实的人相对应，人本身也被物化为事实来对待。主流经济学——尤其是机械论经济观——在片面强调客观经济规律对经济发展的指导作用的同时，忽视了人的感性生存；在片面强调经济发展的合规律性的同时，忽视了经济发展的合目的性。事实上，经济发展的客观规律与人的感性生存之间并不完全一致，与人的目的也并不完全符合。因此，当经济学专注于揭示经济发展的客观规律时，势必忽视人的本源性生存，忽视人的目的。

实证主义经济观是一种本质主义经济观，其存在论基础是知识论而不是生存论。按照实证主义经济观的基本思路，经济学应该从关于经济活动的经验事实出发，归纳出经济活动的本质和规律。显然，通过归纳法所建立起来的经济学原理是用知性概念和理性逻辑来表述的知识体系，它具有普遍性、绝对性，以这样的经济学理论来指导经济发展和经济活动，必然导致对人的感性生存之真实性、特殊性和相对性的破坏。胡塞尔指出："在人生的根本问题上，实证科学对我们什么也没有说。实证科学正是在原则上排斥了一个在我们的时代中，人面对命运攸关的根本变革必须立即作出回答的问题：探问整个人生有无意义。……单纯的关于物体的科学对此显然是无话可说的，它们完全舍弃主观方面的问题。"①

机械论经济观的另一个特征在于它的理性化。笛卡儿（R. Descartes）提出的命题"我思故我在"就是对人的自我意识和理性的凸显。因此，近代哲学的关注点不仅在于客体，而且是以人的理性去揭示客体的本质。然而，理性化就是抽象化，它在将经济生活抽象为理性知识的同时，遮蔽了经济活动的丰富多彩的特殊性。机械论经济学作为一种理性经济学，其理性主义特征的一个重要表现是数学的使用。与近代其他科学门类一样，追求确定性成为经济学的基本理想，这一理想使经济学成为社会科学中数学化程度最高的学科。数学成为经济学专业的必修课程，不懂数学似乎就不懂经济学，不应用数学的经济学似乎就算不上真正的科学。古典经济学的主要代表威廉·佩蒂（W. Petty）、亚当·斯密（A. Smith）等都倡导在经济学研究中使用数学，这导致经济学成为社会科学中唯一像自然科学那样运用数学的学科。数学在经济学中的过度使用意味着，丰富多彩的、本源性的经济活动和人的感性生活被抽象为可以用数学公式符号加以量化处理的对象。胡塞尔说："通过伽利略对自然的数学化，自然本身在新的数学的指导下被理念化了：自然本身成为——用现代的方式来表达——一种数学的集（mannigfaltigkeit）。"② 因此，经济学的数学化意味着经济学将经济发展、经济活动和人的经济生活抽象为"数学的集"，并衍生出现代性的计算理性。经济活动和人的抽象化同时也就伴随着经济活动和人自身的理性化、物化，人被抽象为理性经济人，经济活动被抽象为理性的物质增长过程。

经济学的实证化和理性化固然在一定范围内有其合理性，但是，它一旦被运用来指导经济实践，成为经济生活所遵循的指南和准则，就可能导致经济实践活动和经济生活的异化。

首先，它忽视了知识论的经济观对人的感性生存的抽象所带来的问题，特别是经济发展的客观规律与人的感性生存之间的冲突，以及经济发展规律与人的目的、价值和伦理之间的矛盾。经济学朝着知识论路向发展，成为纯粹以揭示经济现象之本质和规律为己任的客观知识。人类确立起这样的信念，认为完全可以运用经济学的客观知识和理性逻辑，在经济实践和经济生活中建立起理

---

① 埃德蒙德·胡塞尔．2005．欧洲科学危机和超验现象学．张庆熊译．上海：上海译文出版社：7．

② 埃德蒙德·胡塞尔．2005．欧洲科学危机和超验现象学．张庆熊译．上海：上海译文出版社：32．

性秩序，并且随着经济学本身的进步，这种理性秩序能够得到不断改进，从而推动经济活动效率的不断提高。不断的理性化意味着经济效益的不断提高，反过来，经济效益的不断提高又推动经济活动的不断理性化。在这一现代性信念的支配下，经济学将经济发展视为仿佛外在于人、与人分离的客观对象，并试图揭示经济发展之“物”的客观运行规律，人本身也被物化并放置到经济发展的客观运行过程中作为一个经济要素加以解剖和研究。

其次，机械论经济观割裂了人的理性、经济属性与人的其他丰富属性之间的关系。经济学的实证化和理性化的最终结果，是使经济发展成为纯粹的物质过程，人本身成为纯粹的物质性存在。从这个意义上说，机械论经济观不是忽视人的感性生存的全部方面，而是忽视人的物质性生存之外的其他生存维度；它也不是排斥人的全部目的，而是排斥人的物质需要和物质利益之外的其他目的。当人被抽象为理性经济人时，超越于物质利益和经济利益之外的人的自由全面发展，以及丰富而具体的感性生存就被经济学忽略不计了。经济人不再是具有丰富多彩的需要、利益和个性特征的活生生的人，不再是感性生存着的道德的人、文化的人和生态的人，而是完全按照经济发展的客观规律行动的“机器人”，真实的人被抽象为单纯追求物质利益的理性人、“单面人”或“单向度的人”，即追求以最小的物质代价获取最大物质利益的经济人。人的经济理性凸显出来，完全遵循经济学的理性原则。经济学只关注人的物质需要的单面满足，漠视或忽略人的非经济的目的、需要、价值、道德和伦理，甚至经济发展过程中的公平、正义等问题也随之被忽视了。以这样的经济学为指南的经济实践和经济生活就被抽象为单纯的物质活动，而不能体现人类实践活动之自由自觉的性质。

最后，机械论经济观加剧了对自然环境的破坏。与人被抽象为经济人、经济活动被抽象为物质活动同步，自然界也被抽象为“资源”或“能源”，自然界在物质属性和经济属性之外的其他丰富属性被遮蔽了。从这个意义上说，经济学的实证化和理性化只不过是对自然界的一种宰制方式而已，它以人的经济利益最大化为目标，以能够纳入经济系统中的要素和自然资源作为配置的对象，忽视经济活动对生态系统和自然环境的影响，忽视经济发展的生态成本。这就会导致人的存在的片面化、经济发展的片面化，也势必导致自然界存在的片面化，最终导致环境问题、生态危机和资源短缺等问题的出现，甚至导致经济发展本身的不可持续。

事实证明，如果经济学仅关注对人的物质需要的满足，不仅会导致人的物欲的过度释放，而且必然导致对生态环境的破坏。人们对物质财富的追求不再仅基于基本的生存需要，而是远远超出生存需要之基本水平的无止境的物质追逐。同时，经济人在经济活动过程中的价值取向被归结为单纯的经济取向、物质取向；市场经济的个人利益原则在价值观上表现为以追求物质利益为核心的个人主义，这两个方面结合形成**个人物质利益主义**。它在人与人之间形成以经济利益为核心的竞争，而自然界则沦为这种竞争的工具和手段。获取物质财富的多寡成为评判经济理论好坏和经济实践成败的根本标准，甚至成为人的社会地位和权力的象征。相应地，人们在现实生活中的生存方式、消费方式也表现为对物质财富的过度挥霍，人们在经济活动中考虑的中心问题是，如何以最小的物质投入取得最大的经济利益，而不必考虑经济活动和利益竞争对生态环境造成的可能后果。经济利益的竞争也体现在地区与地区、国家与国家之间，它在价值层面表现为经济发展过程中的本位主义、国家主义。各个地区、各国政府总是更多关注本地区、本国物质和经济利益的扩展，忽视与其他地区、其他国家的协调发展。自然资源和经济利益的竞争甚至延伸为争夺自然资源的国际战争。经济发展中的全球正义、代内公平和代际公平、人的环境保护意识和责任等都被遮蔽。自然界成为经济发展，以及国与国之间、地区与地区之间经济竞争的牺牲品，其结果就是资源枯竭、生态危机等问题的出现。

经济发展中出现的上述问题和危机同时也是经济学理论自身的危机，因而需要对经济学进行根本性的反思和超越。反思和超越的根本方向是在经济学中凸显对普遍主义、本质主义、理性主义和实证主义的批判，凸显人的感性生存的重要性；凸显经济发展过程中科学与人文、合规律性与合目的性的统一；凸显人的物质需要与其他需要、物质属性与其他属性之间的关系；凸显自然界的经济属性与其自身性之间的关系；凸显经济发展过程中人的环境保护意识、环境保护责任等。生态经济学就是这种反思和超越的理论产物。

（三）割裂经济系统与生态系统的关系

从整体上看，机械论经济观存在的另一片面性是，缺乏将经济系统与生态系统统一起来的整体观，忽视二者的依存关系。相反，它将经济系统与生态系统割裂开来，孤立地探究经济系统的本质和规律并安排经济发展，而生态系统及其与经济系统之间的关系则似乎不属于经济学研究的范围。对经济系统与生态系统之间关系的割裂，导致经济学与生态学的割裂。从存在论上看，机械论经济观的这一问题是近代二元论哲学之实体观的具体体现；从思维方式上看，机械论经济观的这一问题是孤立、片面地看待问题的形而上学思维方式在经济学中的具体表现，它是由牛顿力学之后形成的人与自然分离的机械论科学观、世界观决定的。

在现代有机整体论自然观的视野下，人与自然界之间的关系是辩证统一的。因此，经济系统与生态系统是一个统一的有机整体。经济发展与自然、资源和环境等诸多要素之间存在着协同共生关系，具有密不可分的内在联系。经济系统与生态系统的相互作用构成了人与自然相互依存、“经济-生态”彼此共生的复合系统，经济系统无非是这个复合系统中的一个子系统而已。同时应该看到的是，经济系统与生态系统之间的关系是不平衡的。在经济系统与生态系统的矛盾中，生态系统是矛盾的主要方面，而且是更加重要的也是决定性的方面。生态系统是经济系统存在的前提和基础，经济发展不仅应该遵循经济规律而且应该遵循生态规律。相应地，经济学不仅应该研究经济规律而且应该研究生态规律。经济学对经济规律的研究，对经济发展的安排不能孤立地进行，而必须考虑经济系统与生态系统之间的有机联系，考虑经济系统对生态系统的长远影响和生态系统对经济系统的制约作用，考虑自然资源对经济发展的承载能力。从这个角度看，不考虑生态系统的经济学是不完整的、不好的经济学，而将经济系统与生态系统视为有机整体，进而揭示“经济-生态”系统整体发展规律的经济学才是完整的、好的经济学。

当然，机械论经济观中存在的上述问题有其历史必然性。前已述及，任何经济学都是针对自己所处时代经济发展中的特定问题的，因而不可避免地带有时代局限性。在微观经济学产生的一百多年前，经济发展所引发的环境问题还没有充分显露出来，经济发展对自然资源和生态环境所形成的压力还不够大，自然资源对经济发展的制约性表现得也还不太明显。可以说，微观经济学根本无法认识到生态系统对微观经济的重要意义。道理很简单，没有环境问题，经济学就无法予以回应并提出相应的生态经济观或环境经济观。就宏观经济学来说，它关注的重点是一个国家内部的经济系统，注重揭示其内在规律，因而难以注意到生态系统及其对经济系统的制约作用。新制度经济学关注的中心问题则主要是制度变迁的交易成本和激励机制，因而也无法将经济系统与生态系统统一起来建立起自己的经济学理论体系。可见，生态系统的缺席在一定意义上是主流经济学的历史必然。

机械论经济观只注重经济活动过程中客观经济规律的作用，却忽视了生态系统对经济系统的制约作用，忽视了经济发展对生态系统所形成的破坏和压力。其结果是在价值观上形成了人类中心主义（anthropocentrism）价值观。在人和自然界的价值论地位上，人类中心主义将人视为唯一的目的中心，而自然界则沦为人的工具和手段，从而凸显人对自然界的主人地位，将自然界降格为可以任意处置的奴仆；在人与自然界的关系问题上，人类中心主义凸显人与自然界之间的对立、斗争关系，忽视人与自然界之间的和谐、协调与统一。人与自然界对立、斗争关系的凸显，使人类以功利主义和实用主义价值观对待自然界，在经济发展过程中通过“排他”来达到“为我”的目的，即通过对自然界的否定、斗争来推动经济发展，从而忽视了自然界的客观规律和内在要求。经济发展被认为是目的而生态系统则沦为工具和手段；与自然界对立、斗争被认为是符合经济发展要求的，而与自然界和谐、统一则被认为是不符合经济发展目的的。在人类中心主义价值观支配下，对生态规律的遵循、对自然环境的保护，以及对自然资源的节约等重大问题都被忽略不计了。

机械论经济观将经济系统与生态系统割裂开来加以研究，认为经济发展只需遵循经济规律而无需考虑生态规律。因此，它们侧重于孤立地描述经济系统内部活动过程中诸环节之间的线性运行规律。相应地，在经济发展实践中往往将生态系统视为非经济因素，甚至将自然资源视为经济活动之不变的、取之不尽和用之不竭的客观条件。因而没能将经济系统与生态系统作为一个统一的有机整体，更没能将经济系统视为生态系统的一个有机组成部分，并从整体论的大视野上来研究经济活动的基本规律，探究经济系统与生态系统之间的内在联系，揭示经济规律与生态规律之间的复杂关系。

从辩证法的观点看，经济活动实质上有两个方面的效应：一方面，经济发展能够为社会创造财富，这是经济活动的"正效益"；另一方面，经济发展必然以自然资源消耗与环境污染为代价，如果这一问题过分严重甚至有可能危及经济的可持续发展，甚至危及人类文明的延续，这是经济活动的"负效益"。相应地，评价经济活动成败的主体和尺度也有两个：一个是人的经济利益；另一个是自然界的生态效益。因此，"经济"与"不经济"、正效益与负效益总是相伴而生的，这就是经济发展过程中的辩证法。这一辩证法要求，评价经济发展后果的主体不能仅仅是人，而且应该包括自然界；评价经济活动成败的标准不能仅仅是人之所"得"，而且应该包括自然界之所"失"。机械论经济观注重经济发展的"正效益"，忽视经济发展的"负效益"，即忽视因追求经济利益而造成的对经济系统外部的生态环境的危害、对自然资源的浪费，如在突出经济发展对人的"经济"的同时，忽视了经济发展对外部生态环境的"负经济"、"不经济"；在强调市场经济内部经济效益的同时忽视了市场经济对外部生态环境的"负效益"、"无效益"；等等。

割裂经济系统与生态系统的关系在实践中引起的另一个严重问题是GDP崇拜。GDP崇拜是对"只注重经济效益而忽视生态效益"这一片面性思维方式的延伸，因为GDP崇拜的另一面就是对生态系统整体性和自然资源有限性的漠视。美国著名经济学家保罗·萨缪尔森（P. A. Samuelson）和威廉·诺德豪斯（W. D. Nordhaus）在《经济学》一书中指出："GDP和国民收入账户的其他指标似乎很玄，但它们委实是20世纪最伟大的发明之一。"[①] 从历史的角度看，GDP核算产生于20世纪30年代的世界经济大萧条之后，由于当时的资源环境问题还远没有现在这样突出，资源环境成本还没有被纳入到GDP核算的生产成本范围之内。资本主义经济发展主要以追求GDP为主要目标，相应地，经济学对经济发展水平的考核也主要以GDP为标准，GDP计算是以能够计算出的货币

① 保罗·萨缪尔森，威廉·诺德豪斯．2008. 经济学．18版．萧琛译．北京：人民邮电出版社：367.

价值为统计对象的，而经济发展中的一部分负面效应往往是以虚假增长的形式计算在GDP中的，比如砍伐一片森林、开采一个油田，都可以作为经济发展的成就纳入GDP之中。事实上，这种经济成就上的“正价值”是以对生态环境的破坏或对自然资源的耗竭这一“负价值”为直接代价的。经济系统中的任何“正GDP”总有生态系统的“负GDP”与之对应。因此，GDP崇拜其实是一种片面的观点，它仅仅看到经济系统中GDP的增长，而忽视了这种增长的生态代价，本质上是将经济系统与生态系统割裂开来的形而上学观念。正因为如此，从20世纪70年代开始，各国学者试图纠正以往以GDP为核心的国民经济核算方式所存在的片面性，不断呼吁改进国民经济的核算体系。尤其是在1992年里约热内卢联合国环境与发展大会之后，可持续发展观得到世界各国政府的广泛认同，各国都力图在传统GDP中扣除不属于真正财富积累的虚假部分，提出了“绿色GDP”的概念。

总之，割裂经济系统与生态系统之间的关系，在经济发展中造成了严重后果。有史以来，人与自然界之间的关系和人在自然界中的地位经历了一个历史演变过程。在生产力水平比较低下的时代，自然界在人与自然界之间的关系中居于矛盾的主要方面，处于支配地位，而人类则居于矛盾的次要方面，处于从属地位。由于人口规模还比较小，经济活动对自然界的扰动还不足以破坏生态系统的自身性，自然界有能力为经济活动提供充足的资源，也能够承受经济活动对生态环境的影响。所以，经济发展能够得以顺利进行。科学技术使人类自负和狂妄。近代以来，随着科学技术的不断进步及其在经济发展过程中的应用，人与自然界之间的地位发生了逆转。在人与自然界之间的关系中，人类逐步居于矛盾的主要方面，处于主导地位，而自然界则沦为人类奴役及控制的对象。随着人口的急剧增加，生产力的高速发展、经济规模的不断扩大，人类逐步摆脱自然界的支配，反过来成为大自然的主宰者、控制者和征服者。与经济水平不断提高、经济发展规模不断扩大相伴随的是对自然资源的过度开发和消耗，生产和生活中产生的废弃物也大量排入自然界，人类对自然界的破坏不断加强，甚至超出自然界本身的承受力，破坏了生态系统的整体完善。20世纪中叶以来，人口爆炸、资源短缺甚至资源枯竭、能源危机、粮食危机和环境污染等问题相继出现，自然界向人类发出强烈警讯，警示自然界已经难以承受人类经济活动所带来的巨大压力。

恩格斯指出：“我们不要过分陶醉于我们对自然界的胜利。对于每一次这样的胜利，自然界都报复了我们。”① 地球是一个孤立系统，人类只有一个地球。自然界有其自身演化的规律，不可能完全按照人类设定的逻辑变化：人类的欲

① 恩格斯．1984．自然辩证法．于光远等译．北京：人民出版社：304～305.

望是无限的，但自然界的资源是有限的；人类试图不断扩大经济规模，但自然界对经济规模的承载力是有限度的；经济发展的速度可以不断提高，但自然界不可更新的资源只能一次性消耗，可更新的资源也是受更新的自然条件和自然速度限制的，其更新速度不可能与经济发展的速度保持同步。同时，自然界的环境容量即分解废弃物的能力、对污染物质的净化能力也是有限的，如果经济发展规模不断扩大，也就意味着对生态环境的破坏不断增加。因此，如果人类的物质欲望无节制地释放，经济规模无限制地扩大，经济发展速度不断增长，就势必与自然界的自身性形成对立和冲突，造成自然界不可承受之重，环境问题、生态危机，以及资源和能源枯竭就不可避免。

人与自然界之间日益尖锐的矛盾，要求经济学重新审视人与自然的关系，反思机械论经济观和以往经济发展中存在的局限，深化对可持续发展重要性的认识。自然界的资源储量、自然资源更新的速度和自然环境对废弃物的容量不可改变，而人类的经济观和经济发展方式可以改变；自然资源更新的速度不可改变，而人的需要、欲望和经济发展速度可以改变。人类再也不能漠视自然界发出的强烈警讯，必须充分意识到——人类只是地球上的栖居者而不是征服者。经济活动不能脱离自然环境独立进行，经济系统不能脱离生态系统独立存在，因此，经济学也不能脱离生态学独立发展。经济学必须在经济发展的“人为速度”与自然界的“自然速度”、经济发展的“人为规模”与自然界的“自然规模”、人的需要的无限性与自然资源的有限性之间找到合理的平衡点；经济学不能再将经济系统与生态系统割裂，而必须关注经济系统与生态系统之间的依存关系，探索受生态系统制约的经济发展规律，这就是生态经济学的任务。

二、生态经济学的新路向

既然机械论经济观在理论上、传统经济发展在实践上都割裂了经济系统与生态系统之间的关系，经济学的新发展就要求将经济学与生态学、经济系统与生态系统统一起来加以研究，这样的研究就形成生态经济学。经济系统与生态系统的关系主要包括两个方面，即经济系统对生态系统的影响和生态系统对经济系统的制约，事实证明，这两个方面都是不可忽视的。只有在发展经济的同时注重生态环境保护，这样的经济发展才是可持续的，人类文明也才能够得到健康延续。否则，如果在经济发展的同时一味忽视甚至破坏生态环境，那么，不仅这样的经济发展不可持续，在极端的情况下人类文明也可能中绝。翻开人类文明史不难发现这样的现象：历史上曾经有过许多辉煌的古代文明，后来都相继消亡了。古代文明消逝的原因固然很多，但是，在经济发展的同时不尊重生态规律、不注重自然环境保护、破坏生态系统确是其中十分重要的原因。

在当代，随着生态危机和环境问题日益加剧，人类已经从征服自然的梦魇中觉醒并开始对传统经济发展方式进行深刻反思和纠正，力求从生态学视角对以往经济发展的经验教训加以总结，对经济现象和经济行为予以全新的解释，这意味着经济学范式转换时机的来临。人类已经认识到，无论经济规模如何扩大，自然资源本身是有限的；无论经济发展速度如何提高，自然资源更新的速度是不可改变的。因此，经济发展的规模和速度都应该是受自然资源限制的，因而应该是适度的、有限的。正如美国经济学家芭芭拉·沃德（B. M. Ward）、生物学家勒内·杜博斯（R. Dubos）在《只有一个地球——对一个小小行星的关怀和维护》中指出的那样："……我们已经进入了人类进化的全球性阶段，每个人显然地有两个国家，一个是自己的祖国，另一个是地球这颗行星。"① 因此，应该根据自然资源的有限性来确定经济发展的速度与规模。经济学应该从自然资源的有限性、从生态环境对经济发展和经济活动的制约性这个新视野，调整自身的理论主张，将生态系统与经济系统紧密联系起来而不是分割开来探究经济发展规律，这样的经济学就是生态经济学。如果说主流经济学是一种忽视生态系统制约的、突出无限增长的经济观，那么，生态经济学就是一种主张受生态系统制约的、强调有限增长的经济观。

科学学说的产生和发展并不完全取决于社会实践，而是有其自身的相对独立性。应该看到，尽管生态经济学是在20世纪60年代产生的，但生态经济学的某些理念却在经济学史上早有其萌芽和奠基。生态经济学的思想渊源，最早大致可以追溯到17世纪末、18世纪初英国古典经济学家关于经济增长与自然资源承载力及环境容量之间关系的论述。不过，在20世纪之前，人类对自然资源及环境问题的关注主要集中在人口与粮食供给之间的矛盾问题上。从整体上看，主流经济学的基本观点是，生态系统对经济增长的制约微不足道，这一观点使主流经济学不可能从经济系统与生态系统的相互依存性上建立起一门生态经济学。20世纪以来，现代西方经济学形成了包括微观经济学和宏观经济学在内的基本理论框架，这就是新古典经济学。新古典经济学在研究方法上更加突出数理分析等，其本质仍然是人类中心主义的，而不是以包括经济系统和生态系统在内的经济—生态有机整体为出发点的。

直到20世纪60年代后期，美国经济学家博尔丁才第一次正式提出了"生态经济学"这一概念。目前，世界上对"生态经济学"的定义多种多样，但其核心都是将经济系统与生态系统视为统一的有机整体加以研究。尽管在解释生态系统与经济系统之间的关系时，不同学科的学者还存在着某些分歧，但是，大多数生态经济学家都主张生态经济学追求的是经济系统和生态系统的协调和谐，

---

① 芭芭拉·沃德，勒内·杜博斯．1997. 只有一个地球——对一个小小行星的关怀和维护．长春：吉林人民出版社：10.

可以说这是生态经济学的核心观念。例如，美国著名生态经济学家罗伯特·康斯坦扎（R. Costanza）就认为："生态经济学是一门全面研究生态系统与经济系统之间关系的科学，这些关系是当今人类所面临的众多紧迫问题。"[①] 生态经济学不再将经济系统视为与生态系统隔绝的孤立系统，也不再将生态系统视为经济系统的组成部分，相反，它把经济系统视为生态系统整体中的一个开放的子系统。生态经济学摈弃了近代以来的机械论自然观，试图从人与自然、经济系统与生态系统相互依存、协同进化的角度建立自身的理论框架。它强调从动态、进化和系统整体的角度来分析经济系统与生态系统之间的辩证关系，并揭示在生态系统制约下的经济发展规律。

经济系统要受到生态系统的制约，因此，生态经济学不再将经济发展视为唯一的目的，也不再将生态系统仅仅视为经济发展的工具和手段。相反，生态经济学在很大程度上将生态系统整体的完善置于比经济发展更加重要的地位。生态系统是整体，经济系统是生态系统的有机组成部分，整体的重要性高于部分。生态系统是经济发展的前提和基础，但生态系统不只是特定时代、特定主体经济发展的基础，生态系统整体是人类整体进行经济发展的前提和基础。因此，生态系统整体的完善就是人类整体的利益所在。将生态系统放在比经济系统更加重要的地位，就是将人类整体的利益放在比特定历史主体的利益更加重要的地位。可见，生态经济学所关注的不仅是特定主体的利益，而且更是作为"类"的人类整体的利益。但同时也必须看到，生态经济学并不否定经济发展，而是否定建立在对生态系统整体性进行破坏基础上的经济发展；它不否定人类整体的经济发展，而是否定特定主体通过破坏他人的发展权而进行的发展。生态经济学主张的是在维护生态系统整体完善基础上的经济发展。维护生态系统整体完善的目的不是保护环境本身，而是以经济的健康、可持续发展为最终目的的。为此，生态经济学要求，任何时代特定历史主体的经济发展都必须服从于人类整体的经济发展权；经济发展规模和速度的确定必须以自然资源的承载力为依据，经济发展的可持续性取决于自然资源的持续性，衡量经济发展成败得失的根本标准不是单一的经济指标，而是经济效益与生态效益的综合统一。

既然经济系统是生态系统的有机组成部分，而生态系统设定了经济发展的最大自然限度，经济发展的速度和规模就必须在这个自然限度内加以确立。经济发展的速度与规模距离这个限度越近，经济进一步发展的余地就越小并越不可持续。反之，经济发展的速度与规模距离这个限度越合理，经济发展的余地就越大，同时越具有可持续性。生态经济学主张经济发展与生态系统相协调，

① 转引自张志强，徐中民，程国栋．2003．可持续发展下的生态经济学理论透视．中国人口·资源与环境，(6)：1.

认为单纯依赖经济增长和科学技术进步不可能解决经济发展与生态环境之间的矛盾，而经济发展方式的科学性、经济发展规模和经济发展速度的合理性、科学技术的正确发展方向，以及人与自然界之间关系的正确哲学观等，才是实现经济可持续发展的根本所在。人类应该在生态系统为经济发展所提供的自然限度内采取最有效的方式来使用和管理自然资源，使全部自然资源都能够得到全人类公平、充分和永续的利用。

可以说，生态经济学既是经济学范式转换的里程碑，也是经济发展方式变革的里程碑，它代表了一场革命，这场革命不仅是经济领域的革命，同时也是社会生活领域的革命，是人类自然观、价值观、道德观和科学观、技术观，以及生存方式、生活方式的全方位变革。它要求用生态经济的思维方式来重新选择自己的行为，用符合生态经济学要求的发展模式来推动经济社会的进步。

第二节　生态经济学产生的现实必然性

生态经济学是时代感召的结果，它的产生，除了经济学自身发展所暴露出来的理论问题的推动外，还有在传统经济发展过程中所出现的各种现实问题的推动。机械论经济观在理论上将经济系统与生态系统割裂开来，导致经济发展在实践上也割裂了经济系统与生态系统的有机联系。反过来说也是正确的，即传统经济发展在实践上将经济系统与生态系统割裂开来，这一问题在理论上的表现就是经济学将经济系统与生态系统分离。对此可以从多种维度理解：忽视经济系统对生态系统的负面效应；忽视经济发展对生态系统形成的压力；忽视自然资源的有限性对经济发展的承受力；忽视生态系统对经济系统的制约作用；忽视环境容量的有限性；忽视经济发展规模与自然资源的规模、经济发展速度与生态系统恢复的速度之间的矛盾；等等。从价值观上看就是人类中心主义。

一、对自然资源有限性的漠视

生态系统对经济系统的制约性首先表现在，自然资源的有限性对经济发展的速度和规模的制约。主流经济学忽视经济系统与生态系统之间的关系，但是这并不等于说主流经济学没有意识到自然资源有限性这一重要问题。相反，资源有限性或资源稀缺问题在主流经济学中占有重要地位。在一定意义上，资源的有限性本身就是经济学得以存在的理由，如果没有资源的有限性，经济发展规模可以无限制地扩大，经济发展水平也可以无限制地增长，那经济学也就没有存在的必要性。正如萨缪尔森所说："如果资源是无限的，生产什么、如何生产和为谁生产就不会成为问题。如果能够无限量地生产每一种物品，或者，如果人类的需要已经完全满足，那么，某一种物品是否生产得过多是无关重要的事情，劳动与原料是否配合得恰当也是无关重要的事情。……研究经济学或‘节约’就会没有什么必要。”①

正因为如此，自古典经济学开始，经济学家们就非常关注资源的有限性问题，经济学家们都充分认识到了自然资源的有限性与人的需要之间的矛盾，认识到了有限的自然资源无法满足人类不断增长的物质需要和永无止境的物质欲望这个基本事实，同时，都试图建立合理的经济学理论来克服和解决这一矛盾。为此，资源有限论成为西方经济学的出发点和基本理论预设之一，经济学史上的经济学家们对自然资源的有限性都有着广泛的共识。在经济学史上，自然资源与经济发展之间的关系、自然资源对社会进步的制约作用等问题早已引起学者们的关注。早在 17 世纪，英国古典经济学的创始人威廉·佩蒂就已经意识到劳动创造财富的能力要受到自然条件的制约。1798 年，英国经济学家马尔萨斯（J. R. Malthus）匿名出版了他的《人口原理》一书中，他在该书中提出了“资源绝对稀缺论”。马尔萨斯集中探讨了人口增长与自然资源供给之间的关系问题。他认为，如果任由人口增长而不加控制的话，人口数量将会以几何级数增加，如此发展下去，人口的无限增长大于土地所能为人类提供生产和生活资料的能力，人类不断增长的物质需要势必造成对自然资源的沉重压力，从而在人口数量的无限增长与自然资源的有限性之间形成尖锐矛盾，自然资源最终必定出现稀缺，而且这种稀缺是一种绝对稀缺。1817 年，另一位英国古典经济学家李嘉图（D. Ricardo）提出了“资源相对稀缺论”。李嘉图认为，自然资源不存在均质性，即自然资源的品质有优劣之分，优质的自然资源不存在绝对稀缺，只存在相对稀缺，只要合理地利用这种相对稀缺的资源就不会构成对经济发展不可逾越的制约。不过，主流经济学虽然关注资源有限性问题，但这并不否定主流经济学将经济系统与生态系统割裂、将生态系统视为经济系统组成部分这个基本事实。

对于“自然资源”（natural resources）这一概念，经济学界有多种不同的界说。简单地说，自然资源就是人类在自己生活的自然环境中发现的有用成分。它必须具有**可获得性**，即它是运用一定的手段和方法能够提取到的东西，是能够以任何方式为人类所利用的东西。因此，自然资源只有在与人相关时才有意义，它既是自然界客观存在着的东西，也跟人类对它的认识和利用能力有关。仅仅客观存在着但如果没有被人认识到，或者虽然被人认识到却无法被提取和利用的东西就不具有可获得性，因而不属于人的资源。

---

① 保罗·萨缪尔森.1991. 经济学（上册）.10 版.高鸿业译.北京：商务印书馆：27～28.

经济学一般将满足人类物质需求的物品分为“自由物品”和“经济物品”两类。“自由物品”就是自然界中天然存在的东西，它们是可以不计任何代价就自由取用的东西，如自然界的空气、淡水等。“经济物品”则是必须通过物质生产才能够生产出来的东西。在这两类物品中，自由物品是无限的而经济物品是有限的，因为自然界中能够被利用来发展经济的资源本身是有限的，因而能够通过物质生产转化为物质产品的自然资源一定是有限的。从另一角度看，用于生产经济物品的自然资源储备大致可以分为两个部分。一是可再生资源。它指的是在对人类生存的特定阶段而言有意义的自然资源，是在特定历史发展阶段或全人类生存的可能时间内能够再生的自然资源。二是不可再生资源。所谓“不可再生”是相对的，它指的是在地质学意义上的时间内可再生，但是在人类生存的特定历史阶段内是不可再生的自然资源。这一部分自然资源对特定历史阶段的人类来说就只能被看做是不可再生资源。因此，可以供人类开发、利用的自然资源必定是有限的，这就是自然资源的有限性。它意味着，相对于人类不断增长的物质需要和欲望，自然界中可以用于满足人的需要和欲望的物质，以及能够用来发展经济、生产这些物品的自然资源是有限的。

正因为自然资源只在与人相关的意义上存在，从古至今，随着人类对自然界认识水平的不断提高和对自然界利用、控制能力的不断增强，自然资源的范围也在不断扩大。尽管自然界是无限的，从理论上说，人类对自然界的认识具有“至上性”，可以无限趋近自然界的极限，但是人类在特定历史阶段对自然界的认识又具有“非至上性”，即人类认识、利用和控制自然界的能力是有限的。因此，自然界是无限的而自然资源却是有限的。同时，人类只能扩大对自然资源范围的认识，而不能改变自然资源本身的储量。自然资源的数量、质量、形成和分布等都只受自然规律的支配而不以人的意志为转移。尽管人类发展了辉煌的科学技术，扩展了认识、利用自然资源的广度和深度，但是，科学技术水平的提高只能扩大可利用自然资源的范围，却无法改变自然资源有限性这个基本事实。通过科学技术的力量可以改良土地或增加土地的用途，但不能扩大土地面积本身；人类可以发明开采矿藏的先进技术，却无法增加地球上各种矿藏的储量。甚至在一定意义上，科学技术的进步无非是提升了自然资源消耗的速度，而不能增加自然资源的总量。它不仅不能克服自然资源的有限性，而且在某种程度上反而会使问题更加突出，因为它加速了对自然资源的开发、利用和耗竭。事实上，近代以来的科学技术其目的主要在于征服自然而不是保护自然。可以说，现代科学技术无非是人类对抗自然界的一种手段而已。

由此，可以得出一个基本结论：在经济发展过程中，人与自然界之间的关系表现为经济系统与生态系统之间的矛盾，更具体地表现为人类不断增长的物质需要与自然资源有限性之间的矛盾。为此，在经济发展过程中，必须正确处理经济发展与自然资源有限性之间的矛盾。自然资源的有限性是全部经济活动的约束边界，是经济活动必须严格遵循生态规律的理论根据和现实要求，同时也是经济系统与生态系统和谐、协调的客观根源。经济系统不能超出生态系统的承受力，否则，自然资源作为经济发展的前提和基础就有面临崩溃的危险，经济、社会发展甚至全部人类文明就可能难以持续。从这个意义上说，生态经济学的主旨就在于使经济发展服从于自然资源的有限性。

人类早期面对的是不发达的生产力水平与充足的自然资源之间的矛盾，因而不可能充分认识到自然资源的有限性。由于经济发展规模不大，经济系统与生态系统之间的矛盾不突出，自然界似乎有过剩的资源支撑人类的生产和消费，不发达的经济发展水平无力对自然资源形成过度的开采和利用。对于人类有限的经济水平和消费能力来说，自然资源甚至是“无限”的。当时人口数量有限，消费水平和经济发展水平不高，因此，经济学面对的是消费水平和经济发展水平的有限性与自然资源“无限性”之间的矛盾。在这种情况下，人们不可能意识到经济发展要受自然资源制约这一基本事实，更难以产生自然资源有限性的观念。相应地，经济学也不可能将这一问题作为中心问题加以研究。近代以来，特别是在资本主义经济发展和现代化的历史进程中，由于生产力的发展，科学技术的进步，人口出现指数增长，人的物质需要的增长与自然资源有限性之间的矛盾日益尖锐。人们为了生产自己生存所需要的物质产品，必须不断提高经济发展水平，扩大经济规模，其结果是导致经济发展对自然资源的需要在规模和速度上与自然资源有限性及其再生能力之间的矛盾日益凸显。

从自然观上看，资本主义经济发展的过程是通过对自然界的奴役和剥削来实现的，因而无视自然资源的有限性。马克思指出：“在私有财产和钱的统治下形成的自然观，是对自然界的真正的蔑视和实际的贬低。”[①] 人类在近代以来的机械论自然观支配下，将自然界视为资源库、能源库。在人定胜天、控制自然和征服自然的哲学观指导下，社会生产力不断发展，人类开发利用自然资源的能力不断提高。科学技术不仅推动了经济发展速度的提高、经济规模的扩大及生产活动领域的扩展，而且增强了人类对自然资源的利用率，扩大了可利用自然资源的范围。人类试图将科学技术作为克服自然资源有限性的途径和手段，但是适得其反，科学技术的运用不仅没有改变自然资源的有限性，而且加剧了对自然资源的消耗，使问题更加突出。马尔库塞（H. Marcuse）甚至极端地指出：“现存制度只能靠对资源，对大自然，对人的生命的全面毁灭而维持

① 马克思，恩格斯．1965．马克思恩格斯全集．1卷．中共中央马克思恩格斯列宁斯大林著作编译局译．北京：人民出版社：448～449.

下去。”[①]

从价值观上看，资本主义经济发展是以追求利润、剩余价值为主要目的的，因而往往只注重自身经济利益的满足而忽视自然资源的有限性。恩格斯说：“支配着生产和交换的个别的资本家所能够关心的，只是他们的行为的最直接的有益效果……在出售时要获得利润，成了唯一的动力。”[②]“在资产阶级看来，世界上没有一样东西不是为了金钱而存在的，连他们本身也不例外，因为他们活着就是为了赚钱，除了快快发财，他们不知道还有别的幸福，除了金钱的损失，也不知道还有别的痛苦。”[③] 弗洛姆（E. Fromm）认为：“在工业社会中，追求、保存和增加财产，亦即牟取利润的愿望等成了社会的规范，而那些拥有财产的人则被看做上等人，处处受到人们的尊敬和羡慕。”[④]

从生活方式上看，资本主义社会的生活方式是一种消费主义，因而无视自然资源的有限性。弗洛姆指出，“与十九世纪的资本主义相比，当代社会的性格是迥然不同的：今日的经济并不立足于限制消费的基础上，而是立足于大量消费的基础上。……消费不仅成了大多数人所热烈追求的生活目标，而且也成了一种美德。”[⑤] 以消费推动增长、以消费促进发展成为经济发展的基本策略。而“我们奴役自然，使其服从于我们自己的目的，甚至这种奴役愈来愈严重地破坏了自然。我们的占有欲及我们的敌意使我们无视这样一个事实，即自然宝库是有限的，总有一天会消耗殆尽，而面对人类的野蛮行为，自然将会自卫”。[⑥]

人类将自然界仅仅视为资源库、能源库，这本身已经是一个错误。然而，更严重的是，人类在当代已经面临“资源危机”、“能源危机”，甚至“资源枯竭”、“能源枯竭”，这些用语充斥着今天的各种哲学、政治学、经济学和社会学等著作，这意味着人类已经在错误的道路上走得太远。正是基于这样的危机感，人类开始意识到经济系统与生态系统之间的有机联系，意识到经济系统仅仅是生态系统整体的有机组成部分，生态系统对经济系统具有制约作用。人类不能再仅仅关注如何开发自然资源以发展经济，而必须更加关注如何按照自然资源有限性的约束边界以调整经济发展的规模和速度；不能再仅仅关注如何控制和利用自然，而必须更加关注如何保护自然。于是，生态经济学应运而生。可以说，正是自然资源有限性已经危及经济发展可持续性这一“负面”问题，迫使人类对经济系统与生态系统的正确关系作出积极的经济学研究。

---

① 马尔库塞 H，等．1982．工业社会和新左派．任立译．北京：商务印书馆：85.

② 恩格斯．1984．自然辩证法．于光远等译．北京：人民出版社：307.

③ 马克思，恩格斯．1957．马克思恩格斯全集．2卷．中共中央马克思恩格斯列宁斯大林著作编译局译．北京：人民出版社：564.

④ 转引自陈学明．2001．西方马克思主义教程．北京：高等教育出版社：40.

⑤ 埃利希·弗洛姆．1986．在幻想锁链的彼岸．张燕译．长沙：湖南人民出版社：85.

⑥ 埃利希·弗洛姆．1989．占有还是生存．杨慧译．北京：国际文化出版公司：7.

二、对环境容量有限性的漠视

生态系统对经济系统的制约性还表现在，环境容量的有限性对经济发展的速度和规模的制约。自然资源的有限性意味着经济发展不可能从生态系统中无限制地输入有用物质，而环境容量的有限性意味着经济系统不能向生态系统无限制地输出废弃物。

人类从自然界中获取资源来发展经济，生产自己所需要的物质产品。反过来又将生产和消费过程中制造的废弃物和污染物返还给自然界，这就涉及环境容量问题。所谓环境容量，也可以称之为环境的自净能力，指的是自然界吸纳、降解、消化废弃物和污染物的能力。它可以用一个特定的环境单元所能吸纳的废弃物和污染物的最大数量来衡量。一个环境单元环境容量的大小与该环境单元本身的结构和功能相关，而该环境单元的结构和功能是自然形成的，无法通过人为的努力使之朝着人类需要的方向改变。自然区域的形成过程、社会经济的发展方式、经济发展的规模和速度等都对环境容量形成极大的影响。因此，在特定的时空范围内和自然条件、社会经济条件下，当自然区域保持特定的稳定结构与功能时，不论是整体环境单元还是单一环境要素，环境容量都是有限的。这样，人与自然、经济系统与生态系统之间的矛盾在环境容量问题上就表现为：人类向自然环境的污染物、废弃物排放量的不断增长与自然环境本身容纳量的有限性之间的矛盾。

显然，环境容量不仅取决于自然资源的总量，而且取决于经济发展水平、经济发展规模，以及人的消费水平和消费结构。人类的物质需要是无限的，而自然界中能够满足人类物质需求的自然资源是有限的。自然资源的有限性客观存在，无论自然资源的绝对数量有多大，相对于人类需求的无限增长而言，再多的自然资源也是不足的。同时，由于人口数量的不断增长，经济发展水平的不断提高和经济规模的不断扩大。相应地，在生产和生活中消耗的自然资源数量极大增长，生产和生活中所产生的废弃物、污染物越来越多，不断逼近自然界之环境容量的边界，而人类对自然资源的不合理利用、环境污染的不断积累事实上又在日益压缩生态系统的环境容量。这样，自然环境承受着人类的双重压迫：人类既要不断扩大对自然资源的利用和消耗以扩大经济发展规模、提高经济发展速度，又要不断地将生产和生活中消费自然资源时所形成的废弃物、污染物返还给自然界。随着经济不断增长，经济规模不断扩大，在对自然资源的过度消耗与向自然环境过度排放之间形成恶性循环，日益逼近甚至突破有限自然资源和有限环境容量承受力的边界。正如马尔库塞所说："商业化的、受污染的、军事化的自然不仅从生态的意义上，而且从生存的意义上缩小了人的生活世界。它妨碍着人对他的环境世界的爱欲式的占有（和改变）；它使人不可能在自然中重新发现自己。”[①] 对自然界来说，“大气污染和水污染，噪声，工业和商业强占了迄今公众还能涉足的自然区，这一切较之奴役和监禁好不了多少。”[②]为此，必须认真思考自然资源和环境容量的有限性对经济发展的制约，必须根据自然资源和环境容量有限性的限度来调整、控制经济发展的速度和规模，使之保持在自然资源和环境容量可承受的合理范围之内。只有这样，经济、社会发展的可持续性才是可能的。对于这一主题的考虑，是生态经济学产生的重要现实根源。

总之，由于对自然资源有限性和环境容量有限性的双重漠视，造成了经济发展与自然资源和环境容量的有限性之间的矛盾，迫使人类思考经济发展的资源代价、环境代价等问题，而这一问题的实质和最终关切则是经济、社会和人类文明的可持续发展。对自然资源和环境容量的认识从“无限”到“有限”的觉醒，是经济发展的历史性的经验教训，正是这一重要的经验教训，促使人类更清醒地认识到自然资源和环境容量的有限性对经济发展的制约作用，更紧迫地促使经济学深入研究经济系统与生态系统之间的关系，推动经济、社会可持续发展。这些方面都构成生态经济学的主题。

三、生态危机对传统经济形态的挑战

迄今为止的人类文明史，实际上是一个对自然环境施加越来越大压力的历史。人类的社会经济活动在相当大的程度上是威胁生态系统的强大干扰力。

生态系统具有两个重要特征：第一，它在质上表现为一个封闭的循环过程，有天然的资源再生者与废物降解者，用以促进生态系统的循环过程，因而不会造成自然资源的枯竭和废弃物的恶性积累；第二，它在量上表现为一个动态平衡过程，生态系统自身的调节功能能够将自然循环的速度维持在一个相对合理的范围内，因而不会造成生态平衡的破坏。因此，生态系统本身是一个功能与结构相适应的反馈系统，其强大的自我调节功能能够维持自身的平衡与稳定，也即生态平衡。尽管生态系统具有通过自我调节而趋于平衡的强大功能，这种调节功能却只能在一定范围和自然条件下发生作用，如果来自生态系统外部的干扰力过大，超出了生态系统自身的调节能力，那么，生态平衡就会被打破。

---

① 马尔库塞 H，等.1982. 工业社会和新左派. 任立译. 北京：商务印书馆：128.

② 马尔库塞 H，等.1982. 工业社会和新左派. 任立译. 北京：商务印书馆：129.

环境问题及生态危机是在近代以来的经济发展过程中才逐渐出现的，在社会发展早期阶段并不存在生态危机一说。人类早期由于人口较少，开发利用自然资源的能力还比较弱，经济活动影响自然界的深度和广度有限，在生产和生活中产生并倾倒回自然界的废弃物、污染物也比较少，还没有超出环境容量的承受力范围，因此，人类活动对生态环境的扰动并没有凸显成为一个严重问题。农业社会的生产方式决定了人与自然界之间的物质变换不会严重偏离自然界本身的循环规律。同时，农业生产中生产的产品仍然是“自然物”，在生产和生活中产生的废弃物和污染物在重新回到自然界之后，能够顺利进入自然界本身的循环过程，而不会产生太大的偏离。人类作为自然界的组成部分，其活动对自然界整体的结构和功能不会产生太大的扰动和破坏。

随着资本主义制度的确立，工业文明时代到来。科学技术不断进步，生产规模的扩大和人口的增长导致对自然资源的过度开发与利用，生产和生活中产生大量废弃物和污染物，逼近自然资源有限性及环境容量可承受力的边界。从根本上说，工业文明破坏了生态系统的相对稳定和平衡。随着改造自然的能力和水平不断增强，人类逐步形成了以自然资源的高消耗为代价、以经济发展的高速度为途径、以生活的高消费为目标的生产方式和生活方式。这一经济发展模式的流程简单说来就是一个首尾相接的封闭循环，它以过度消耗自然资源保证规模化、批量化生产；以规模化、批量化生产促使产品廉价；以廉价产品占领市场；以充足的市场刺激消费；以过度消费再反过来刺激更大规模的生产。在追求剩余价值、利润的内在动力和市场竞争的外在压力推动下，工业文明的生产效率达到了前所未有的高度。工业文明导致人口剧增、科学技术突飞猛进和生产力的极大提高，从而使人类在自然界中的地位发生质变。它不仅使人类高居地球上数千万物种中的主宰地位，而且成为介入甚至主导自然进化的强大力量。

在资本主义制度下，社会化大生产生产出大量远离自然物自然形态的产品，产生大量废弃物和污染物，它们回到自然界之后无法重新进入自然界天然的物质循环过程。这样，工业文明的生产模式就打破了自然界的生态循环过程，在质上把生态型的循环过程转变成了非生态的单向、线性过程；在量上改变了自然界合理的循环速度，打破了自然界的生态平衡与稳定结构，从而导致生态危机的产生。早期资本主义生产方式是建立在对自然环境的自由、免费利用基础上的，资本主义线性、掠夺型的经济发展模式对生态系统构成巨大威胁。人与自然界之间的物质变换成为“资源—产品—废弃物”的单向线性过程，而人类生产和生活中产生的物质却无法再进入自然界的天然循环，这自然会造成严重的环境问题和生态危机。

资本主义经济的发展及经济系统的不断扩大，导致经济系统与生态系统之间的对立加剧，它表现为人的物质利益的不断扩张对自然资源、生态系统的压迫。资本开辟了现代文明的地平线。以资本为原则的现代文明是不断进取、无止境进步的文明。正如马克斯·韦伯所说："金钱天生具有孳生繁衍性。"① 资本的逐利本性使得无止境地进步成为资本的基本逻辑，追逐资本的内在动力决定了资本本身是一种无法驾驭的力量。资本的无止境进步与人的欲望的无止境释放之间相互促进，对剩余价值或利润的无限贪欲，驱使资本家永不停顿地进行资本积累，并不断地将剩余价值资本化，用于扩大再生产。马克思指出，"资本的运动是没有限度的"，资本家的目的是"谋取利润的无休止运动。这种绝对的致富欲望，这种价值追逐狂，是资本家和货币储藏者所共有的"。② 这种不断进取、无止境进步、欲望永不满足的精神被歌德描述为所谓的"浮士德精神"。斯本格勒（O. Spengler）认为，浮士德精神代表了资本主义不断扩张、不断发展的状况，海德格尔则在20世纪70年代用"进步强制"来揭示现代形而上学的本质特征。

资本主义经济包含**计算理性**。韦伯说："在理性地追求资本主义营利之处，相应的行为是以资本计算（kapitalrechnung）为取向。"①不仅如此，其计算是科学化、技术化的计算——"近代西方特有的资本主义首先很显然是受到**技术**能力的进展的强烈影响。如今其合理性在本质上是取决于，技术上的决定性因素的**可计算性**，这些关键性的技术要因乃精确计算的基础。换言之，这合理性乃是有赖于西方科学的独特性，尤其是奠基于数学及实验的那种既精确又理性的根基上的自然科学之特殊性。而反过来，这些科学以及以这些科学为基础的技术的发展，则又受到资本主义营利机会的巨大刺激，换言之，资本主义的营利机会，作为奖赏的诱因，与科学技术的经济利用产生了密切关联。"③ 在马克斯·韦伯看来，资本主义的整个社会机器——经济、政治、法律和行政等——都是理性化的。资本的逻辑是理性形而上学在资本主义经济活动中的深刻体现，它不仅导致对人的抽象，也导致对自然界的抽象。由于资本的逻辑是追求剩余价值和利润的最大化，在资本占统治地位的社会，自然界必然不可避免地会被强势卷入并服从于资本的内在逻辑。如同资本的逻辑必然与人的感性生存发生冲突一样，资本的逻辑也必然与自然界的自身性发生对立；如同人被资本抽象为劳动力，人的劳动被抽象为货币一样，自然界也被资本抽象为资源和能源。因此，资本原则在经济活动中的贯彻必然导致人和自然界的双重异化，二者都

---

① 马克斯·韦伯．2007. 新教伦理与资本主义精神．康乐，简惠美译．桂林：广西师范大学出版社：25.

② 马克思，恩格斯．2004. 马克思恩格斯全集．44卷．中共中央马克思恩格斯列宁斯大林著作编译局译．北京：人民出版社：683.

③ 马克斯·韦伯．2007. 新教伦理与资本主义精神．康乐，简惠美译．桂林：广西师范大学出版社：11.

被作为经济价值以抽象的货币加以换算。

为了获得巨额的剩余价值和利润，资本家以一种否定的、对抗的形而上学态度对待自然界，认为只有通过否定、榨取自然界才能更好并更快地推动资本的增殖，而保护自然、强调生态系统对经济发展的制约性对资本增值只具有负面意义。资本家仅仅把自然界视为资本增值的工具和手段，而无视生态系统完善的重要性。自然界完全被物化为资源库和能源库，资本家只注重物质生产上的投入产出，而无视生产发展的生态后果；只注重经济的不断增长，而无视经济增长的自然承载力和自然界对废弃物和污染物的净化能力。事实上，生态危机的产生并成为全球性问题与资本主义生产关系的产生和全球化是同一历史过程，与资本主义现代化也是完全同步的。资本所到之处，在剩余价值和利润最大化原则的驱使下，各种自然物都成了市场的“资源”，并在被迅速市场化和商品化的过程中，集中到资本家的手中。资本家利用自然资源去满足自己或少部分人的物质需要，而让大部分人去承担资源耗竭和环境破坏所带来的灾难性后果。因此，资本的逻辑必然导致忽视生态系统承载力的经济增长，导致生态危机的爆发。资本主义经济发展过程中出现的环境问题、生态危机蔓延并波及全世界，危及人类的生存与发展。地球是被动的而人是主动的，这就形成了人与自然界之间地位的不平衡性。人类在与自然界之间的关系中居于主导地位，在自身的发展与自然界的自然进化的关系中，人类不是改变自身去顺应自然，而是试图改变自然以适应自身。自然界不能按照自身的内在规律进化而被强制按照人类设定的理性逻辑进化，人类不仅充当自身进化的主宰，而且充当自然界进化的主宰。人类历史和自然界的历史进程发生的这种决定性的转变发生在20世纪70年代，即传统工业文明达到巅峰的年代。也正是在这个年代，环境问题、生态危机、能源危机和资源枯竭等问题凸显成为全球性问题。

从上述分析可见，生态危机是经济系统与生态系统对立的极端表现。并且，从本质上说，生态危机最终是人的生存危机，是经济发展、社会发展的危机，是人类文明延续的危机。在当代，生态危机已经成为威胁人类生存和发展的最大问题。人类不仅为已有的经济增长付出了沉重代价，而且这种经济发展方式的延续还将继续威胁人类未来的生存和发展。正是在这样的时代背景下，人类开始关注环境和生态问题。人类在对传统经济发展方式进行深刻反思后认识到，生态危机的根源在于工业经济系统对自然界的掠夺性和不可持续性地利用。为了从根本上遏制生态危机，必须进行经济学理论和经济发展实践的创新，对传统经济发展模式进行根本变革，寻求一种与生态系统相协调的经济发展模式。生态经济学的出现正代表了这种创新的基本方向。

四、生态经济学与空间观念

哲学是思想的空间。生态经济学的出现与人类空间观念的转变有关。在历史上，空间观念的拓展往往会导致人类思考问题之参照系的转换，而思考问题之参照系的转换往往又会引起哲学思维和科学观念的根本变革。诚如罗马俱乐部的《增长的极限——罗马俱乐部关于人类困境的报告》（简称《增长的极限》）英文版序言中所说："一个人在时间和空间上正确地观察事物相互关系的能力，取决于他的教养，他过去的经验，以及他在每个层次上面临的问题的紧迫性。大多数人把他们所关心的事情伸展到较大领域里的问题以前，必须已经成功地解决了较小领域里的问题。一般说，与问题有关的空间愈大，真正关心其解决办法的人数就愈少。"① 国外有学者认为，生态经济学的产生相当于经济学发展史上的哥白尼革命。事实上，哥白尼革命本身也是人类空间观念转换的结果，而推动这次空间观念转变的一个重大事件是 15、16 世纪的地理大发现。地理大发现的一个伟大历史功绩在于它大大拓展了人类的空间观念，从而导致人类思考问题的参照系发生根本改变：在商业观念方面，在地理大发现之前，葡萄牙、西班牙等国家的商人只知道有国内市场，只能从事国内贸易，而地理大发现之后，商人们经商的观念发生彻底改变，他们知道还存在着庞大的国际市场并开始进行国际贸易；在地域观念方面，地理大发现使人类突破了欧洲中心论，向亚洲、美洲等各大洲扩展；在宗教观念方面，地理大发现之前，欧洲人认为罗马是宗教的唯一中心，而地理大发现之后，欧洲人认识到世界上还有其他很多宗教中心；如此等等。地理大发现所导致的空间观念的转变对经济学的发展也产生了重大影响，即它推动了经济学中重商主义（mercantilism）学派的产生。它在自然科学中的表现则是天文学中的哥白尼革命。哥白尼革命是用日心说取代地心说，而这无非是在思考宇宙结构问题时参照系转换的结果。从这个意义上讲，哥白尼革命是地理大发现的延续，它无非是在宇宙空间中的地理大发现而已。正是这种思考问题之参照系的转换，使人类超越了中世纪的时代局限，迈向伟大的近代文明。

同样，生态经济学产生的时代背景与哥白尼革命的时代背景有类似之处。20 世纪五六十年代，科学技术和人类文明进步的一个重大成就是太空探索的开始。1957 年 10 月 4 日，苏联将世界上第一颗人造地球卫星送入太空；1961 年 4 月 12 日，苏联首先将载有世界上第一名宇航员尤里·加加林（I. A. Gagarin）的"东方 1 号"宇宙飞船送入离地面 181～327 千米的空间轨道，实现了人类梦寐以求的飞天梦想，开创了载人航天的新时代；1969 年 7 月 20 日，美国的"阿

① 丹尼斯·米都斯. 1999. 增长的极限——罗马俱乐部关于人类困境的报告. 李宝恒译. 长春：吉林人民出版社：12～13.

波罗Ⅱ号”登月舱在月球安全着陆，美国宇航员阿姆斯特朗（N. Armstrong）和奥尔德林（B. Aldrin）登上月球。60 年代末 70 年代初，宇航员从外太空拍摄的地球全貌照片发回地球，1966 年 8 月 23 日，由靠近月球的探测器拍摄到了第一张地球照片，这是人类第一次从外太空观看自己居住的星球。从外太空拍摄的地球照片对当代人类心灵的震撼是无与伦比的，对人类思想观念、空间观念包括经济观的影响也是前所未有的。在此之前，人类的视野是从自己看宇宙空间，因而总是妄自尊大地从狭隘的角度将生态系统视为经济发展的工具和组成部分；在此之后，人类开始从宇宙空间看自己，导致从生态系统整体的角度将经济发展视为生态系统的组成部分，人类开始意识到自己在茫茫宇宙中的渺小。空间观念和思想观念的这些转变对生态经济学的产生具有推动作用。事实上，正是在第一张地球全貌照片从太空发回地球的 1966 年，博尔丁发表了标志着生态经济学萌芽的著名论文《即将到来的宇宙飞船地球经济学》，然后又在 1968 年发表了标志着生态经济学诞生的重要论文《一门科学：生态经济学》。

1968 年的圣诞节，宇航员弗兰克·博尔曼（F. F. Borman II）乘坐“阿波罗 8 号”首次离开了地球轨道进入了月球轨道环绕，他通过直播的方式，向地球上的人们做圣诞节祝福。《完整地球目录》曾给出这样的评价：“‘阿波罗 8 号’拍摄的这张展现在月球上看地球的著名照片，完美地诠释了我们这颗星球的美丽与罕见性（干燥的月球与荒芜的太空无法与之媲美），同时也开始改变人类的意识。”[①] 1972 年，“阿波罗 17 号”宇航员从外太空拍摄了地球全貌照片，人们把它誉为美国在太空探索过程中拍摄的最具影响力的照片，也是有史以来对人类思想观念影响极大的一张照片。

总之，太空探索，使人类第一次从外太空看到自己生活的地球，极大地改变了人类的空间观念，转换了人类思考问题的参照系，对自然观的变革、对全球意识的觉醒、对地球资源有限性的认识等都产生了深远影响。太空探索也理所当然地推动了人类经济观和发展观的变革，生态经济学就是这种变革的重大成就。在这种意义上说，生态经济学的产生与空间观念的转换有关，如果说太空探索的意义不亚于历史上的地理大发现，那么，生态经济学问世的意义就相当于历史上的哥白尼革命。

五、生态运动与环境意识的觉醒

危机往往形成个体对整体的归属感，导致整体意识的觉醒。历史上最早的

① 孝文 . 2008. NASA 最具纪念意义 50 张照片：展现完整地球 . http：//news. xinhuanet. com/tech/2008-10/28/content _ 10264781. htm［2009-09-01］.

环境保护运动和环保组织出现在英、美等国。这些国家早在19世纪初就已经出现了环境保护运动。自18世纪中叶开始，从英国开始，西方老牌资本主义国家发生了以瓦特（J. Watt）的蒸汽机技术的发明和应用为标志的第一次技术革命和工业革命，工业革命的伟大历史功绩在于机器化生产体系的建立，它带来了资本主义经济的繁荣发展。到19世纪初，第一次技术革命和工业革命已经进入尾声，其积极成就和消极后果都开始表现出来：一方面，机器大工业极大地提高了社会生产力，推动了资本主义经济的发展，整个资本主义国家都沉浸在机器大工业所带来的经济增长和物质富足之中，充满对社会文明进步的乐观主义情绪；另一方面，随着经济的发展，环境污染、生态危机等问题日趋凸显出来，生态危机的出现加剧了人们的生存恐慌，引导人们开始反思技术文明和工业文明的弊端。反过来，对技术文明和工业文明的反思又进一步推动了对生态危机和环境问题的反思，正是这种反思唤醒了人类的环境保护意识，并使其付诸行动。于是，在英、美等西方发达资本主义国家开始出现了人类历史上最早的环境保护运动。环境保护运动既是以保护全人类生存环境为宗旨的自发性群众运动，也是人类对资本主义生产方式的一种抗争。可见，环境保护意识的觉醒、环境保护运动的兴起，从一开始就是以对技术文明和工业文明的反思、批判为出发点的，可以说是对技术文明和工业文明的一种反动。到20世纪初，英、美等国的环境保护运动已经蓬勃发展起来。在美国，涌现了吉福德·平肖特（G. Pinchot）、约翰·迈尔（J. Mair）等环境保护运动的先驱，他们强调环境保护对人类长远生存和发展的重要性，主张对自然界进行有计划地开发和合理的利用。

20世纪30～60年代，在比利时、美国、英国、日本等老牌工业化国家发生了震惊世界的八大公害事件。八大公害事件是严重的环境污染事故，对当地及相邻地区人们的健康造成了巨大伤害，在短期内造成大量人员的发病、伤亡，同时也对自然环境造成了长远影响。八大公害事件实质上是技术文明和工业文明的负面效应的大爆发，引起了世界各国的高度关注。资本主义经济发展过程中出现的这些严重的环境问题不仅催生了民众自发的环境保护运动，而且引起了敏锐的思想家、哲学家和政治家们的高度关注。西方社会一批杰出的学者开展了对生态环境问题的深入研究，以及对技术文明、资本主义制度、机器化大生产和整个工业文明的反思与批判。在哲学领域中出现了对环境问题的“技术-生态”、“社会-生态”等多维度的批判，这些批判构成现代哲学中“现代性”批判的重要组成部分。

早在1953年，肯尼斯·博尔丁就已经提出“生态革命”的主张。20世纪60年代末70年代初，资本主义经济危机、能源危机和环境污染等问题相继发生，博尔丁关于“生态革命”的主张开始引起人们的广泛注意并逐渐萌发为一种以环境保护为核心理念的“生态意识”。1962年，美国生物学家蕾切尔·卡逊(R. Carson)出版《寂静的春天》(Silent Spring)一书，该书唤起了人类的环境保护意识，推动社会公众对野生动物和自然环境的关注，被认为是世界上首次关注环境问题的著作，从而吹响了现代环境保护运动的号角。

西方社会在20世纪50～60年代出现的左翼运动对资本主义工业化提出了尖锐批判，法兰克福学派的重要代表马尔库塞就是其中的典型代表，他在1964年出版了《单向度的人》，1972年又出版了《反革命与造反》等著作。在这些著作中，马尔库塞深刻批判了现代技术文明、资本主义工业化对人和自然界的双重异化，揭示了晚期资本主义的种种问题和矛盾，认为技术文明和工业文明压制了人的批判性、创造性和否定性方面，使人成为“单向度的人”或“单面人”，并且导致严重的生态环境问题。马尔库塞的思想和当时青年学生激进的社会发展理念不谋而合，因而诱发了大规模的学生运动，马尔库塞本人则成为当时左翼学生运动的精神领袖。学生运动以谋求世界和平、环境保护和女权主义等社会诉求为主题，引起了社会各界的普遍共鸣，吸引了大批反战和平人士、知识分子和妇女的广泛参与，激发了社会各阶层强烈的反抗意识。在左翼学生运动中，生态问题以其巨大的影响力成为运动的焦点和主流，这便是著名的西方群众性环境保护运动——生态运动。

环境问题也引起了政治家们的警觉并改变了现代政治的基本观念和版图。1972年，新西兰成立了历史上最早的以“生态优先”、保护环境为价值取向的政治组织——“绿党”(Green Party)。到20世纪后半叶扩展到全球，德国、澳大利亚、北美、非洲和亚洲一些国家和地区都先后成立了“绿党”。在环境保护运动蓬勃发展的同时，生态哲学、环境伦理学(environmental ethcis)、生态政治学、生态文化学、生态社会主义(eco-socialism)等各种与环境保护有关的哲学、政治学思潮和流派相继产生。环境保护运动从实践层面为各种环境保护思潮的产生与发展提供了直接而深刻的动力，反过来，各种环境保护思潮的传播、发展与深化又为环境保护运动提供了重要的理论指南。

在环境保护运动中兴起了两种路向的环境保护理论：一是深生态学(deep ecology)，主要是环境伦理学中的一些流派，如大地伦理学(land ethics)、自然价值论(theory of natural values)、深层生态学等；二是浅生态学(shallow ecology)。深生态学主张为了自然界本身的利益或价值而进行环境保护，主张自然界有自身的内在价值，人与自然界平等。它的主要缺点是将环境保护与经济发展对立，甚至有取消经济发展的理论逻辑。浅生态学主张为了人类的利益而进行环境保护，主张将环境保护与经济发展统一起来。在环境保护理念上，生态经济学主要是属于浅生态学的一种。环境保护理念上出现的各种流派、观点之间的争论，实质上是关于如何评价技术文明和工业文明、如何判断经济发展的成败得失、如何正确处理经济发展与环境保护之间的关系、应该怎样开展环境保护，以及人类文明新的发展方向应该是什么等重大问题的争论，它意味着人类的政治观、技术观、文明观等方面正在孕育的转型。

联合国于1972年在瑞典首都斯德哥尔摩召开了第一次人类环境会议，会议通过了《联合国人类环境会议宣言》。《联合国人类环境会仪宣言》呼吁各国政府和世界组织高度重视日益威胁人类生存的环境问题。人类环境会议的召开，意味着环境保护已经不再是停留于民间的群众性运动，也不再停留于环境保护的学术争鸣，而是成为世界各国政府及联合国这样的国际机构所关注的问题。会议开启了世界环境保护与可持续发展运动的实际行动阶段，从而在全世界范围内掀起了环境保护运动的高潮。随着环境保护运动规模的不断扩大，环境保护的理念开始影响各国的经济、社会决策，积极参与和渗透到各国的政治决策之中并改变世界经济、政治的发展方向。很多国家将生态价值上升为国家发展战略并通过立法程序使之转变为一种社会建制和具体的环境保护实践。环境保护意识和生态运动推进到各环节，以及联合国的政治、经济、文化和社会制度层面。于是，生态政治观、生态文化观、生态技术观、生态文明观、生态经济观等新理念不可避免地产生了。

1992年，联合国环境与发展大会在巴西首府里约热内卢召开。大会提出的一个重要思想就是将经济发展与环境保护统一起来。在此基础上，大会提出以“可持续发展”作为全世界共同发展的指导思想。环境保护与经济发展统一的重要思想，对人类经济观、发展观和环境保护事业，以及人类文明的未来发展方向等都具有不可忽视的深远影响，它的提出标志着人类针对环境问题和生态危机的反思、争论已经有了成熟且明智的选择。环境保护与经济发展相统一的思想充满了辩证法的光辉，它的提出意味着对技术文明和工业文明的反思与批判必须是全面的。环境保护与经济发展密不可分，既要看到技术文明和工业文明所引起的环境污染、生态危机等消极后果，也要看到技术文明和工业文明的积极成就。不能因为环境问题和生态危机就全盘否定技术文明和工业文明，也不能因为工业文明和技术文明对经济发展的推动而忽视它所引起的环境问题、生态危机等负面后果。相应地，在人类文明未来的发展方向上，必须将环境保护与经济发展统一起来而不是分割开来，脱离经济发展的环境保护与忽视环境保护的经济发展都是不足取的。应该在经济发展过程中和基础上开展环境保护，同时也应该在环境保护的同时推动经济发展。显然，这些理念的实质就是要促进经济系统与生态系统的协调、和谐，对生态经济学的产生奠定了思想基础。

2002年8月，在约翰内斯堡召开了可持续发展首脑会议。可持续发展首脑会议进一步确认，经济发展、社会进步与环境保护共同构成可持续发展的三大支柱。这意味着，经济发展、环境保护都搞好，才是真正意义的可持续发展，也才是真正意义的社会进步。离开经济发展的环境保护，或者忽视环境保护的经济发展，都不符合可持续发展的本意。经济文明与生态文明统一才是人类文明和社会进步的题中应有之意。可以说，生态经济学关于经济系统与生态系统统一的基本理念，正是经济与生态、经济发展与环境保护相统一这一重要观念的具体化，它充分体现了可持续发展的基本精神和人类文明进步的基本方向。

总之，经过近 30 年的发展，从认识到实践，从理论到实践，从单纯的“保护环境”到“环境保护与经济发展相统一”，这些历史性的重大转变是人类在环境保护、经济发展观和社会发展观上的重大飞跃。同时，这一过程也正是生态经济学等新兴学科孕育和形成的过程，这充分表明，生态经济学的产生与世界环境保护、经济发展观、社会发展观变革的历史进程是完全同步的。从这个意义上说，生态经济学是对时代问题的积极回应，不愧为时代精神的精华。

第三节　生态经济学的形成与发展

从现实根源上看，生态经济学主要针对的是人类自第一次技术革命和工业革命以来，以“高投入、高消耗、高排放、不协调、低效率”为特征的经济发展方式。生态经济学倡导的是一种在尊重、保护生态系统整体性这一前提下的经济发展，是一种将经济发展与生态系统和谐统一起来而不是对立起来的经济发展观。在生态经济观的引领下，人类能够最大限度地利用有限的自然资源，减低对自然资源的消耗量，在不破坏生态环境、保护生态系统整体完善的前提下发展经济，永续利用自然资源，最终实现经济和社会文明的可持续发展。大致说来，生态经济学理念的形成、发展可以分为以下三个时期。

一、生态经济学的萌芽

20 世纪 60 年代末至 70 年代末，可以视为生态经济学的萌芽和形成阶段。虽然此前对生态和环境问题也早有关注，但这些关注主要集中在人口与粮食供给之间的矛盾等问题上。第二次世界大战后，与人口、资源和环境等方面相关的社会、经济和政治问题日趋尖锐化、全球化。这些问题都有一个共同特征，即社会问题、经济问题和政治问题与生态问题或资源环境问题紧密结合在一起，甚至都是以生态环境问题为最终根源的，因而使人与自然、经济发展与环境保护之间的矛盾充分凸显出来。

危机总是孕育着转机。人与自然之间矛盾的凸显促使人类开始对传统经济增长方式进行全面而深刻的反思，对指导经济发展的理论基础进行严肃的批判。

由此，生态系统对于经济系统的基础性地位进一步凸显。所谓“人类困境”问题吸引了越来越多的有识之士投入环境保护运动之中，深入思考传统经济发展方式的弊端和问题，思考经济学自身的不完满性及其超越之路。经济发展方式和经济学理论都经历着在否定中建构、在批判中超越的历史过程。如果说传统经济增长方式暴露出的问题作为一种反面教训为生态经济学的产生奠定了现实基础，那么环境保护运动的先驱者们关于资源环境对经济增长具有制约作用的论述，则为生态经济学理念的产生奠定了思想基础。蕾切尔·卡逊的著作《寂静的春天》第一次深刻揭示了近代工业文明所带来的环境污染对生态系统的巨大破坏作用，从而催生了人类环境保护意识的觉醒。越来越多的经济学家和生态学家开始思考经济学自身的理论局限及其超越之路，而如何处理人与自然、经济系统与生态系统之间的关系则是问题的核心。此后，经济学与生态学出现了双向交叉与互动，经济学关注生态环境问题，生态学也关注经济发展问题，二者交叉发展，研究经济发展与生态环境之间关系问题的著作相继问世，涉及污染经济学、环境经济学和资源经济学，等等。

在这样的背景下，生态经济学应运而生。1966 年，肯尼斯·博尔丁发表《即将到来的宇宙飞船地球经济学》一文。他在该文中指出，传统经济增长方式是一种“牛仔经济”，而新的经济发展方式应该是“太空人经济”。在超越传统经济发展观基础上提出的新经济学也就应该是太空人经济学，实质上就是生态经济学。在博尔丁看来，在传统的工业经济中，自然界如同一个任由牧羊人自由放牧的草场，其基本模式是由“自然资源—工业产品和用品—废物排放”这样的单通道组成的“牛仔经济”。“牛仔经济”这一概念揭示了传统经济增长方式尤其是西方资本主义经济发展的基本特点。牛仔在草原上自由放牧，从不考虑对草原的保护，放牧的规模无限制地扩大而丝毫不顾及对草原的破坏，最终结果当然是草原被彻底毁坏而继续放牧也不再可能。近代以来的工业经济就是如此，人类只顾发展经济，不断扩大经济规模，而丝毫不顾及生态系统的承受力，最终必然导致生态系统的破坏和经济发展的不可持续。博尔丁认为，合理的经济发展模式应该是“太空人经济”。也就是说，人类与生态系统之间的关系应该如同宇航员与宇宙飞船之间的关系一样命运与共、休戚相关。科学家对宇宙飞船的设计理念应该是，充分利用宇宙飞船的有限空间，以及它所能携带的装备和生活必需品，飞船中几乎没有废弃物，即使乘客的排泄物也必须经过处理、净化，转变为乘客必需的氧气、水和盐回收，再交给乘客使用，如此循环往复，构成良性循环。地球如同一个宇宙飞船，是严格遵循生态规律的封闭系统。人类应该按照地球的生态规律建造立一个自给自足、不产生污染的“生态-经济”系统，形成具有完善物质循环和更新性能的封闭的经济体系。

博尔丁写道：“未来封闭的地球需要一些不同于过去开放性地球所适用的经

济学原理。为了表达的生动起见，我将开放经济称为‘牛仔经济’，牛仔象征着无边无际的平原，也代表着冲动、勇于开拓、罗曼蒂克、暴烈行为，而这正是一个开放社会的特征。类似地，未来的封闭经济可以称为‘太空人’经济，那时地球就像一只孤立的宇宙飞船，它的生产能力和净化污染能力都将是有限的。”[①]

博尔丁提出的太空人经济观指出了传统经济增长方式存在的问题，那就是将经济发展与生态环境割裂开来，人类将自己作为自然界的征服者、控制者，犹如牛仔放牧一样绝对自由，充分发挥对自然界的能动作用而忽视了生态系统对经济系统的制约作用。在新的经济观中，应该将经济发展与生态系统统一起来，人应该是自然界中“守纪律”的一员而不应该是绝对自由的存在者，必须将对自然界的能动性与受动性统一起来，在充分考虑到生态系统对经济系统制约性的前提下发展经济。可以说，宇宙飞船经济观已经包含了后来的生态经济学的主要观念，是生态经济学的萌芽。

在宇宙飞船经济观的基础上，博尔丁进一步提出，人类必须不断重复利用有限的地球自然资源，保持地球良好的生态环境和物质循环，从而延长地球上生态系统的运转寿命，同时也实现人类自身的永续发展。1968 年，博尔丁在论文《一门新兴科学——生态经济学》中首次正式提出了“生态经济学”这一概念，明确阐述了生态经济学的研究对象，并对相关核心问题，如自然资源利用、环境污染、人口控制、国民经济与福利核算等进行了若干原创性研究，从而标志着生态经济学的诞生。

二、生态经济学的发展

20 世纪 80～90 年代，可以看做生态经济学的发展、成熟阶段。这是由时代的突出问题所决定的。进入 20 世纪 80 年代，人口膨胀、对自然资源的过度消耗、环境污染不断加重、南北贫富差距拉大、自然灾害频繁发生及粮食供应短缺等问题凸显，这些问题给人类生存和经济、社会的健康发展带来日益严峻的挑战。在这样的背景下，人类开始思考对上述问题的解救之道和应对之策。人类开始意识到，必须深入研究经济发展方式的转换这一重大问题。例如，对社会生产和生活中产生的废弃物，尤其是经济活动过程中产生的废弃物不能简单地“弃”，而应要“用”，也就是采取资源化的方式对废弃物加以处理，进行回收和再利用。但是，大多数国家缺乏对相关问题的深刻反思，也提不出切实可行的政策措施，甚至对这一问题存在截然不同的主张，导致对废弃物的资源化

① 赫尔曼·戴利，肯尼思·汤森．2001．珍惜地球：经济学、生态学、伦理学．马杰等译．北京：商务印书馆：340.

处理没有收到应有的成效。

同时，由于资源、环境方面的世界性难题危及经济、社会甚至人类文明发展的可持续性，这些问题所带来的危机感催生了社会学、未来学、预测学等学科的研究，推动了对人口、资源、环境、现代技术、经济增长方式、经济社会发展的可持续性等诸多方面的思考和研究，相关的学派、学术机构、学术论著等如雨后春笋般涌现，从而引起了全球范围内的大辩论，不少学者和学术机构对世界和人类社会的未来纷纷作出各种论述与预测。世界上主要出现了三个有代表性的学派：悲观派、乐观派和中间派。

悲观派或悲观主义以罗马俱乐部的《增长的极限》为代表。罗马俱乐部是1968年4月由意大利著名实业家兼学者佩切伊（A. Peccei）等发起成立的，它以研究人口、粮食、工业化、污染、资源、贫困和教育等全球性问题为己任。1972年，美国麻省理工学院学者梅多斯（D. L. Meadows）领导的研究小组完成了《增长的极限》一书。该书提出了著名的"增长极限论"并因此使罗马俱乐部成为人类前景问题上的悲观派。《增长的极限》充分认识到了人口和经济的增长与自然资源的有限性之间的矛盾，认为人口和经济的过度增长是生态危机的主要原因，人口增长和经济增长不可避免地要受到自然资源有限性的制约。基于此，《增长的极限》认为，自然资源的有限性决定了人口和经济的增长都是有极限的，它们不应该、也不可能无限制地增长下去。不仅如此，《增长的极限》通过研究人口增长、工业化、环境污染、粮食生产和自然资源等五个方面的发展趋势后提出，人口和经济增长的极限即将到来。《增长的极限》一书的基本逻辑是，人口增长必然引起对粮食的需求增长，经济增长必然导致对自然界不可再生资源的耗竭，并加深环境污染的程度。因此人口增长和经济增长都是不可持续的。全世界的人口和经济呈指数增长，按照现有速度发展下去，最终必然会达到一个极限——停止增长。《增长的极限》指出：**"在现有系统没有重大变化的假定下，人口和工业的增长，最迟在下一个世纪内一定会停止。"**[①] 这就是增长的极限点。由于停止增长或增长的极限这一严重问题根源于现行人口和经济增长方式，《增长的极限》对现行经济增长方式进行了尖锐的批评，认为"现在人口和资本的增长模式，实际上在全世界扩大了贫富之间的差距，按照现在的模式，不断试图增长，必然以灾难性的崩溃而告终。"[②] 可见，罗马俱乐部及其《增长的极限》作为悲观主义的代表，是对现行经济增长方式的悲观，是对

① 丹尼斯·米都斯．1999．增长的极限——罗马俱乐部关于人类困境的报告．李宝恒译．长春：吉林人民出版社：91.

② 丹尼斯·米都斯．1999．增长的极限——罗马俱乐部关于人类困境的报告．李宝恒译．长春：吉林人民出版社：137.

人口和经济增长之前景的悲观。只要尽快改变现行的人口和经济增长方式，经济发展和人类文明的前景仍然是美好的。因此，《增长的极限》认为，面对增长极限的可能预期，人类不应该悲观失望，而应该积极应对，因为“无论如何，我们的态度是一种很严肃的忧虑，而不是绝望的恐惧”。[①] 只要自觉控制增长，促使增长结束，就会实现美好的结果。从这里可以看出，只能在相对的意义上将罗马俱乐部视为悲观主义的代表。如果要避免停止增长或增长极限这一灾难性后果的降临，最根本的出路就是转换经济发展方式，降低发展速度，从而维持“全球均衡状态”。所谓“全球均衡状态”指的是“**人口和资本基本稳定，倾向于增加或者减少它们的力量也处于认真加以控制的平衡之中**。”[②] 其基本要求主要是以下三项：“1. **工厂资本和人口在规模上不变。出生率等于死亡率，资本的投资率等于折旧率**。2. **所有投入和产出的速率；包括出生、死亡、投资和折旧保持最小**。3. **资本和人口的水平以及两者的比例安排得与社会价值一致**。”[③] “全球均衡状态”实质上就是主张经济的零增长。这一主张并不意味着对经济发展与社会进步的简单抛弃与否定。相反，《增长的极限》提出了一种增长与发展的辩证法，它将社会视为一个整体结构，在这个整体中，某些部分的均衡或零增长并不意味着否定其他部分的持续增长。具体地说，靠过度消耗自然资源所维持的物质增长保持在均衡状态的同时，社会的精神文化却可以保持持续增长，即“在均衡状态中，需要不变的量只有人口和资本。而那些不需要大量不可代替的资源，或不产生严重的环境退化的人类活动，可以无限地继续增长。特别是那些被许多人列为人类的最理想和最满意的活动，如教育、艺术、音乐、宗教、基础科学研究、体育活动和社会的相互影响，是能够繁荣的”。[④] 可见，《增长的极限》已经试图摈弃物本主义发展观，转而倡导一种社会整体发展观；从摈弃人口和经济的数量型增长，转而倡导经济和社会发展质的提高。可以说，这是《增长的极限》在社会发展观上所蕴含的新创造。《增长的极限》被认为是自然资源有限论和社会发展理论中悲观主义的代表作，它关于经济增长的观点被称为零增长论，是对社会发展理论的一种积极尝试。

乐观派或乐观主义以美国赫德森研究所（Hudson Institute）所长赫尔曼·

---

① 丹尼斯·米都斯.1999. 增长的极限——罗马俱乐部关于人类困境的报告. 李宝恒译. 长春：吉林人民出版社：151.

② 丹尼斯·米都斯.1999. 增长的极限——罗马俱乐部关于人类困境的报告. 李宝恒译. 长春：吉林人民出版社：132.

③ 丹尼斯·米都斯.1999. 增长的极限——罗马俱乐部关于人类困境的报告. 李宝恒译. 长春：吉林人民出版社：133.

④ 丹尼斯·米都斯.1999. 增长的极限——罗马俱乐部关于人类困境的报告. 李宝恒译. 长春：吉林人民出版社：135.

卡恩（H. Kahn）为代表。针对罗马俱乐部的研究报告《增长的极限》，未来学家卡恩、威廉·布朗（W. Brown）和利昂·马特尔（L. Martel）三人合著了名为《下一个 200 年：关于美国和世界的远景描述》的研究报告。其主要观点是，人类正处于从贫困状态向美好世界过渡的 400 年“伟大转变”的中期阶段，尽管一切都还很困难，但是每个国家最终都将找到自己国家经济进步的道路。在科学技术的作用下，大多数国家都将完成到达“后工业化”这个阶段的任务。

中间派或现实主义介于以上两者之间，对人类未来既不悲观也不乐观，而是主张现实地分析和对待人类面临的困境。其实，无论悲观派、乐观派还是现实派，也无论“增长的极限”会不会到来，有一点是共同的——学者们都充分认识到人类社会正面临诸多经济、社会发展和生态环境方面的严重问题，都意识到自然资源、生态环境对经济发展的制约作用，都心存对经济、社会发展和人类文明之可持续性的担忧。这些主题多于并包含了生态经济学的主题，不仅对唤醒人类的生态经济意识具有重大作用，而且也推动了生态经济学走向成熟。

1989 年，美国经济学家康斯坦扎等创立了国际生态经济学协会（International Society of Ecological Economics，ISEE），并定期出版名为《生态经济》（Ecological Economics）的杂志，标志着生态经济学开始作为一种社会建制出现在人类学术舞台上。这个协会和杂志直到现在仍然在全世界范围内发挥着重大影响，有力地推动了生态经济学的理论、方法和实践问题的研究。在《生态经济》杂志创刊号的首篇文章中，康斯坦扎提出了生态经济学的概念，以及需要研究的生态经济问题。20 世纪 80～90 年代，生态经济学关注的中心问题是生态系统与经济系统的协调发展，并开始从对不可再生资源的关注扩展到对可再生资源，以及环境容量、自然资源承载能力等问题的关注。生态经济学在研究领域上的这些转变也意味着生态经济学已经趋于成熟。

三、生态经济学的形成

从 20 世纪 90 年代至今，可以视为生态经济学的形成阶段。1992 年 6 月，联合国在巴西里约热内卢召开了环境与发展大会“全球峰会”，这是对生态经济学的发展具有重大意义的事件。在这次会议上首次确定了可持续发展（sustainable development，SD）战略，提出了可持续发展的定义，制订了联合国贯彻可持续发展战略的具体行动计划——《21 世纪议程》，与会的 178 个国家的政府共同采纳并签署了这项议程。在这次峰会上，可持续发展理论和生态经济学理论受到各国学者的关注和重视。这标志着对生态环境问题和自然资源保护的源头预防和全过程管理控制从真正意义上取代以往的末端治理，成为现代国家环境与发展政策的主流。

2001年，美国经济学家布朗（L. R. Brown）出版《生态经济：有利于地球的经济构想》一书，提出人类应该效仿大自然重新设计经济发展模式，建立生态经济的发展模式。布朗主张全面调整经济发展方式，使之与生态系统密切匹配。他认为，确立经济系统与生态系统之间的稳定关系，是经济可持续发展的基础，这就非常明确地提出了受生态系统制约的经济发展观，而这也正是生态经济学的理论核心。

20世纪90年代中期，生态服务理论成为西方生态经济理论研究的前沿，这一理论使生态经济学理论从定性分析走向定量分析，这一转变不仅极大地增强了生态经济学理论的生命力和解释力，而且也使生态经济学具有了与经济学其他流派相同的严密性与精确性。同时，生态经济学领域中各种理论观点呈现出“百家争鸣”却又“家族相似”的特点，其主流学派的理论从生态经济协调发展论走向生态经济可持续发展论，人们关注的焦点扩展到生态经济价值论等多种视野。研究方法与分析工具也呈现多样性特征。生态经济学研究中的这些变化标志着生态经济学作为经济学的一个特殊学科而形成。

第二章　生态经济学的研究纲领

当代西方著名的科学哲学家拉卡托斯（I. Lakatos）在其《科学研究纲领方法论》一书中提出，任何科学都有其理论“硬核”。所谓“硬核”，也就是该学科最核心的理论预设，它是该学科得以成立的最重要的理论支撑。从哲学层面看，生态经济学的理论“硬核”应该包括哪些主要内容？生态经济学最基本的理论框架是什么？扩展开来看，整个生态经济学领域中，不同而又相似的学科之间的区别与联系是什么？这些问题都可以归结为生态经济学的研究纲领问题，需要加以澄清。

第一节　生态经济学的理论诉求

生态经济学的核心理念是经济发展与环境保护、经济系统与生态系统和谐统一。第一章的分析表明，生态经济学的产生有其现实根源，因而具有深刻的时代内涵；从理论维度看，生态经济学是经济学领域中的一个具有交叉性质的学科，因而又具有不同于其他经济学流派的丰富的理论内涵。

一、生态经济学的语词考察

学科之间相互交叉和彼此渗透形成新的边缘学科、横断学科或综合性学科，这是现代科学发展的一个重要特征。生态经济学就是生态学和经济学之间交叉、渗透的产物，这种交叉、渗透有其合理性。不同学科之所以能够通过交叉、渗透形成新的学科，其客观根源在于，客观世界本身就是一个整体。学科的交叉、渗透意味着不同学科之间存在着共同性和差异性，交叉、渗透的实质就是求同存异。一个范畴的词源往往包含着这个范畴最初的、也是最本真的含义。只要注意“生态学”和“经济学”这两个词的英文词形“ecology”与“economy”，就可以很直观地发现这两个语词存在某种相似性，因为它们的前缀都是“eco-”。事实上，两者的亲缘关系的确是很近的。在西方文化中，“经济”和“生态”原本都与人类自身的“家园”有着密不可分的联系，经济学和生态学最早都是关于“住所”的学问。虽然从词源上说，“economics”（经济学）与“ecology”（生态学）这两个语词截然不同，但它们却可以追溯到同一个希腊词汇“iokos”——“住所和栖息地”，也就是后来英文中的“home”或“house”。“oikos”的原意是指“house”（住所），引申为家庭日常活动的场所。“economy”（经济）一词则源于希腊文“oikonomia”，它是由“oikos”与“nemo”复合演变而成的，“oikos”后来演变为“eco-”，“-nemo”则表示管理。按照英语的构词规则，“economy”是由词根“eco-”加上后缀“-nomy”而构成的，“eco-”含有“家庭治理”、“节约”等意思，而“-nomy”的本义是“分配”、“安排”或“管理”。这样，“economy”一词最初的含义就应该是“household management”，它指的是家计管理，即对家庭成员和家庭事务的管理。随着社会的发展进步，“economy”一词的含义由对家庭和家庭资源的管理逐步演变为对一个社团资源的管理，“经济”就是对资源的管理，包含对资源的合理利用、节约、减少开支，以及对资源的消耗予以控制和管理等意义。1866年，德国博物学家海克尔（E. Haeckel）创造“ecologie”一词来表示生态学，海克尔认为，地球上全部活着的有机物构成一个经济的统一体，而生态学就是关于有机体与其环境之间关系的科学。按照英语的构词规则，“ecology”（生态学）由词根“eco-”加后缀“-logy”构成，“-logy”表示某门学问，由于“eco-”同样源于希腊文“oikos”，因而“ecology”就可以理解为关于住所和栖息地的学问。海克尔对生态学的定义本身就是：研究动物与其有机的及无机的环境之间相互关系的科学，特别是关于动物与其他生物之间的有益或有害关系的科学。

显然，从词源上看，生态学和经济学这两门学科本来就是同源的，它们都是关于“住所”的科学。只不过它们各有侧重，是从不同的角度研究“住所”而已。大致说来，经济学研究的主要是人类的经济，而生态学研究的主要是自然的经济。美国学者沃斯特（D. Worster）就将生态学称为“自然的经济体系”。[①] 经济学侧重研究经济活动过程中人与自然界之间的关系，更倾向于强调人类对自身经济活动的积极能动的管理，强调人类在改造自然的经济活动过程中应该充分发挥自身的主观能动性，对经济活动、经济行为和自己生存的自然家园进行有效管理等；生态学关注的则主要不是人类自身的事务，而是自然界

① 唐纳德·沃斯特．1999．自然的经济体系——生态思想史．侯文蕙译．北京：商务印书馆．

的有机体与其他客观事物之间的有机联系，以及自然界整体的和谐发展。在生态学看来，自然界的各个物种之间、物种与其生存环境之间是相互制约和相互影响的，它们彼此之间的相互作用共同构成生态系统这一有机整体。

尽管经济学和生态学都是研究“家”或“住所”的学问，但是，经济学和生态学中“家”或“住所”的概念却不是一成不变的，而是具有时代性、历史性的。“家”或“住所”的概念随着历史的发展而具有全然不同的时代内涵。由于近代以来技术文明和工业文明的发展，导致人类经济活动对自然环境的严重破坏，环境问题和生态危机日益凸显。当代人类已经开始从控制自然、征服自然的形而上学思维方式中警醒，人类赖以生存的“家”或“住所”成为经济学和生态学的共同关切对象。“家”或“住所”的内涵和外延也在新的时代背景下发生了重大变化：人类开始认识到人与“家”或“住所”休戚与共的依存关系；认识到自己对“家”或“住所”的责任和义务；也开始认识到“家”或“住所”的脆弱性与有限性。只有一个地球，地球是人类共同的、唯一的“家园”。基于这样的觉醒，“经济学”与“生态学”沿着不同的逻辑路径各行其道，却又在特定的时代背景下殊途同归。于是，在它们之间形成了一个共同的研究对象，即对经济系统与生态系统、经济发展与生态环境之间的关系。与此相应，在学科上则出现了“生态经济”（ecological economy）、“生态经济学”这样的独特范畴或概念，并在20世纪60年代，由博尔丁首次提出。可见，生态经济学绝不是生态学与经济学这两门学科之间简单的知识嫁接，而是新的时代问题推动了经济学与生态学的联盟，推动了两门学科各自发挥自身的学科优势，共同关注人类的“家”和“住所”。从这种意义上看，生态经济学是对“家”或“住所”所面临的时代问题的积极回应。

在中国古代文化典籍中并没有直接出现过“生态学”、“经济学”这样的概念，更没有出现过“生态经济学”这一概念。但是，中国传统文化中却有着丰富的生态学、经济学和生态经济学的思想。或者至少可以说，在中国传统文化中有着丰富的对生态学、经济学和生态经济学具有重要借鉴意义的思想资源。国外有学者甚至认为，中国传统文化中有人类历史上最早的生态思想。至于“经济学”一词，对中国人来说则是一个舶来品。经济学的概念是在19世纪中后期才从日本传入中国的。日本学者神田孝平将西方的“economy”译为“经济”，把“economics”译为“经济学”。我国近代启蒙思想家严复在翻译介绍亚当·斯密的著作《原富》（即《国富论》）时，将“经济学”译为“生计学”。1908年，朱宝绶先生在翻译美国人麦喀梵（M. Frank）的《经济学原论》一书时第一次使用“经济学”一词，这也是“经济学”一词第一次在中国出现。[①] 在

---

① 麦喀梵．1908．经济学原论．朱宝绶译．中国图书公司．

《辞海》中，“经济”一词在中国古代的最初含义是经世济民、管理国家的意思。

20 世纪 70 年代后期，中国学者开始探索经济发展与生态环境之间的关系。1980 年 8 月，我国当代著名经济学家许涤新提出：“要研究我国的生态经济问题，逐步建立我国的生态经济学。”① 同年 9 月，在许涤新先生的主持下召开了我国首次生态经济学问题座谈会，从而拉开了我国生态经济学研究的序幕。

必须指出的是，尽管生态经济学主要是由生态学和经济学相互交叉、彼此渗透而形成的一门新兴学科，但又并不仅限于此。除生态学和经济学之外，生态经济学还受到现代物理学、生物学、系统科学及现代哲学等多门学科的影响，它是由多门现代科学相互结合、彼此渗透而形成的一门新学科，是多学科的知识和智慧在人与自然，以及经济系统与生态系统之间关系问题上的聚集与交融。长期以来，各门学科已经从不同的视角和着眼点，对经济发展与生态环境之间的关系等问题展开研究，对相关理论问题提出了不少重要观点和主张。生态经济学则超越了各门学科和研究门类的局限性，从各个学科获取相关资源并加以融汇和整合。可以说，没有坚实的现代自然科学和哲学、社会科学作为基础，就没有生态经济学。

二、生态经济学与主流经济学的区别

任何科学思想都不是一瞬间突然产生出来的，而是有一个从孕育、萌芽到逐步成熟的发展过程。生态经济学的产生是经济学史上的一次革命，但这并不意味着生态经济学与主流经济学没有丝毫联系。相反，生态经济学的观念和思想在主流经济学中早已有其奠基。不过，从哲学层面看，生态经济学与主流经济学诸流派还是存在着一些基本的区分。对此，本书将在后面的论述中加以详细说明，这里仅概括性地指出以下三点。

（一）存在论和自然观的区别

概括地说，主流经济学主要以二元论为其本体论前提、以机械论为其自然观基础。它将人与自然、经济发展与生态环境割裂开来。生态经济学则以一般系统论、有机整体观为基础，将经济发展与生态系统的整体完善紧密结合起来。

在存在论方面，主流经济学主要受到近代哲学二元论本体论的影响；在自然观方面，主流经济学主要受到以牛顿力学为代表的近代机械论科学的影响。人与自然、主体与客体二元对立的本体论更加注重实体的独立性，而忽视实体之间的关系性。这种自然观和存在论在经济学中的表现就是，主流经济学将经

① 滕藤．2001．概述我国生态经济学的产生过程与发展趋向．当代生态农业，（Z1）：11.

济系统与生态系统割裂开来，其关注的重点是经济系统，注重对经济系统本身内在规律的研究，而不同程度地忽视经济系统与生态系统之间的有机联系，忽视生态系统对经济系统的制约作用。主流经济学研究的重点是经济系统本身的完善和改进，以及这种完善和改进对于推动经济增长、满足人类日益增长的物质需要的作用和机制等问题，而对于经济增长的自然前提、人的物质需要与生态系统的承受力之间的矛盾、经济发展与生态环境之间的矛盾、生态系统对经济增长的制约作用等问题则有不同程度的忽视。由于主流经济学把人设定为理性经济人，相应地，自然界也仅仅被视为人的物质资源。如同人的物质需要是无限的一样，自然资源也被认为是无限的。自然界仅仅被视为经济发展的不竭源泉，甚至仅仅被视为对经济发展没有任何影响的外在条件。

以经济系统为中心的思维坐标，使主流经济学主要以人的经济利益和物质利益的最大化为目标，以能够最大限度地纳入经济系统的物质要素和自然资源作为配置的对象。主流经济学在理论上和实践上都坚持了一种狭义的“小自然观”：凸显经济系统与生态系统之间的区别甚至将两者对立，在与生态系统分离的意义上研究经济系统，同时也在与经济系统分离的意义上看待生态系统；没有将经济系统纳入生态系统整体来考虑，更没有将经济系统视为生态系统的有机组成部分。在主流经济学的视野中，生态系统是按照自然界的客观规律运行的，而经济系统则仅需坚持经济规律而不必坚持生态规律，它只重视“经济人”和经济规律的作用，而忽视生态系统对经济发展的决定性的制约作用。其结果是，忽视了经济系统和生态系统是一个有机整体这一基本事实。

作为“现代性”的一种重要表现，工业文明是无止境进步的文明。相应地，工业经济也是一种“增长型”、“规模化”经济。将经济发展等同于经济增长，追求经济的无止境增长和经济规模的不断扩大，这正是现代性在经济发展过程中的表现。主流经济学将经济系统与生态系统割裂，其弊端在传统经济发展模式中的主要表现是，在经济发展过程中形成了“生态系统—自然资源—物质生产（消费）—物质产品—物质消费（生产）—污染物—排放—生态系统”这种单向、线性和开放式的流程。不断从自然界获取有用资源，在生产中将这些自然资源转化为物质产品供给人的消费，然后将生产和消费中产生的废弃物又源源不断地排放到自然界。用热力学理论的观点讲就是，经济系统是一个开放系统，它不断与生态系统进行物质、能量和信息交换，但这是一种不平等的、榨取式的交换，即经济系统不断从生态系统中吸取“负熵”，同时又将生产和生活过程中产生的“正熵”输入生态系统。其结果是，经济系统越来越有序而生态系统却越来越无序，经济系统产生的“负熵”是通过生态系统的“正熵”的增加来实现的。生态系统中正熵的不断增加与经济的不断发展同步。因此，经济发展与环境污染相伴而生，经济发展以对生态系统的破坏和环境污染为代价。

这种单向、线性的经济发展模式的根本问题在于，它纯粹以经济发展为目的，将生态系统仅仅作为经济发展的工具和手段，经济增长以对生态环境的破坏和否定为途径，是人与自然界对立、斗争的机械论自然观在经济发展中的具体体现。在线性经济发展模式中，人类只坚持经济规律而不考虑生态规律，在一定意义上说，经济发展就是通过把自然环境持续不断地变成垃圾场的活动，通过反向增长的生态代价来实现经济的数量型增长。事实证明，人与自然、经济系统与生态系统、经济规律与生态规律是对立统一的关系。在经济发展过程中不仅应该坚持经济规律，更应该坚持生态规律。

黑格尔指出："金子在它每一个小粒里，完整不可分地包含着它的一切特性。"① 将经济系统从生态系统中分割出来研究，就不可能准确地把握经济发展的完整规律。与主流经济学不同，生态经济学坚持辩证的"大自然观"，它与以往其他经济学流派的鲜明区别就在于：它将经济系统与生态系统视为不可分割的有机整体，将经济系统置于生态系统整体中作为一个有机组成部分来研究它的发展规律。在生态经济学看来，经济系统是生态系统的子系统，是生态系统的有机组成部分；经济发展不可避免地要与其外部的生态系统进行物质、能量和信息的交换；经济发展与自然、资源和环境等诸要素之间存在着共生关系，它们之间的整合互动形成了"经济-生态"大系统；人与自然、经济系统与生态系统是相互依存、有机统一的整体。因此，经济发展不仅要遵循经济规律，更要遵循自然界的生态规律；经济学不仅应该研究经济规律，而且应该研究生态规律。生态经济学就是将生态系统整体的重要性置于作为部分的经济系统的重要性之上，它追求的是在经济发展的同时，也保护好生态环境。

与经济系统的"增长型"、"规模化"相对，生态系统的运行机制是相对稳定的。因此，在工业文明的经济发展过程中，经济发展速度的不断增长和经济发展规模的不断扩大对自然资源的需求具有无止境性，这种无止境性与相对稳定的生态系统对自然资源供给的有限性之间必然构成矛盾和冲突。生态经济学认为，要克服这一矛盾就必须建立起与传统经济增长模式不同的生态经济模式。生态经济学要求，经济发展应该是"增长适度型"的，应该是"规模合理化"的。在经济发展过程中，不仅要考虑人的物质需要和物质利益的满足，而且要考虑生态系统的承载能力；不仅要考虑人的物质需要的无限性，而且要考虑自然资源的有限性；不仅要考虑经济发展速度的提高与规模的扩大，而且要考虑自然资源的制约作用。必须合理利用有限的自然资源并充分考虑环境容量，发展规模适度、速度适度的经济，建立起生态系统与经济系统协调、和谐、互动的生态经济发展模式。生态经济学所要求的"适度"、"合理"，就是把人的物质

① 黑格尔．1997．哲学史讲演录．1卷．贺麟，王太庆译．北京：商务印书馆：31．

需要、消费水平、经济发展的规模和速度等都限制在生态系统整体的承受力范围之内，使经济系统和谐地纳入生态系统的物质循环过程之中，实现经济活动的生态化。作为子系统的经济系统必须受到生态大系统的制约，必须与生态系统保持和谐的关系，只有这样才能最终实现经济发展和人类文明的可持续性。

（二）人性假设的区别

经济人（economic man），又称理性经济人、实利人或唯利人，英国古典经济学家亚当·斯密在其著作《国富论》中最早提出这一概念。理性经济人假设指的是：经济诱因是人的行为动机的根源，每个人都要争取最大的经济利益，工作就是为了取得经济报酬。当人在经济活动中面临各种不同选择机会的时候，人总是会选择那些能够给自己带来更大经济利益的机会，即总会追求最大的经济利益。“经济人”是主流经济学的人性假设和逻辑起点，也是经济学理论体系得以建立的重要前提。长期以来，主流经济学一直认为，在经济活动中的自然人都必然将追求经济利益最大化作为其经济行为的唯一目标。

前已述及，现代性的实质是理性地追求经济利益。因此，“经济人”假设是现代性的集中体现。“经济人”假设在人的众多属性中突出人的经济属性，把人的全部需求抽象为经济需求，将理性地追求经济利益视为人在经济活动中的唯一价值目标和检验经济活动成败的唯一价值尺度，把经济利益的最大化作为经济活动的根本原则，从而在一定程度上排除了人的其他属性、利益和需求，也排斥了经济发展的其他价值取向。事实上，经济活动的目的并不仅仅限于经济利益本身。同时还必须看到的是，由于忽视生态环境对经济发展的制约作用，所谓“经济人”追求自身利益的最大化，其实是“经济人”追求自身利益的无限化，即不考虑生态环境的承受力无止境地扩大经济发展规模、无止境地提高经济发展速度、无止境地释放物质欲望、无止境地追求经济利益。由于这些局限性，“经济人”盲目追逐经济利益的经济活动、生产方式就不可避免地会破坏生态环境，导致人与自然界之间关系的恶化。在一定意义上可以说，“经济人”假设是导致生态环境破坏的重要根源，而对生态环境的破坏又反过来引起经济学理论与经济发展自身的危机，即导致经济发展的不可持续等问题。

可以说，当代人类面临的生态危机、经济发展的不可持续等困境之深层根源就是“经济人”假设。因此，有必要对“经济人”假设进行修正。从生态经济学角度看，“经济人”需要进行生态化的修正，即补充进人的生态属性、生态需要和生态利益，补充进经济学和经济发展更多非经济的价值取向，包括环境保护。如同经济学必须与生态学相统一、经济系统必须与生态系统相统一一样，人的经济属性与生态属性、经济需要与生态需要、经济利益与生态利益也必须统一。生态经济学的人性假设应该是生态经济学理念的具体化，即生态系统与经济系统统一为生态经济、生态学与经济学统一为生态经济学，同样，“生态人”与“经济人”应该统一为“生态经济人”。“生态经济人”应该是生态经济学的人性假设，它的基本含义是：在生态经济的发展过程中，人既应该具有追求自身经济利益的动机，也应该具有追求生态安全、环境保护的动机；人的需求和利益应该既包括经济需求、经济利益，也包括生态需求、生态利益；人对经济利益的追求与对生态环境的保护应该统一起来，在不破坏生态系统整体性、保持经济可持续发展的前提下追求经济利益。“生态经济人”的生态需求指的是，人在追求经济利益的过程中，不仅应该考虑自身的经济需求和经济效益，而且应该考虑经济活动的生态效果和生态效益。检验经济发展成败的根本标准应该由经济效益至上论转变为经济效益与生态效益统一论；从经济利益最大化转变为经济利益和生态效益最大化。这一转变的实质在于凸显“生态经济人”的生态需求、生态利益，凸显经济发展的生态效益。可见，“经济人”假设强调经济活动过程中人的经济需求和经济利益的最大化，而且从理论上说，人的经济需求和经济利益的最大化是没有止境和限度的；“生态经济人”假设则强调，经济活动过程中人的经济需求和经济利益的最大化应该是有限度的，也就是应该以生态系统的承受力作为限度而不应该超出生态系统的承受力去追求经济利益的最大化。可以说，这是“经济人”与“生态经济人”最根本的差异。

显然，生态经济学的人性假设并不是对“经济人”假设的全盘否定，而是对它的超越与补充。生态经济学中的“人”是饱受了生态环境恶化之苦的人；是对自然资源短缺、经济发展甚至人类文明不可持续怀有深深危机感的人；是增强了环境保护意识的人。因此，他们不仅追求经济活动的直接经济利益，同时也追求长远的生态效益；不仅追求经济需要的满足，而且追求生活质量的综合提升。经济发展的实践使他们懂得，经济发展只有与生态环境和谐统一，才能取得经济利益和生态效益的最大化并实现经济发展的可持续性。这样，在生态经济学中，人不仅具有经济属性、经济动机、经济利益和经济需求，而且具有生态属性、生态动机、生态利益和生态需求，是具有更丰富特征的、完整的人。从完整的意义上说，生态经济学中的人是自然人、经济人和生态人的统一，是真正感性地生存着的人。人类对他们生活及活动于其中的生态系统、对整个自然界都负有不可推卸的责任。因为人是有能力对生态系统、对自然负责的主体，是有能力用自己的行为去影响自然环境，并能起积极、主动和建设性作用的主体。他们可以用自己自觉的行为来引导生态系统朝着完善、稳定和美好的方向发展。

生态经济学与主流经济学不同的人性假设，反映了经济学之人性假设的历史性变化。古典经济学以“经济人”为其理论前提，“经济人”以个人利益最大化为取向。与此不同，生态经济学以经济效益与生态利益之统一效益的最大化取代经济利益最大化，凸显了人对自然资源及美好生态环境的需要，也凸显了人类追求经济可持续发展的取向，并充分体现了生态文明时代的时代精神。历史和现实都证明，必须突破“经济人”假设，将生态环境需要补充到“经济人”的经济需要中，使之与经济需求和经济利益具有同等重要的地位。

（三）价值取向的区别

“经济人”假设将经济发展与生态系统割裂开来所导致的片面性，也体现在人的价值取向上。主流经济学的价值取向主要是以物为本，认为价值就是经济利益、物质利益，经济发展必须以物质利益的增长为核心。因此，追求物质利益的无限增加是经济活动至高无上的目标，也是衡量经济活动成败得失的根本标准。但是，随着现代经济社会的发展，物本主义价值观的片面性也逐渐暴露并日益突出。

生态经济学不再孤立地看待经济发展，而是将经济系统和生态系统看成有机统一的整体。相应地，生态经济发展的价值取向也发生了根本改变，变化的核心在于，从认为物质利益是唯一价值目标，转变为主张生态美好是与物质富足同等重要甚至更加重要的价值目标。价值应该是经济价值与生态价值的统一，利益应该是经济利益与生态利益的协调。本书所说的生态价值是指生态经济系统中能够为人类生存、经济和社会可持续发展提供持久动力的生态基础和能力。在生态经济学看来，经济增长是目的，生态完善也是目的；物质富足是价值，环境美好也是价值。物质利益也许仅仅是属于当代人的价值，而对生态环境的保护则是既属于当代人也属于人类未来的价值；物质利益是满足当代人物质需要的价值，而生态美好则是事关经济社会可持续发展和人类文明延续的、全人类共享的价值；物质财富是人类通过发展经济获得的物质成果，而生态系统则是经济发展的源泉、实现物质利益的自然前提。从这个意义上讲，生态系统是更重要的价值。为此，必须将保持生态系统的整体完善纳入到人的利益、价值之中，纳入到经济活动的价值取向中来。

三、生态经济学的理论取向

著名经济学家 L. R. 布朗在其著作《生态经济：有利于地球的经济构想》中提出，传统经济观认为，生态系统是经济系统的子系统，而生态经济学则认为，经济系统是生态系统的子系统，这种转变就如同从托勒密（C. Ptolemaeus）的“地心说”到哥白尼“日心说”的转变。从这个意义上说，生态经济学的产生可视为经济学史上的“哥白尼革命”。

黑格尔指出：“哲学开始于一个现实世界的没落。”[①] 经济学总是对时代问题

① 黑格尔 . 1997. 哲学史讲演录 . 1 卷 . 贺麟，王太庆译 . 北京：商务印书馆：54.

的积极回应，生态经济学也不例外。生态经济学概念提出以后，它很快就作为一个新兴学科领域开始逐渐成为研究的热点，受到广泛重视。不过，生态经济学这一概念的内涵究竟是什么？生态经济学的理论基础和核心理念应该是怎样的？国内外学术界针对这些问题存在不同理解。生态经济学所关心的中心问题当然是全人类当前面临的一系列紧迫问题，如资源短缺、环境污染、酸雨、全球变暖、厄尔尼诺现象和物种灭绝等，归结起来都是经济发展和人类文明的可持续性问题。虽然大多数学者认为生态经济学追求的应该是生态系统与经济系统的协调发展，但是在对生态系统与经济系统之间关系问题的认识上却存在分歧。不过，人与自然、经济系统与生态系统之间相互促进，以及协调和谐是目前全世界公认的人类应该选择的可持续发展之路，是既满足当代人的需要又不危及后代人需要的发展。

综观国内外生态经济学的研究，生态经济学的基本目标是经济系统与生态系统的协调和谐，它试图综合运用现代生物学、生态学、物理学、系统科学和市场经济理论等学科的成就，实现经济系统与生态系统之间的双向良性互动，建立起经济系统与生态系统协调发展的复合系统。生态经济学的实质是，它试图在保证生态系统整体完善性不被破坏的前提下，在生态系统可承受的范围内发展经济；建立起资源配置合理、经济持续发展、产业结构优化、生态环境良好、经济与生态协调并可持续发展的经济类型。生态经济学的终极价值取向是，确保经济发展的自然前提的永久延续，进而确保人类文明的永久延续。

第二节　生态经济学的理论内核

科学理论是正确实践的先导。生态经济作为当代经济活动的重要形式，必须以科学理论为基础。生态经济学就是生态经济主要的理论基础。生态经济学的理论内核是什么？应该怎样来构建生态经济学的理论框架？对此，国内外学术界已经展开了深入的研究和探讨，尽管存在着一些争议，但学者们对于最基本的理论问题是存在共识的。从哲学层面看，生态经济学的核心理念主要应该包括以下三个方面。

一、人与自然的和谐统一

生态经济学研究的对象是经济系统与生态系统之间的关系，因此，它是以关于人与自然界之间关系的特定哲学观、自然观为基础的。从本体论根基上说，机械论经济观是以近代哲学的二元论为其本体论前提的。二元论主张主体与客体两分，并将人抽象为唯一的、绝对的主体，而且这个主体是笛卡儿提出的理性“我思”。相应地，作为客体的自然界也被规定为理性的存在。二元论和“我思故我在”意味着理性主义信念的确立，即人类凭借自己的理性思维能够正确认识和把握客观世界的本质和规律，并以这些客观规律作为控制和改造客观世界的指南与主宰。二元论在自然观层面设定了人对自然界的“进攻态势”和主人地位；在价值观层面设定了人与自然界不平等的价值论地位，即人类中心主义。德国古典哲学家康德（I. Kant）用“人是目的”加以表述，他说：“如果理性必须在验前指定有一个最后的目的，那么这个最后的目的只能是服从道德律的人……”[①] 自然界仅仅是人类征服和改造的客体，沦为人的工具和手段。二元论和机械论自然观导致主流经济学中机械论传统的形成。古典经济学、新古典经济学都包含着机械论经济观。

机械论经济观割裂人与自然、经济系统与生态系统之间的关系，主张通过对自然界的否定和斗争来实现经济发展，实现人的目的。在经济发展过程中，人类只考虑经济增长而忽视生态环境的状况，忽视经济系统对生态系统的依存关系。认为经济发展无需考虑自然资源的承受力，也无需考虑人类需求的无限性对自然资源有限性形成的巨大压力。显然，在这样的经济观指导下，人对自然界的行为必然具有破坏性。近代以来的工业文明单纯以经济增长作为经济发展的唯一目标，而这种经济发展是建立在对自然界严重破坏的基础上的。同时，对自然界的破坏事实上又反过来影响了人类自身的长远利益和整体利益。

以机械论经济观为基础，传统工业经济包含着人的存在方式的异化。在这种存在方式中，人与自然的关系、人与人的关系、人与自身的关系都处于主-客二元对峙的分裂和异化状态。作为一种现代性的生产模式，传统工业经济实质上内含着工具理性、技术理性，这种工具理性和技术理性以经济效率的不断提高为基本原则，它表面上是价值中立的，而实际上却负荷着价值。因为它已经蕴含了技术主义、工具主义的思维方式，其结果不仅破坏了自然界，而且导致人自身的物化、技术化和工具化。

马克思主义哲学和当代西方哲学都对资本主义异化的生产方式或技术理性的统治进行了深刻的批判。海德格尔则将工业文明时代现代技术科学的勃兴，与西方形而上学的存在论问题紧密联系起来。他认为，传统形而上学在存在论上的失误是现代社会技术统治世界的本体论根源。在他看来，传统哲学把人抽象为理性的思维主体，进而把世界抽象为这一思维主体的认识对象，这种关于主体与客体、主观与客观、认识主体与认识对象的二元划分，以及“我思故我在”的口号，确定了理性“我思”对客体的主宰与极权，从而使人与世界的原初关联

---

① 康德．2000．判断力批判（下卷）．韦卓民译．北京：商务印书馆：117～118.

被彻底破坏了。人与自然不是在本来的意义上而是仅仅在抽象思维的意义上发生关系。一方面，它导致人将自己生活于其中的世界视为与自身对立的对象世界，变成了让人一味去探索、利用、征服和改造的世界；另一方面，由于人被确立为主体，也就使自己的本质发生了根本改变，人成为众多实体中的一种，人自身也成为科学和技术处理的对象。其结果必然导致“存在的遗忘”，扭曲人与自然界之间的关系，破坏人的感性生存，同时造成自然界的环境问题和生态危机。

马尔库塞对现代科学、技术的价值蕴含进行了透彻的说明。他指出：“在技术现实中，物质和科学都是‘中立’的，客观现实既无目的，又不是为了目的而构造的，不过，正是其中立特征把客观现实同特定历史主体联系起来，即同流行于社会中的意识联系起来，其中立性正是通过这个社会并为这个社会确立的，它在构成新型合理性的抽象中发挥作用——在为一种内在的而不是外在的因素发挥作用。纯粹的和应用的操作主义，理论的和实践的理性，科学的和商业的谋划都在把第二性质还原为第一性质，对‘特种’实体进行量化和抽象。”①另外，他还认为，“纯科学的合理性在价值上是自由的，它并不规定任何实践的目的，因而对任何可以从上面强加给它的外来价值而言，它都是‘中立’的，但这一中立性是一种肯定性，科学的合理性之所以有利于某种社会组织，正是因为它设计出能够在实践上顺应各种目的的纯形式……形式化和功能化的最重要应用是充当具体社会实践的‘纯形式’，科学使自然同固有目的相分离，并仅仅从物质中抽取可定量的特性，与此相伴随，社会使人摆脱了人身依附的自然等级，并按照可定量的特性把他们相互联系起来，即把他们当做可按单位时间计算的抽象的劳动力单位。”② 也就是说，现代科学、技术将一切具有自身个性和目的性的存在者抽象为量化的纯形式，这种纯形式虽然从表面上看是“价值中立”的，但它却一方面导致自然物同自身固有的目的相分离，另一方面又确立起一种由科学和技术的纯形式来担保的目的。不仅如此，当现代科学、技术进入人的经济生活和社会生活的时候，它就将人的整个经济生活和社会生活按照量化的纯形式组织起来。人本身被卷入技术的理性秩序中，从而导致人在同自身的目的相分离的同时被纳入到由科学和技术提供的由量的同一性所担保的目的之中。从这个意义上说，现代科学、技术实质上并不是价值中立的。

理性主义是现代性的支配性观念，而理性主义的核心是始自伽利略的“将质还原为量”的观念，即认为一切具有自身质的规定性的事物都不仅可以而且应该还原为量来加以处理。正如霍克海默所说：“资产阶级社会是由等价物支配的，它通过把不同的事物还原为抽象的量的方式使其具有了可比性。”他认为，

---

① 吴国盛．2008．技术哲学经典读本．上海：上海交通大学出版社：95．

② 吴国盛．2008．技术哲学经典读本．上海：上海交通大学出版社：95～96．

现代性就是以量的抽象同一性“坚持不懈地摧毁诸神与多质。”[①] 海德格尔则把现代技术的本质总结为“座架”。“座架”“意味着对那种摆置（stellen）的聚集，这种摆置摆置着人，也即促逼着人，使人以订造方式把现实当做持存物来解蔽。”[②] 具体地说，现代技术将自然和人作为一种持存（bestand）物进行解蔽（das-entbergen），而“在现代技术中起支配作用的解蔽乃是促逼（herausfordern），此种促逼向自然提出蛮横要求，要求自然提供本身能够被开采和贮藏的能量。”[③] 促逼的实质就是对自然进行“订造”（bestellen）。一句话，在技术与人的关系中，技术已经居于支配性地位，起主导作用。现代技术作为一种强大的外在力量，对人和自然进行强求、促逼和订造，将人和自然强势纳入技术逻辑之中并按照现代技术所展现的可能性而存在。

作为对机械论经济观的一种超越，生态经济学强调，人类的价值观不能仅仅以自身的经济利益为目的，人类的功利和幸福不能逾越自然界所允许的范围。只有在与自然界和谐共处的前提下才能获得持续、健康的功利和幸福。事实证明，人类在与自然界对立和斗争中固然能够实现自身的某些经济利益，但是，通过与自然界建立协调、和谐的关系，在和谐中求发展能够实现更大、更全面、更完整也更持久的利益。这既是从近代工业文明的历史所得出的沉痛教训，也是对人类未来发展的根本要求。从人与自然对立斗争到人与自然和谐统一，这正是从机械论经济观到生态经济观转变的核心所在。同时，生态经济学所主张的和谐不是对自然界的简单顺应，而是“和而不同”。它并不主张从一个极端走到另一个极端，不主张从人与自然界绝对对立走向绝对统一。生态经济学并不全盘否定机械论经济观，它是对机械论经济观的超越。生态经济学将人与自然的对立斗争包容在人与自然和谐统一的关系之中，主张人与自然界之间应该是既对立又统一的关系。生态经济学所主张的人与自然界之间的对立不是绝对对立，而是有限度的对立；生态经济学所主张的人与自然界之间的统一也不是人与自然界的绝对统一，而是有限度的统一。检验人与自然界对立及统一的标准就在于发展的可持续性。可以说，生态经济学正确反映了人与自然界之间、自然界内部生物与环境之间既对立又统一的辩证法，揭示了当代发展观和文明观的真谛。

二、经济系统与生态系统的和谐统一

人与自然界之间的和谐统一，在经济活动中的具体表现就是经济系统与生态系统的和谐统一。经济活动是人类从事物质生产的实践活动，而物质生产实

① 曹卫东．2004．霍克海默集．上海：上海远东出版社：47．

② 孙周兴．1996．海德格尔选集．上海：上海三联书店：938．

③ 孙周兴．1996．海德格尔选集．上海：上海三联书店：932～933．

践是人类最基本的存在方式，是社会发展的前提和基础。

生态经济学关于经济系统与生态系统和谐统一的主张，要求将经济发展与环境保护统一起来。人类经济发展的历程已经证明，经济发展与环境保护之间是相互作用的关系，不当的经济增长方式必然造成环境污染和生态破坏；反过来，环境污染、生态破坏又必然制约经济的进一步增长。因此，必须正确处理经济发展与环境保护之间的辩证关系，否则就有可能导致二者之间关系的不协调、不和谐。整体完善的生态系统能够为经济发展提供良好、持久的基础和条件；而经济的合理发展也能够成为环境保护的重要推动力。那么，如何才能实现二者的辩证统一呢？生态经济学主张，既然环境问题的产生是由人类忽视生态系统对经济系统的制约性和人类不当的经济行为两方面的原因造成的，那么，问题的解决之道就不仅需要在经济发展过程中实现环境保护，让不断改善的生态环境为经济的可持续发展提供支撑，同时应该在环境保护的前提下实现经济发展，在经济发展过程中解决环境问题，最终实现经济的可持续发展。只有这样，才能将经济发展与环境保护之间的不和谐、不协调控制到最小，实现两者的良性互动与和谐统一。生态经济学的这些主张充分体现了对经济发展和环境保护内在规律的科学认识和把握。

纵观人类历史，经济学家们在不同历史时期对生态系统与经济系统之间的关系问题有着不同论述。但是，在当代学者的论述中，强调经济发展与生态环境的和谐统一几乎是各家各派学说的共同主张。当代学者关于这个问题最主要的理论有罗马俱乐部的经济零增长论、戴利（H. E. Daly）等的稳态经济论等。他们对经济系统与生态系统之间关系的总体认识，都由主张二者对立、斗争转变为主张二者和谐统一。

罗马俱乐部的报告《增长的极限》所提出的“极限”，其实就是生态系统为经济发展提供的可能限度，是生态系统所能够承受的经济发展之最大范围。因此，该报告实质上已经看到了生态系统对经济发展的制约性，意识到了经济发展与生态系统之间的矛盾和冲突，并且认为，不能通过对生态系统的无止境破坏来实现经济的无止境增长。为此，必须从经济系统与生态系统之间的绝对对立、斗争，走向经济系统与生态系统的和谐统一。正因为如此，《增长的极限》主张以一种积极的态度去转变传统经济发展过程中将经济系统与生态系统对立起来的做法，走向经济系统与生态系统的和谐统一。《增长的极限》是环境保护和可持续发展思想史上的光辉文献，对生态经济学也产生了重大影响，它的重要作用正在于引导人类理智地认识到，环境问题或生态危机的要害是经济系统与生态系统之间的矛盾。

1973年，美国著名生态经济学家戴利、汤森（K. N. Townsend）共同主编并出版了《走向稳态的经济》一书，该书于1996年再版时将书名改为《珍惜地球：经济学、生态学、伦理学》。该书是专门从现代科学视野论述经济系统与生态系统之间的关系，以及经济学、生态学和伦理学之间关系的论文集，作者主要是西方的一批生物学家、经济学家、文献学家等。特别需要指出的是，在该书的作者中包括了生态经济学的创始人肯尼斯·博尔丁。同时，戴利在1996年还出版了《超越增长：可持续发展的经济学》一书。[①] 在这两部著作中，戴利和其他经济学家都按照现代科学——特别是热力学、一般系统论、现代生物学——的基本观点来解释经济系统与生态系统之间的关系，从特定的视角阐述了经济系统与生态系统和谐统一的观念。戴利等认为，经济系统与生态系统之间的关系相当于系统的部分与整体之间的关系。具体地说，经济系统是生态系统整体的有机组成部分。经济系统作为一个子系统是被生态系统这个母系统包围着的。作为一个开放系统，经济系统不断地与生态系统进行物质、能量和信息交换。经济发展水平不断提高，经济规模不断扩大，导致人类活动（尤其是经济活动）对生态系统的扰动日益加剧，导致经济系统这一子系统的空间区域日益膨胀和扩张，逐步压缩了生态系统的空间，乃至有扩展至生态系统承受力边界、导致生态系统崩溃的危险，这是当代人类面临的生态危机的实质。为缓解这一危机，就需要对经济系统的扩张施加一定约束和限制，使之退回到合理的区间，而这个合理的区间应该按照生态系统的承受力来确定。也就是说，只有不超过生态系统承受力的经济发展才是合理的经济发展。为此，戴利等提出了著名的“稳态经济论”（steady state economics）——在必要时应该不惜放弃短期经济增长和资源消耗以维持整个人类社会的长期生存和稳定。

戴利等的稳态经济观不仅蕴含着经济系统与生态系统之间和谐统一的观念，而且蕴含着更丰富的理论内涵，即经济发展不能等同于经济增长；经济发展应该是受自然资源有限性制约的、可持续的发展；适度的经济发展才是可持续的发展；可持续的经济发展必须以实现经济系统与生态系统的和谐统一为前提；为了实现经济系统与生态系统的和谐统一，应该适当放缓经济增长，在局部领域实现经济的不增长甚至负增长等。稳态经济观的终极关切仍然是人类整体的利益，是人类文明整体的持久延续。

三、以自然为中介的人与人之间关系的和谐统一

从终极关怀上看，生态经济学所追求的目标并不限于人与自然、经济系统与生态系统之间的和谐统一。生态经济学试图达到的最终目的是，实现以自然为中介的人与人之间关系的和谐统一。因此，人与人之间关系的和谐统一也是

① 赫尔曼·戴利.2006. 超越增长：可持续发展的经济学. 诸大建，胡圣译. 上海：上海译文出版社.

生态经济学的核心理念之一。

按照马克思的实践哲学，人类在实践中必然要形成双重关系，即人与自然界之间的关系和以自然界为中介的人与人之间的关系，而且这两种关系是一个统一的有机整体。马克思认为，人与自然界之间是一种对象性关系，这种对象性关系是通过实践确立的。通过实践，人所面对和把握的自然界，不再是天然的、自在的自然界，而是人化的自然界。作为人化的存在，现实自然界形成于以劳动为形式的实践过程。因此，人和自然界的存在都是在实践中的对象性存在。在实践中，人的本质力量要转化为自己的对象并通过自然界的变化来显现和确证。马克思指出，人“作为自然的、肉体的、感性的、对象性的存在物，和动植物一样，是**受动的**、受制约的和受限制的存在物，也就是说，他的欲望的**对象**是作为不依赖于他的**对象**而存在于他之外的；但这些对象是他的**需要**的**对象**；是表现和确证他的本质力量所不可缺少的、重要的**对象**。”① “对象**如何**对他来说成为他的对象，这取决于**对象的性质**以及与之相适应的**本质力量**的性质；因为正是这种关系的**规定性**形成了一种特殊的、**现实的**肯定方式……每一种本质力量的独特性，恰好就是这种本质力量的**独特的本质**，因而也是它的对象化的独特方式，它的**对象性的、现实的**、活生生的**存在**的独特方式。”② 因此，人化自然是人的作品，是现实化、客体化和对象化的人与自然的统一。换言之，通过实践形成的人化自然将人与自然统一起来了，因而也将人与自然的关系和人与人的关系统一起来了。由于实践的具体性和历史性，通过人化自然所确证的人的本质也是具体的和历史的。因此，人化自然要随着实践的发展而不断生成、变化。在实践中，既要形成人与自然界之间的关系，又要形成人与人之间的关系。这两方面的关系是统一的。人与人之间的关系以人化自然作为中介。马克思说：“自然界的**人的**本质只有对**社会的**人来说才是存在的；因为只有在社会中，自然界对人来说才是人与人**联系的纽带**，才是他为别人的存在和别人为他的存在，只有在社会中，自然界才是人自己的**人的**存在的**基础**，才是人的现实的生活要素。”③

同时，自然界是“人的无机的身体”。从这个意义上也可以说自然界即他人，环境即他人。人与自然界之间的关系和人与人之间的关系也是统一的。人与自然界之间的矛盾内在地包含着人与人之间的矛盾。正因为如此，正确处理人与自然界的关系也就是正确处理人与人之间的关系。

生态经济学所主张的人与自然，以及经济系统与生态系统之间的和谐统一

① 马克思．2008．1844年经济学哲学手稿．北京：人民出版社：105.

② 马克思．2008．1844年经济学哲学手稿．北京：人民出版社：87.

③ 马克思．2008．1844年经济学哲学手稿．北京：人民出版社：83.

最终都是试图实现人与人之间关系的和谐统一。生态经济学主张，经济发展不应该超越生态系统的承受能力，不应该通过破坏生态系统的整体完善来追求经济发展。这些主张的根本目的不是要保护生态环境本身，而是试图确保生态系统对人类经济发展的持久支撑力，从而实现经济、社会发展和整个人类文明的可持续性。

第三节 生态经济学领域的“家族相似”

“家族相似”是维特根斯坦为了说明语言问题而提出的一个重要概念。维特根斯坦认为，语言如同“生活游戏”，同样一个语词在不同的生活形式中可以有不同的用法，就如同下棋的规则只有一个，但是在不同的下法中，这一规则的用法不同。不同的游戏并没有共同的特征，而是形成一个家族，这个家族的全部成员具有某些“家族相似”的特性。维特根斯坦说：“一个家族的有些成员有一样的鼻子，另一些有一样的眉毛，还有一些有一样的步态；这些相似之处重叠交叉。”①

围绕如何在保护生态环境的前提下发展经济，在发展经济的前提下保护生态环境，国内外学术界提出了多种经济观，如环境经济观、可持续发展经济观、循环经济观、稳态经济观、节约型经济观、低碳经济观、绿色经济观等。学者们提出的不同经济观构成一个谱系，彼此之间呈现出某种“家族相似”性。本节对各种经济观进行简要介绍，并比较分析生态经济学与各经济观的异同，从而进一步彰显生态经济学的哲学基础。

关于生态经济学与环境经济学、循环经济观、绿色经济观、稳态经济观和低碳经济观等各种经济观之间的关系，学术界还没有比较一致的看法。有学者认为，它们研究的侧重点不同；也有学者认为，它们的研究对象是相同的，仅仅是名称不同而已，它们都研究经济发展与生态环境、经济发展与自然资源之间的相互关系，研究在经济发展过程中如何遵循生态规律、在资源开发中如何合理利用并保护自然环境等问题。

一、生态经济学与环境经济观

与生态保护运动的理论和实践过程同步，人类的环境保护理念也经历了从早期将环境保护与经济发展绝对对立，逐步转变到将环境保护与经济发展辩证

① 转引自陈嘉映．2003．语言哲学．北京：北京大学出版社：191．

统一的历史转变。将环境保护与经济发展统一的核心在于，从环境和经济的相关性来研究环境问题的经济学根源、内在特性和发展规律，或者说，从经济学角度研究环境污染问题，这样的研究就形成环境经济学（environmental economics）。

从历史渊源看，环境经济学源于福利经济学（welfare economics）。福利经济学创立于20世纪20年代，它被认为是历史上最早研究环境问题的经济学流派。1890年，剑桥大学教授马歇尔（A. Marshall）发表《经济学原理》一书，该书开创了经济学史上著名的新古典经济学流派。在该书中，马歇尔提出了著名的“外部性理论”，首次区分了“内部经济”和“外部经济”两个概念。1920年，马歇尔的学生，英国经济学家、福利经济学的创始人之一庇古（A. C. Pigou）出版《福利经济学》一书，提出“外部经济”（正外部性）和“外部不经济”（负外部性）的区分。马歇尔和庇古的理论为环境经济学的建立和发展奠定了理论基础。此后，环境经济学的研究者在马歇尔和庇古的外部性理论的基础上，吸收了威克塞尔（K. Wicksell）、鲍恩（H. R. Bowen）、瓦尔萨斯（L. Walras）、列昂惕夫（W. Leontief）等经济学家的研究成果，逐步建立起环境经济学的理论体系。20世纪50～60年代，环境污染、生态危机日趋严重，给人类带来的经济损失日益增加。在这种背景下，环境科学的研究者们开始关注环境污染的经济学根源，以及治理环境污染的经济学对策，探索从经济学上评价环境污染所造成损失的方法。环境经济学也因此引起了更多经济学家的注意。60年代末，萨缪尔森在其名著《经济学》一书中首次指出，环境污染是一种外部的负经济效果（即外部不经济）。此后，在哈特威克（J. M. Hartwick）、鲍莫尔（W. J. Baumol）、奥茨（W. E. Oates）及弗里曼（A. M. Freeman Ⅲ）等的共同努力下，环境经济学逐步趋于成熟。

从理论属性上看，环境经济学属于规范经济学的一支，因为它将价值判断和伦理原则引入对环境问题的研究，用以检验人的经济行为的合理性。在这一点上，环境经济学延续了福利经济学强调规范、价值的传统，它尊崇福利经济学的经济伦理观，突出经济学中价值判断的重要性，强调全社会福利的最大化，阐扬微观经济学的理论成果。在方法论上，环境经济学将实证经济学和规范经济学的研究方法结合起来，在宏观方面侧重于规范经济学，在微观方面则侧重于实证经济学研究。从根本特征上说，环境经济学试图从经济学角度揭示环境污染的经济根源，从根本上解决经济发展与环境问题之间的矛盾。从这个角度看，环境经济学与生态经济学本质上是一致的。但是，环境经济学与生态经济学也存在着明显的区别。

第一，环境经济学与生态经济学研究的侧重点不同。在一定意义上说，环境经济学是一种“消极经济学”，因为它主要针对的是经济发展所导致的负面结果——环境问题，特别是环境污染问题，探索环境问题的经济学根源及解决这些问题的经济学对策。生态经济学则是一种“积极经济学”，它主要是在现代有机整体论自然观和现代系统科学、物理学和生物学等学科的基础上，采用当代科学中各种相关学科的研究方法（如信息论、控制论、协同学和价值分析等）来耦合生态系统与经济系统之间的关系，从而实现二者的协调和谐，最终实现经济可持续发展。可以说，环境经济学更加侧重于对环境污染的“治理”，而生态经济学更加侧重于对环境污染的“预防”。

第二，环境经济学与生态经济学的人性假设不同。环境经济学仍然坚持古典经济学的人性假设——人的自利性，并以此为基础展开自身的理论逻辑。生态经济学的人性假设更加突出人的生态属性、生态需要和生态利益，突出人的利他性及关爱人类整体的“类意识”，这个特有的理论核心是构筑生态经济学理论基础的重要切入点，也是生态经济学与环境经济学最根本的区别之一。

二、生态经济学与循环经济观

无论从哪个角度看，循环经济观对当代社会的影响都是非常巨大的，它已经被写入很多国家的政治文献，成为不少国家经济发展过程中制定基本国策的重要依据。它甚至已经成为中西方很多大学、研究机构学术建制的重要组成部分，成为一些经济学学者终身的研究方向。

循环经济观萌芽于20世纪60年代初，当时，各主要发达工业国家开始进入后工业社会。在当时仅有占全世界不到五分之一的人口基本实现现代化的情况下，自然资源短缺和生态环境危机成为经济可持续增长的瓶颈。从20世纪30年代到20世纪60年代末，工业化国家的环境污染问题日益突出。特别是在20世纪50～60年代，西方世界发生了令人震惊的八大环境污染公害事件，造成重大社会影响，同时也对人们的思想观念形成巨大冲击。针对严峻的环境污染和生态问题，美国生物学家蕾切尔·卡逊于1962年在她的经典著作《寂静的春天》中指出，经济的持续、高速增长已经危及自然资源和自然环境。卡逊的警示使人们开始认识到经济发展对生态环境的负面影响，开始认识到自然资源的有限性对经济发展的制约作用，迫使人类开始寻求自然资源永续利用的途径和方法。循环经济观正是在这样的时代背景下应运而生的。

20世纪60年代，生态经济学的创始人，美国经济学家肯尼斯·博尔丁在他的著名论文《即将到来的宇宙飞船地球经济学》中提出，可以把传统的资源消耗型经济增长方式，转变为生态化的资源循环型增长方式。博尔丁因这一主张而被认为是循环经济理念的最早倡导者。1990年，英国经济学家皮尔斯（D. Pearce）和特纳（R. K. Turner）把以“3R”原则为核心的经济发展模式正式定义为“循环经济”（circular economy）。德国政府于 1996 年在《废弃物管理和循环经济法》中，第一次在国家法律文本中使用了“循环经济”这一概念。可见，在 20 世纪后期，循环经济观在学术层面和政府层面都已经引起高度重视。

何谓“3R”原则？人类以往对环境污染的治理主要是末端治理，即在经济发展已经造成了对生态环境的污染和破坏后，再设法对其进行治理，它是在传统工业经济增长过程中所常用的治理环境污染的一般思路和方法。末端治理带有消极性，因为它是在经济活动已经造成环境污染的情况下被动地进行治理；末端治理还带有片面性，因为它是孤立地处理经济活动的负面结果——环境污染，而忽视了这一结果的来源，顾尾不顾头、重结果不重过程。面对日益严峻的环境问题，人们开始认识到，要真正化解经济增长与自然资源有限性之间的矛盾，必须将环境保护贯穿到整个生产过程之中，从经济发展的源头上和整个过程中预防环境污染的产生，积极能动地防治环境污染。也就是说，超越末端治理的环境保护必须实现三个转变、突出三个特性：一是整体性，即从经济活动的源头、过程和结果整体上防治环境污染，将物质产品的生产过程与环境污染的治理过程统一起来；二是预防性，即在经济活动过程中，在环境污染尚未出现而又可能出现的每一个环节对其加以防治；三是能动性，即不是在环境污染已经出现的情况下被动进行治理，而是在环境污染尚未出现的情况下主动进行预防。为此，有学者提出，特别要从以下三个关键环节解决问题：一是在生产源头上，通过提高对自然资源的利用效率减少进入生产过程的物质量；二是在生产过程中，通过对生产过程中产生的副产品和废弃物的再利用减少废弃物的排放量；三是在产品经过消费完成其使用价值变成废弃物之后，不是简单抛弃了之，而是经过加工处理并使之转变为再生资源重新回到生产的源头上获得再利用。第一个环节建立在对自然资源有限性的认知上，其目的实质上是要在充分考虑自然资源有限性的前提下，在生产过程中节约对自然资源的消耗量，降低经济发展对自然界的压力；第二个环节建立在对环境容量有限性的认知上，其目的实质上是要在充分考虑环境容量有限性的前提下，降低对自然环境的污染；第三个环节建立在对自然资源有限性和环境容量有限性的统一认知上，其目的实质上在于既充分利用一切可能的自然资源，又降低对自然环境的污染。有人将这种贯穿整个生产过程的自然资源利用和环境污染治理方法概括为减量化（reduce）、再利用（reuse）、再循环（recycle，即资源化）三项原则，简称“3R”原则，并将按照“3R”原则建立起来的经济发展模式和自然资源利用模式概括为“自然资源—物质产品—废弃物—再生资源”循环利用模式，这就是循环经济观的主要内涵。可以看出，循环经济观针对的已经不仅是环境污染问题，而且试图针对自然资源和环境容量的有限性，主张通过节约自然资源以协调经济系统与生态系统之间的关系。

经济学家们一般又将循环经济区分为广义的循环经济和狭义的循环经济。广义的循环经济指的主要是，在经济发展过程中遵循自然界的物质循环规律，运用生态学规律来指导经济活动。经济发展的基本目标不仅应该是充分利用自然资源生产更多的物质产品，而且应该是最大限度地节约和利用自然资源，最大限度地减少对自然资源的浪费，其最终目的是实现人与自然、经济系统与生态系统的和谐统一。狭义的循环经济指的主要是，通过对生产过程中所产生的废弃物进行资源化、再利用和再循环等来推进经济发展与环境保护的统一。充分利用资源而不浪费资源，在经济发展的同时实现环境保护，在环境保护的前提下实现经济发展。在狭义的意义上，也可以把循环经济称为“废物经济”、“垃圾经济”。

从“3R”原则可以看出，循环经济观的前提是对经济系统与生态系统、经济增长与自然资源和环境容量的有限性之间矛盾的认知。它的核心是最大限度地节约自然资源、最大限度地利用自然资源、最大限度地减少环境污染。反过来说，就是最小限度地浪费自然资源、最小限度地污染生态环境。循环经济观试图使所有的自然资源都能够在循环经济的不断运行过程中得到最合理、最充分的利用，从而将经济活动对生态环境的消极影响控制在尽可能小的限度内。显然，循环经济观主张运用生态学规律来安排经济活动，在经济发展全过程中贯彻环境保护和资源节约的理念，实现经济系统和生态系统的物质流动和谐循环，既发展经济，又节约自然资源、减少环境污染、维护生态平衡。循环经济观的优点在于，如果运用它来改造和构建国民经济体系（尤其是生产体系），不仅能够加强对自然资源的节约，提高对自然资源的利用率，从而减少生产成本，提高经济的综合效益，而且能够更加有效地降低环境污染，减少对自然界的破坏，放慢对自然资源开发利用的力度和速度，从而改善生态环境。大量废弃物被资源化地循环利用后，不仅可以避免环境污染的加剧，而且可以解决大量不可再生资源的再生利用问题。作为一种崭新的经济理念和经济模式，循环经济观使人类第一次有可能在从生产到消费的整个过程中将经济发展与环境保护和自然资源节约有机地结合起来，使可持续发展从理想变成现实。

与传统经济发展模式相比，循环经济的不同之处在于以下两点。第一，传统经济模式是由“自然资源—生产产品—废弃物排放”构成的物质单向流动的经济模式。循环经济观倡导的则是建立在资源不断循环利用基础上的经济发展模式，它要求把经济活动组织成“资源—产品—废弃物—再生资源”反馈式循环利用模式，让所有的自然资源都能够在不断进行的经济循环过程中得到最充分的利用，将经济发展对生态环境的压力降低到尽可能小的程度。第二，传统经济发展模式是以规模和增长为核心的，它将经济发展等同于经济增长。在资源环境问题日益严峻的情况下，如果继续沿用这种经济发展模式，将难以实现经济、社会的可持续发展，甚至导致经济发展的自然前提崩溃，最终使人类文明不可持续。循环经济观源于对生态系统客观规律的正确认识和顺应，它并不单纯追求经济增长，而是追求经济的健康发展，注重在经济发展的物质流动全过程中防治污染，充分、循环利用并节约自然资源，从根本上解决经济发展与资源、环境之间的矛盾，从而协调人与自然、经济系统与生态系统之间的关系。因此，循环经济观同时考虑到经济发展与环境保护、经济发展与资源节约两方面的问题，其目的是协调人与自然界之间的关系。同时，循环经济观的终极关切仍然是以人为本的，它兼顾当代人的利益和后代人的利益，主张既发展经济以满足当代人的需要，又节约自然资源，为后代人发展经济满足他们自身的需要提供可能。因此，循环经济观不仅是实现可持续发展的战略选择，也为传统经济发展模式转变为生态经济发展模式提供了具体路径，从根本上改变了人类长期以来以与生态环境的尖锐对立为代价换取经济发展的经济模式。

生态经济学与循环经济观所关注的核心问题都是经济系统与生态系统之间的关系，它们都主张将经济发展与环境保护统一起来，都主张在经济发展过程中遵循生态规律，以人与自然和谐、经济和社会的可持续发展为最终目标。生态经济学与循环经济观之间的差异主要表现在以下三个方面。

第一，在理论基础方面，生态经济学主要从经济学角度研究生态-经济复合系统的结构、功能和运动规律。它从最一般、最广泛的意义上研究生态系统与经济系统之间的关系，从整体上揭示生态系统与经济系统之间的相互制约和相互作用，揭示经济系统与生态系统之间的内在联系。经济系统与生态系统之间的关系本质上是一种物质循环过程。经济发展过程中的物质循环不仅是自然过程，而且是经济和社会过程，它实质上是人类在经济发展过程中与生态系统进行的物质交换过程。因此，生态经济学体现了循环经济观的基本要求，它是循环经济观的理论基础，循环经济观和生态经济观在本质上都遵循了生态经济学原理。但是，生态经济学和循环经济观并不能简单等同。循环经济观比生态经济学更具体、更明确，它提出了一种促进经济系统与生态系统协调和谐的具体模式，以自然资源的高效、循环利用为核心，以“3R”为基本原则；以资源的低消耗、废弃物的低排放、经济发展的高效率为基本特征；以实现自然资源的充分、有效利用，以及经济-生态可持续发展为根本目的。

第二，在基本内涵方面，生态经济学主要关注的是如何遵循生态学原理和经济规律，把生态建设、环境保护、自然资源的开发利用、生态系统的恢复与重建等问题与经济发展有机结合起来，建立人与自然、经济系统与生态系统和谐共生的关系，推动经济效益、社会效益和生态效益的高度统一，最终实现经济和社会的可持续发展。循环经济观彻底改变了人类的资源观，它侧重将以依靠自然资源净消耗为代价以实现经济增长的经济发展模式，转变为以依靠自然资源节约和循环利用为主的生态型经济发展模式，它特别强调对自然资源的节约与再利用。可以说，循环经济观为生态经济观提供了更具体的经济发展路径和方式。

第三，在价值取向方面，生态经济学之价值取向的核心是经济系统与生态系统的和谐统一。它既关注如何提高经济效益的问题，也关注在经济发展的同时如何提高生态效益的问题，其目的在于实现资源配置的代内公平和代际公平。循环经济观是生态经济观的具体化，它更具有实践性、可操作性，更加注重研究实现生态经济的具体原理、方法、途径和措施，强调通过对生态系统和经济系统之间关系的深入研究，探讨如何建立有利于自然资源高效、循环利用的经济发展模式。循环经济观以经济发展与自然资源的关系为其出发点，生态经济学则以实现生态系统和经济系统和谐为其理想。

三、生态经济学与稳态经济观

从历史上看，稳态经济观从理论到实践都不陌生。经济学史上有关稳态经济、静态经济的研究早已出现。比如，早在 1848 年，古典经济学家约翰·斯图亚特·穆勒（J. S. Mill）就已经在《政治经济学原理》一书中区分了动态经济和静态经济的研究方法，并提出了著名的静态经济观。穆勒认为，自然资源存在着一个极限，为此，自然环境、人口数量和财富水平等都应该保持在一个静止稳定的水平上，而且这一水平应该远离自然资源的极限，只有这样才能避免出现食物短缺和自然资源的大量消失。穆勒的静态经济观是稳态经济观的重要思想渊源之一。本书在上一章已经提到，1973 年，美国经济学家戴利等出版了《走向稳态经济》一书，戴利等的稳态经济观正是在吸收穆勒的静态经济思想的基础上，针对现代工业经济发展所带来的日益严峻的环境问题而提出的。在 1996 年出版的《超越增长：可持续发展的经济学》一书中，戴利进一步全面而系统地论述了他的稳态经济观。另外，稳态经济观在 20 世纪 80 年代的生态社会主义思想家那里也得到过表达。那个时期，受罗马俱乐部的《增长的极限》影响，稳态经济观的核心是强调经济缩减，要求重新评价并主张大大削减人的物质需求，缩减资本主义的生产能力并扩大资本主义国家政府对经济的调节作用，从而实现经济发展的稳定状态。

单从“稳态经济”这个词语就可以看出其主要含义，它指的是处于稳定状态的经济。稳态（steady state）和稳定态（stationary state）同义。从总体上看，稳态经济观主张使经济发展保持在稳定状态。但是，这里的稳定，指的是合理的经济规模的稳定而不是不合理的经济规模的稳定。所谓合理主要包含两个方面的含义：一是与生态系统协调、和谐，特别是与自然资源和环境容量的有限性相适应；二是能够最好地实现可持续发展的目标。在稳态经济观看来，“过度”和“不足”都是不可取的。如果人口和经济规模过大，超过了自然资源和环境容量的有限性，那么，这样的经济发展就是不可持续的；反之，如果人口和经济规模过小，这样的经济规模与自然资源和环境容量的有限性也许是相适应的，但是却可能是不可持续的。因此，稳态经济观所主张的经济发展之稳定状态，实质上就是使经济发展与环境保护、经济系统与生态系统和谐统一的最佳状态——“适度”状态。稳态经济观所主张的合理的人口规模、经济规模实质上就是能够促进经济发展与环境保护、经济系统与生态系统和谐统一的最适度的经济规模。稳态就是最适度的人口和经济规模的稳定，“一个人口和商品库存维持在恒定水平、物质和能量的流通率最小的经济，能够持续存在；然而，即使是稳态经济也不可持续到永远。在稳态经济的原则下，能充分利用的能源是福音；而在增长经济的框架内，可充分利用的能源是被诅咒的事物”。[①] 因此，不能单纯强调发展而扩大人口规模和经济规模，甚至使经济规模逾越自然资源和环境容量有限性的承受力边界；同时，也不能单纯为了环境保护、节约自然资源而保持一个过小的人口规模和经济规模，因为其结果可能导致经济、社会发展的不可持续。可以说，这就是稳态经济观试图协调人与自然、经济发展与环境保护、经济系统与生态系统之间关系的基本思路。

显然，稳态经济观上述主张的核心仍然是要协调经济系统与生态系统之间的关系。稳态经济观意识到了在经济系统与生态系统之间的对立统一关系中，一定存在着一个理想的“度”或合理的“点”。如果能够找到这个“度”或“点”，就能够确定经济发展的合理速度和规模，并使之在这个速度和规模上保持稳定状态，从而既确保经济发展的可持续性，也确保生态系统的持久平衡。因此，稳态经济观试图将人口规模、经济规模等限定在适度的水平，使之与生态系统的承受力相协调，它主张在经济发展过程中充分、合理地利用自然资源，将经济发展对自然资源的消耗量降低到最低程度。稳态经济观主张的人口规模稳定和物质财富稳定，其根本目的是要实现经济发展对生态系统压力的稳定。同时，稳态经济观的上述主张也表明它的基本理念具有辩证性，即人口规模稳定但不能影响人口的合理延续；物质财富和物质生产稳定但不能影响人的基本生活水平。从这些主张可以看出，一方面，它体现了稳态经济观对经济发展与环境保护之间辩证关系的理解，它主张将环境保护与经济发展统一起来，认为不应该为了环境保护而取消经济发展；另一方面，它体现了稳态经济观的人文取向，它认为对人口规模和经济规模的限制不应该破坏人类自身的合理延续。可以说，

---

① 赫尔曼·戴利，肯尼思·汤森．2001．珍惜地球：经济学、生态学、伦理学．马杰等译．北京：商务印书馆：12～13.

稳态经济观的基本思路仍然是要在充分考虑自然资源、环境容量有限性的前提下确定经济发展的合理速度和规模，其最终目的在于建立一种受自然资源和环境容量有限性制约的、规模和速度都比较适度的经济发展，从而实现经济的永续发展和人类文明的持久延续。在这些基本观点上，稳态经济观与生态经济学是本质一致的。同时，稳态经济观的实质在于主张经济发展从量的增长转变到质的增长。在稳态经济系统中，虽然物质在数量方面停止增长，但这并不妨碍经济发展的质的提高。稳态经济观所主张的经济发展是“用质量性改进（发展）的经济范式来代替数量性扩展（增长）的经济范式作为未来进步的道路”。① 可以说，稳态经济观将人们对于经济系统与生态系统之间关系的关注，由过去对经济增长速度和数量的追求转变到对经济发展质量的追求上来，这符合经济与社会现实的发展需要，在对经济系统与生态系统关系的研究上迈出了重要一步。

从现实根源上看，稳态经济观源于稳态被打破，而稳态被打破的原因在于经济发展规模与自然资源和环境容量的有限性、经济增长速度与自然资源再生速度之间的冲突。历史上，人类大多数时间都生活在生态系统相对稳定，人与自然之间的关系比较和谐，经济系统与生态系统之间的矛盾势均力敌，接近平衡、稳定的状态。经济的快速增长主要是近两百多年的事情，尤其是最近五十多年来，经济增长成为各国的首要目标。正是经济的快速增长打破了生态系统的稳定状态，也打破了人类活动与生态系统——特别是经济系统与生态系统原有的协调与平衡。稳态经济观正是针对人口和经济快速增长、资本无止境追逐利润和剩余价值的发展逻辑，以及毫不顾及生态系统承受力的病态经济增长模式而提出的一种经济学主张。稳态经济观意味着对经济过度增长的一种限制，它试图在经济系统与生态系统的矛盾中，通过限制经济增长的规模和速度，实现人与自然、经济系统与生态系统之间的平衡。因此，稳态经济观其实就是一种适度增长观，它主张人口规模应该适度，人的物质需要应该适度，经济发展应该适度，人类的消费也应该适度。稳态经济观主张在经济系统与生态系统之间的矛盾中，不应该是生态系统服从经济发展的需要，而是经济发展服从生态系统的需要，只有这样才能实现生态系统的整体平衡。在稳态经济观看来，生态系统的整体性高于经济系统的重要性。在这些方面，稳态经济观与生态经济学也是本质一致的。

稳态经济观的提出还源于对自然资源有限性的自觉意识。在戴利等看来，生态环境问题是人类面临和必须解决的终极性问题，而主流经济学无法为解决生态环境问题提供适当的分析工具或开拓新的致思路径，这其中的主要原因有两方面。第一，主流经济学的自然资源稀缺性假设指的主要是自然资源相对于人类的无限

---

① 赫尔曼·戴利.2006.超越增长：可持续发展的经济学.诸大建，胡圣译.上海译文出版社：1.

欲望所表现出来的稀少与不足，而不是自然资源本身所固有的物理属性所表现出来的稀少和不足。它是基于人类中心主义价值观，以人自身为标准作出的评价，而不是以自然资源本身为坐标作出的评价。因此，主流经济学的自然资源稀缺性预设只具有相对的意义，它并不隐含自然资源可能枯竭的前景暗示。主流经济学关心的只是如何充分利用具有稀缺性的自然资源来更好地发展经济，如果这个世界上还仅仅存在最后一个单位的自然资源，市场机制能否将其配置到最有效率的用途上。换句话说，主流经济学并不关心如何限制人类日益增长的物质需要，如何节约自然资源，以及放缓经济增长速度以适应自然资源的有限性等问题。第二，主流经济学关注的是价值而不是物质，因而“规模”在主流经济学中不具备物质-能量的含义。在主流经济学看来，生态系统仅仅是包罗万象的经济系统中的一个部门。显然，这样的理论预设完全是以人为中心、以经济系统为中心的，它已经蕴含着对自然环境的破坏，遮蔽了环境保护的维度。鉴于主流经济学的这种局限性，探寻新的思想范式成为真正意义的环保主义不可回避的任务。戴利等经济学家意识到问题的真正解决必须要赋予经济学新的价值观和伦理观，为此必须在更大的学科视野中寻找新的解决途径。

稳态经济虽然不可能长期保持稳定状态，但经济在特定时间内的稳态发展却能够构成对自然资源有限性、稀缺性的协调，进而形成对生态资源的节约，促进人与自然、经济系统与生态系统之间的和谐，最终形成生态系统的整体平衡，并为经济和人类文明的可持续发展奠定基础。正因为如此，戴利明确提出，在必要的时候应该不惜放弃短期经济增长和资源消耗以维持经济、社会整体的长期生存和稳定。这里包含了对经济发展的全新理解，即经济发展不等同于经济增长。因为并非单纯的经济增长才是经济发展，为了人类长久的生存和发展，在特定情况下，实行战略性退却，放弃经济的局部增长，放缓经济增长速度甚至有意识地降低经济增长速度也是一种经济发展，甚至是更健康的经济发展。同时，还包含着这样的理念，即人与自然、经济系统与生态系统的整体平衡是经济、社会和人类文明整体可持续性的基本前提。从这种意义上说，稳态经济观所主张的是一种更具战略性的经济发展观。在稳态经济观的视野中，高速的经济增长是短暂的繁荣，它只是一种具有战术意义的经济发展，无论对生态系统的健康稳定还是对经济和人类文明的长远发展都可能是毁灭性的。而稳态经济观所主张的是适度并能够持续发展的经济，这样的经济才是深具战略性意义的经济发展。可以说，经济发展的可持续性是稳态经济观的战略追求，而人类文明的持久延续则是稳态经济观的终极价值取向。从这个意义上说，稳态经济观关注的不是特定历史时代的人的经济发展，而是面向未来的整个人类的经济发展，是一种包含着人类整体意识的人文主义经济发展观。事实上，稳态经济观包含了一种价值观、伦理观。稳态经济观是在生物学、物理学等科学成就的基础上提出的一种经济观，它的理论内涵和论证逻辑展现了自然科学与经济学，以及自然观、价值观和伦理观之间的复杂联系。戴利等在《走向稳态经济》一书中提出了一个基于物理学、生物学、伦理学和经济学的人类手段-目的序列，从而强调了人类经济为什么必须从属于生态系统约束的综合性解释。持稳态经济观的学者们从不同角度、以不同的方法反驳了宏观经济学鼓励无限增长的错误倾向和人们头脑中固有的技术乐观主义、技术万能论等思想，强调人类必须而且只能追求的终极经济发展模式应该是稳态经济。

稳态经济观隐含的经济意义和伦理意义都是颠覆性的，这种颠覆性体现在两个方面。第一，从稳态经济观出发，生产和消费的物质流都必须保持适度而不是使之最大化。经济的核心概念是利益，而不是收入和消费，而利益是一个具有丰富内涵的概念，它既包括物质方面也包括非物质方面。第二，针对传统经济发展模式所导致的资源环境问题和生态危机，戴利等认为，应该停止传统的经济增长，从全球规模加强国家共同体对社会、经济发展的控制。稳态经济观把化解经济系统与生态系统之间的矛盾，以及建立经济系统与生态系统之间的稳定和谐关系当做经济增长的重要前提和条件，体现了当代有机论科学和哲学的基本精神。与近代以来的机械论科学和哲学观不同，当代科学和哲学凸显事物与事物之间的相互依存、有机联系。稳态经济观所注重的核心问题其实就是经济系统与生态系统的有机统一，它主张不应该在与生态系统对立、冲突中扩大经济规模，而应该在与生态系统的和谐、统一中实现经济的健康发展，只有这样，经济发展才是可持续的，人类文明才能够得到永久延续。

总之，无论生态经济学，还是稳态经济观，都要求人们在使用物质和能量时必须符合既满足当代人的需要，又不对后代人满足其需要的能力构成危害这一基本要求，这种要求也就是可持续发展观的要求。在理念上，生态经济学和稳态经济观都倡导与生态环境协调和谐的经济发展模式，注重降低经济活动对资源环境的过度消耗，以及对人类长远发展所造成的负面影响，从而使经济、社会与大自然更好地融合起来。

生态经济学和稳态经济观的主要区别主要体现在：稳态经济观认为经济系统隶属于自然环境这个巨系统，稳态经济学家们借助现代生物学和物理学的新进展，运用热力学定律对这一问题进行了具体的科学解释，主张经济学的主题应该超越传统的生产和消费问题，转变到生物物理能量的循环利用问题上来。稳态经济观在经济系统与生态系统之间关系问题上的基本思路是对经济增长实施合理的自觉约束与限制，使适度的经济规模保持在稳定状态，以适应自然资源和环境容量的有限性。因此，稳态经济观只能是立论于经济系统与生态系统之间矛盾对立基础上的改进方案，而对于经济系统与生态系统二者之间的互动关系，尤其是二者之间的协同发展的认识似乎显得不足。生态经济学从根本上说也是把经济系统视为生态系统的子系统，它追求的是自然资源生产效率的提高，在这一点上，它超越了主流经济学那种视生态系统为经济系统子系统的看法，但与稳态经济观的视角存在一定区别。稳态经济观强调人口和资本系统的低流通率，要求在物质规模相对稳定的前提下促进人类利益的最大化，而生态经济学要求所有的物质和能量都能够在不断进行的经济循环过程中得到合理和持久的利用，从而把经济活动对生态环境的影响降低到尽可能小的程度。

四、生态经济学与绿色经济观

随着全球生态危机的加剧和可持续发展观日益深入人心，在全世界范围内掀起了发展绿色经济（green economy）的浪潮。绿色经济观是一种崭新的经济观，它主要是针对现代工业文明的负面效应——环境污染而提出的一种建设性的经济构想。“绿色”的基本取向就是在经济发展的同时“不污染”自然环境、不破坏生态平衡。如果说现代工业经济是一种“污染经济”，那么，绿色经济观主张的就是一种“不污染经济”。从这个意义上说，绿色经济观所包含的基本思路是，它反对以污染生态环境为代价的经济发展，但是它并不否定经济发展，相反，它肯定经济发展，同时又强调在经济发展过程中不污染生态环境。因此，它本质上仍然是一种试图将经济发展与环境保护统一起来的经济学主张。可以说，绿色经济观是可持续发展观的一种新形态，它主张的仍然是生态系统与经济系统协调发展的可持续的经济。

英国环境经济学家皮尔斯（J. Pearce）在其1989年出版的《绿色经济蓝皮书》中最早提出“绿色经济”这一概念。“绿色经济”这一概念的提出有其现实的土壤。具体地说，“绿色经济”这一概念是对“绿色革命”这一实践的理论概括。绿色经济观的萌芽可以追溯到20世纪60年代发生的一场“绿色革命”。当时，发展中国家的人口数量迅猛增长，导致粮食需求剧增，而当时的粮食作物存在易倒伏、不耐肥、产量低等诸多问题。这样，在世界范围内就出现了粮食的需求与供给之间的尖锐矛盾。为了缓解这一矛盾，世界上不少国家掀起了一场以提高粮食产量为目的的“绿色革命”。各国试图通过推动科学技术的发展和应用来提高粮食产量，纷纷加快技术创新及其应用步伐，利用矮化基因，加上良好的灌溉条件、化学肥料和农药等措施，培育矮秆、半矮秆早熟和高产的粮食品种，从而大大地促进了粮食产量的提高，极大地缓解了发展中国家的粮食危机。与此同时，各国还推进了农业生产方式的变革，将粮食问题作为一个全球性问题开展国际合作研究，推动了不少国际农业科学研究机构的建立和发展，如国际水稻研究所（International Rice Research Institute，IRRI）、国际玉米及小麦改良中心（Centro Internacional de Mejoramientode Maizy Trigo，CIMMYT）、国际热带农业中心（International Center for Tropical Agriculture，CIAT）等一批农业科研机构相继建立。这场“绿色革命”突出了科学技术在经济发展中的应用，也推动了经济发展方式和生产方式的变革，但是它所针对的主要问题是绿色植物的种植方式的改进，并没有扩展到对整个经济系统与生态系统之间关系的关注。后来，这场“绿色革命”逐步演变为一场全球性的“绿色运动”。绿色运动具有更加宽广的内容，它不仅涉及资源与环境问题，还渗透到社会生产和生活的各个方面，强调在生产和生活的各个领域、各个环节上推行“绿色”理念，其结果是将环境保护的观念渗透到人类生产和生活的各个角落。在经济学界，则出现了“绿色生产”、“绿色消费”、“绿色分配”、“绿色技术”、“绿色包装”、“绿色发展”等新概念和新提法，绿色经济一跃成为经济学界研究和讨论的热点命题。尽管如此，对绿色经济的内涵、外延及其基本特征等问题直到目前仍然没有达成统一的认识，相关理论也正处于不断探讨和完善的过程之中。

大致说来，绿色经济观主张，经济发展与环境保护是辩证统一的而非对立的。脱离经济发展的环境保护是没有意义的，脱离环境保护的经济发展也是没有前途的。经济发展与环境污染之间也并不一定存在必然联系，发展经济的同时能够保护好环境。传统经济发展事实上存在着将经济发展与环境保护对立起来的、非此即彼的形而上学思维方式，甚至认为经济发展与资源环境保护是彼此矛盾的，似乎发展经济必定污染环境，保护环境必定难以实现经济发展，“经济不生态”和“生态不经济”似乎是经济发展过程中不可避免、不可动摇的悖论。绿色经济观正是对这种传统经济发展观的超越和否定，它把保护环境与经济发展有机统一起来。经济发展是人类的根本利益之所在，只要有人类存在就不可能没有经济发展。因此，发展是硬道理，取消经济发展进行环境保护是根本行不通的，以牺牲经济发展为代价搞单纯的环境保护或消极的环境保护也是不可行的。事实上，人类在当代所面临的环境危机本身就是由不恰当的经济发展方式引起的。因此，解决环境问题的关键也应该从单纯的“环境保护”转变到“科学发展”上来，转变到经济发展方式的变革上来。只有以经济发展方式的转变为契机，才能从根本上解决由经济发展所引发的环境问题。具体地说，就是要通过对传统经济发展观和发展方式的反思与批判，转变经济发展的观念和模式，通过改变社会生产方式和经济运行方式、改变人类的活动方式和对生产过程的管理方式，引导生态环境朝着良性方向变化。总之，解决环境问题的基本思路应该是在发展中环保，在环境保护中求发展。

由此可见，问题的关键不在于要不要发展，而在于如何发展，即发展方式的变革。通过污染环境以求得经济发展，或通过牺牲经济发展来保护环境，这种非此即彼的形而上学思维方法不可能真正解决环境问题。为此，必须找到一种能够将经济发展与环境保护有效统一的经济发展模式，能够实现经济发展与资源环境的协调，这就是绿色经济的发展模式。既然传统经济发展导致了严重的环境污染和生态危机，那么，绿色经济发展模式就应该将环境保护观念贯彻到经济发展的全过程中。绿色经济观是有助于资源节约和环境保护的发展观，是一种主张人与自然协调发展的经济观。其本质特征是对经济发展与自然环境之间的关系进行协调，是对人与自然界之间关系的协调。这种以协调为本质内容的经济发展观，与传统的经济发展观——在与自然对立、斗争中发展经济主张——有着根本性的区别。可见，绿色经济观与生态经济学所主张的经济发展模式一样，最终仍然是以关注经济系统与生态系统之间的关系为取向的。它们都包含着人与自然、经济系统与生态系统对立统一的辩证法。

但是，绿色经济如何实现呢？回答是：依靠科学技术，依靠技术创新。突出科学技术的作用是绿色经济观的基本特点。在这种意义上，绿色经济观倡导的又是一种真正意义的知识经济，它主张以发展高新科技产业作为实现绿色经济的主要手段。一方面，它试图通过科学技术的发展和应用使生产、流通、分配和消费过程不致损害自然环境与人类健康，使得以高科技为基础的绿色产品占有更大的市场份额，成为经济生活中的主导部分；它主张运用科学技术提高劳动生产率，降低生产成本和产品价格，从而不仅促进人与自然界之间的动态平衡，而且使不同收入水平的消费者都有能力购买绿色产品，促进社会公平。另一方面，绿色经济观试图在自然资源的承载力范围内，发展绿色科学技术，尽可能将科学技术进步限定在有利于人类、有利于人与自然界之间关系协调发展的范围之内。

因此，绿色经济观强调经济效益、生态效益与社会效益三者的高度统一，并试图促使这种统一最大化。三种效益的最大化是检验和评价经济发展成败的根本尺度。绿色经济观强调对自然资源的节约，主张降低经济发展过程中，尤其是生产过程中的资源消耗，这就意味着绿色经济观倡导的是一种节约型经济、低污染经济。它不仅节约自然资源、节约生产成本、提高经济效率、增强经济效益，而且能够将对人类健康及自然环境的污染和破坏减小到最低限度。绿色经济观在强调资源节约的同时也就意味着注重减少对自然界的开发利用；强调提高经济效益的同时也就意味着注重减少环境污染。所以，绿色经济观试图建立一种效率高、效益高、节约资源、减少成本的经济发展模式。通过对有限自然资源的持续高效利用，在资源环境与经济协调发展的过程中，实现经济效益、生态效益和社会效益的最大化。绿色经济观始终将环境和生态因素作为经济发展的前提和基础，认为经济可持续发展的前提在于生态环境与自然资源的永续性，只有生态环境和自然资源能够延续，人类才能够永续利用自然资源来发展经济。因此，绿色经济观追求的不是简单重视自然资源的价值，而是强调从动态上对生态环境和自然资源的永续利用，从而实现代内公平和代际公平。可见，绿色经济观包含了一种新的价值观，那就是在经济发展过程中对自然资源的节约、节俭，以及在自然资源利用问题上的公平、正义。在绿色经济观看来，健康的经济发展应该建立在生态优化的基础之上，应该建立在人与自然协调和谐的基础之上。

从以上分析可见，在否定单纯的末端治理，将环境保护观念贯彻到社会生产和生活各个环节这一点上，绿色经济观与循环经济观本质上是一致的。在节约自然资源、减少环境污染、实现经济系统与生态系统的和谐统一上，以及在反对过度发展、坚持适度发展以实现资源利用和分配的公平正义、促进经济的可持续发展等观念上，绿色经济观与循环经济观、稳态经济观、生态经济学等都是本质一致的。绿色经济观不仅包含了环境保护这样的生态文明观，而且还包含了转变经济发展方式，促进人与自然、经济系统与生态系统的和谐共存，通过协调人与自然的关系实现人与人之间的公平正义等可持续发展观的内容。另外，绿色经济观还包括了最大限度地实现生态系统的和谐，以及发展和运用现代科学技术节约资源、减少污染、实现经济效益最大化的科技文明观。

生态经济学与绿色经济观也存在一定的区别，大致说来主要体现在以下三个方面。

第一，研究重点不同。生态经济学吸收了生态学的相关理论，侧重强调整个经济系统和生态系统的综合效益，提倡在生产、流通和消费全过程中注重对自然资源的节约与充分利用。就人类经济活动与自然界之间的关系来看，生态经济学注重从资源的输入端和废弃物的输出端来研究人类经济活动与自然界的关系。它要求在输入端考虑自然资源的有限性，在输出端考虑环境容量的有限性。与此不同，绿色经济观更突出以科学技术的进步为手段实现绿色生产、绿色流通、绿色分配和绿色消费，兼顾人的物质需要和精神需要的满足。就经济活动与自然环境的关系来看，绿色经济观更加突出的是经济活动的输出端，即废弃物对环境的影响，重点在于环境保护。

第二，研究任务不同。绿色经济观和生态经济观都从经济学角度研究经济系统与生态系统之间的关系，在考虑维护生态系统整体性的基础上完善经济学的观念和方法并扩充经济学的研究对象。二者都要求在不损害自然资源和生态环境的前提下发展经济，满足人们在物质上和精神上的双重需要。生态经济学是生态学和经济学相互交叉、彼此渗透而形成的一门新兴边缘学科，是一门跨越自然科学和社会科学的交叉性学科，也是发展绿色经济观的理论基础。生态经济学对经济发展与自然资源、生态环境之间关系的科学解释是发展绿色经济的理论前提，生态经济学对这一问题的解释越准确、越科学，就越是能够促进在生产、流通、分配诸环节实现经济发展的绿色化。

第三，人文关怀角度不同。生态经济学与绿色经济观都包含着对资源、环境与人类经济活动的关系方面的研究，它们都包含了以人为本的价值取向和伦理关怀。不过，绿色经济观强调的以人为本更突出以科技手段来实现绿色生产、绿色流通、绿色分配和绿色消费等内容，强调在经济的动态发展中实现人与自然的平衡。生态经济学强调的以人为本则更加突出通过人类与生态环境的相互依存和协同进化关系以达到经济系统的可持续发展，它试图通过对人类生存环境的改善来实现经济发展中的人文关怀，而绿色经济观在强调社会公平方面比生态经济学的内容要丰富得多。

五、生态经济学与低碳经济观

低碳经济观是在全球性生态危机凸显的情况下提出的又一新型经济发展观。它所针对的主要问题是全球气候变暖。在正常情况下，自然界的碳循环是平衡的。但是，随着近代以来世界工业经济的发展，人口剧增、人类物质欲望的过度释放、无节制地消费自然资源，以及在生产和生活中大量燃烧煤炭、石油和天然气等化石燃料，打破了生物圈中碳循环的生态平衡，致使大气中以二氧化碳为代表的温室气体（greenhouse gas，GHG）的含量迅速增加，进而导致全球气候变暖，产生温室效应。气候变暖是工业文明的负面后果，它给全人类带来诸多灾难性后果，造成气候多变、水资源失衡、灾害频发、各种疾病不断滋生、粮食减产、生态系统损害和海平面上升等严重问题。

针对气候变暖，世界各国都在寻求解决问题的良策。2006 年，在英国政府和当时的首相布莱尔的邀请下，英国经济学家尼古拉斯·斯特恩（N. Stern）带领多国专家学者组成的团队，经过一年时间的调研后，主持完成了《斯特恩报告》(Stern Review)。该报告显示，从 1906 年到 2005 年的 100 年时间里，全球地表平均温度升高了 0.74℃。并预测，到 21 世纪末，全球气温很可能上升 1.8～4℃，并认为，人类在本世纪所能接受的地球温度升高的极限是 2～2.4℃。只有将全球温度升高的幅度控制在这一极限范围内，才不会影响人类的基本生存。为此，必须在 2050 年之前，将大气中二氧化碳浓度的增长幅度控制在工业化之前水平的两倍以内。只有这样，才有可能避免出现极端的气候变化后果。同时，国际社会也启动了全球气候谈判进程。1992 年，《联合国气候变化框架公约》通过（1994 年生效），这是世界上第一个为全面控制二氧化碳等温室气体排放，应对全球气候变暖问题的国际公约。1997 年，著名的《京都议定书》在东京获得通过（2005 年生效），这是全球应对气候变暖问题的第一个具有法律约束力的文件。《京都议定书》为发达国家和转轨国家规定了定量减排目标，是人类社会以实际行动应对气候变化的重要法律文献。

目前，全球气候变暖正在导致各种严重的生态问题，直接威胁到人类的生存和发展。由于气候变暖的根源是工业经济的增长方式，面对气候变暖这一严峻现实，人类必须选择“低碳经济（low-carbon economy）”的发展模式。低碳经济是以资源低能耗、环境低污染、温室气体低排放为基本特征的经济发展模式，其实质是要高效利用能源和资源、减少废气和污染物的排放量、开发清洁能源、追求绿色GDP等，其关键在于新能源技术和减排技术的创新、产业结构的调整和制度的创新，以及人类生存发展观念的根本性转变。低碳经济观的基本思路仍然是将经济发展与环境保护统一起来。它主张，在发展经济的同时，通过技术创新、制度创新和产业结构调整，降低对资源和能源的消耗，尽可能最大限度地减少温室气体和其他污染物的排放，实现控制气候变暖幅度的目标，促进经济、社会和人类文明的可持续发展。

低碳经济观主要是由美国著名生态经济学家莱斯特·R·布朗首先提出来的。1999年，布朗在《生态经济革命——拯救地球和经济的五大步骤》一书中指出，面对全球气候变暖、温室效应，应当尽快地从以化石燃料的消耗为核心的经济，转变为以太阳能和氢能源的消耗为核心的经济。2001年，他又在《生态经济——有利于地球的经济构想》一书中论证了从化石燃料或以碳为基础的经济，向太阳能和以氢能源为基础的经济转变的必要性、紧迫性，阐述了以无碳能源为基础发展经济、温室气体零污染排放等为基本特征的低碳经济观。2003年，布朗在他的另一重要著作《B模式——拯救地球延续文明》中再次明确提出，由于地球温度加快上升，必须将碳排放量减少一半，并加速向以可再生性能源和氢能源为基础的经济转变。布朗提出的这些重要思想奠定了低碳经济观的理论基础。

“低碳经济”这一概念最早见诸政府文件，是在2003年英国的能源白皮书——《我们能源的未来：创建低碳经济》。在该白皮书中，英国政府使用了“低碳经济”概念，其目的是试图在发达国家和发展中国家之间建立起相互理解的桥梁。低碳经济观所指的“碳”，在狭义上是指引起全球气候变暖的二氧化碳，尤其是指因化石能源的燃烧而产生的二氧化碳。广义上则包括《京都议定书》所提出的六种主要温室气体，即二氧化碳（CO_2）、甲烷（CH_4）、氧化亚氮（N_2O）、氢氟碳化物（HFCs）、全氟化碳（PFC）和六氟化硫（SF_6）。英国政府主张，在21世纪要努力维持全球温度升高不超过2℃。为此，到2050年，全球温室气体排放必须削减一半。英国政府的目标是到2010年，二氧化碳排放量在1990年排放水平的基础上减少20%；到2050年减少60%，从而在英国建成一个低碳经济体和低碳社会。为了降低温室气体排放，必须建立起低碳排放的全球经济模式。2007年7月，美国参议院提出了《低碳经济法案》，低碳经济观进入政府法律文件。2007年，中国国家主席胡锦涛在亚太经济合作组织（Asia-Pacific Economic Cooperation，APEC）会议上提出，要积极发展低碳经济；在2008年7月召开的

G8峰会上，八国集团表示，将寻求与《联合国气候变化框架公约》的其他签约方一道，共同达成到2050年将全球温室气体排放量减少50%的长期目标。2008年，世界环境日确定的主题是“转变传统观念，推行低碳经济”。至此，低碳经济观已经成为各国的共同选择，成为世界经济发展的重要趋势。

到目前为止，低碳经济观的基本理念并没有达成严格的定义。大致说来，低碳经济观的核心主张有两个。一是生产的低碳化，即低碳观念应该贯穿物质生产全过程。整个社会生产和再生产过程——生产、交换、分配和消费——各个环节的资源和能源消耗都应该最大限度地实现低碳化、生态化。也就是在生产过程中最大限度地减少化石燃料的使用，直至实现化石燃料的零使用，建立以低碳能源甚至无碳能源为基础的国民经济体系，实现低碳发展、清洁发展和绿色发展。二是废弃物排放的低碳化，即在生产和生活中最大限度地减少温室气体的排放量，实现温室气体的低排放甚至零排放。低碳经济观的根本目的仍然是要取得生态效益和经济效益的最大化，它的出现是人类生产观、生活观、生存观和经济发展观的根本性转变，为人类迈向生态文明开辟了一条新路。

生态经济观与低碳经济观是在相同的时代背景下产生的，但又各具特点。

第一，二者研究的侧重点不同。生态经济学吸收了生态学的相关理论，其核心是经济系统与生态系统之间关系的协调和谐，它注重经济系统与生态系统的有机结合，追求经济的持久、可持续发展。低碳经济观试图运用现代科学技术，建立以低污染能源为基础的经济，其核心是能源技术创新、制度创新、经济结构调整，以及人类发展观和消费观的根本变革。它主要是针对碳排放量而言的，追求提高能源利用效率和采用清洁能源，以期降低二氧化碳等温室气体的排放量，缓和全球气候变暖。

第二，二者解决危机的突破口不同。生态经济学和低碳经济观都突出以人为本的理念，目的都是要解决当代人类面临的生存危机。但是，它们解决问题的突破口不同。生态经济学试图通过从宏观上协调经济系统与生态系统的关系以实现经济的可持续发展。低碳经济观则试图从更微观的问题即通过减少碳排放量，促使地球大气层中的温室气体（二氧化碳）浓度不再增加，从而确保人类生存的生态环境和气候条件的稳定性。

六、生态经济学与其他经济观的本质一致

生态经济学、环境经济学、循环经济观、绿色经济观、稳态经济观、低碳经济观等都是20世纪后半叶涌现出来的新的经济观，是人类面对资源危机、环境污染和生态环境破坏日益严重等问题进行自我反省的结果，是经济学在新的

文明高度上对人与自然关系的崭新认识和总结。可以说，这些经济观都是“时代精神的精华”。它们都以包括经济系统在内的生态系统为研究对象，借鉴生态学的物质循环和能量转化原理，充分考虑到自然资源和生态环境问题所涉及的代内、代际公平问题，探索人类经济发展与生态系统之间的关系，旨在解决经济增长与资源环境制约性之间的矛盾。在内容上它们相互重合、彼此交织，具有相近的自然观、发展观、生产观和消费观，也具有相近的价值观、伦理观和社会文明观。它们都没有停留在对资源和环境问题的一般性关注上，而是深入剖析传统经济发展模式的弊端，揭示资源和环境问题与传统经济发展模式的内在联系，探究在人与自然关系问题上的经济观对于资源和环境问题的深刻影响，寻求通过发展模式的创新与人类环境价值观念的革新，实现经济发展与环境保护的和谐统一。

第一，基本观念一致。生态经济学与其他经济观的**自然观**基础是相近的，它们都坚持现代哲学的系统观、有机整体观。各种经济观都要求人类在考虑经济发展的规模和速度，以及确定生产方式和消费方式的时候不能把自身置于自然生态这一大系统之外，而应该将经济系统本身作为生态系统的组成部分来研究符合生态规律的经济规律，在经济发展过程中不仅坚持经济规律而且坚持生态规律。各种经济观都主张从“生态-经济”大系统出发，对物质转化的全过程采取战略性、综合性和预防性的措施，注重降低经济活动对资源环境的过度使用及其负面影响，使经济发展与自然环境更好地协调、融合起来。在**经济观**上，各种经济观都主张经济活动应该控制在生态系统的承受力范围之内，如果经济发展超过自然资源承载力，就会造成生态系统的恶化，并危及经济、社会和人类文明的可持续发展。只有在自然资源承载力范围内的经济发展，才能保持生态系统的和谐、平衡和稳定。各种经济观都主张充分考虑生态系统的承载力，尽可能地节约自然资源，不断提高自然资源的利用效率。在消费的同时还应该考虑到废弃物的资源化利用，树立循环生产和消费的观念。在**价值观**方面，各种经济观都强调经济发展不仅应该考虑如何利用自然界，而且应该考虑如何维持生态系统的良性循环；不仅应该考虑人对自然界的能动性，而且要更加重视自然界对人的制约性，考虑人在自然界面前的受动性，实现人与自然的和谐发展。

第二，理论支点一致。生态经济学与其他几种经济观都是以绿色科技和特定的生态价值论、生态伦理观为支撑点的。绿色科技是指生态化的科学技术，它是以人与自然和谐共处为目标的而不是以人与自然对立、斗争为取向的。其目的在于促使人与自然的协同进化、共同发展。绿色科技在生态自然观指导下，受生态意识支配和生态经济伦理观、生态经济价值观约束，是有利于促进人与自然和谐与统一的科学技术。生态经济伦理观、生态经济价值观是适应当代人类发展的一种新的价值观和伦理观，它强调环境忧患意识的重要性，追求人与人之间和人与自然界之间平衡、和谐的道德境界，其根本价值取向是可持续发展。

第三，根本目的一致。在存在论方面，各种经济观包含共同的人文维度，以经济、社会的可持续发展，以及人类文明的持久延续为最终目标。生态经济学与其他几种经济观都符合可持续发展观的两个基本要求，即实现人与自然和谐，实现代内公平和代际公平。它们都关注每一代人的公平即代内公平，也关注各代人之间的公平即代际公平。都追求经济、社会的可持续发展和人类文明的持久延续。

综合上述，生态经济学与其他几种经济观都要求，经济发展不仅应该遵循经济规律，而且应该遵循生态规律，在经济发展过程中应该合理利用自然资源并优化生态环境，在对经济发展与生态环境之间的物质不断循环利用的基础上发展经济，使生态经济原则体现在不同层次的经济形态上。生态经济观注重人与自然间的和谐，既关注经济生产，又注意投入方面的资源问题和产出方面的环境问题。与循环经济观、绿色经济观、稳态经济观和环境经济观相比，生态经济观具有更大的综合性，生态经济观可以包容其他几种经济观的基本内容。

第三章 生态经济学的自然观基础

由于经济发展不可避免地会涉及人与自然界之间的关系，经济学往往要关注人与自然界之间的关系。在某种意义上甚至可以说，经济学是关于人与自然界之间关系的特定理论和学说，是处理人与自然界之间关系的特定方案。因此，经济学总是以特定的自然观为基础。自然观的不同使经济学的发展呈现出不同范式，区分为不同流派，形成经济学史上的不同传统。事实上，库恩所说的科学研究的“范式”就包括自然观在内。生态经济学范式与主流经济学范式的区别也从它们所包含的自然观中体现出来。作为经济学史上的一场范式转换，生态经济学的致思路向和方法论原则是通过对主流经济学的批判、超越而形成的，因而这一范式转换也表现在自然观的变革上。大致说来，生态经济学的产生与近代机械论自然观向现代有机整体论自然观的转换是相关的。主流经济学的自然观基础主要是机械论，而生态经济学的自然观基础主要是现代有机整体论。

第一节 经济学中的机械论传统

不同历史时期有不同的自然观。尽管自然观是一种理论化、系统化的哲学形态，但它总是来自并内在地存在于自然科学（或者人文社会科学）的具体知识之中。每一时代的科学中所包含的自然观，实质上也就是这个时代的科学对世界的基本的解释模式。因此，可以在大致相同的意义上使用“自然观”和“解释模式”这两个概念。

机械论是近代前期自然观的典型形态，它成为包括主流经济学在内的整个近代科学对世界的基本的解释模式。不过，主流经济学包括古典经济学、微观经济学、宏观经济学和新制度经济学等；同时，主流经济学中还有实证主义与规范主义、机械论传统与生物学传统之分；在研究方法上有数理传统与历史主义、经验主义与理性主义等区别。因此，主流经济学各流派的自然观基础本身也是存在差异的。生态经济学主要是对主流经济学中的机械论经济观的超越，机械论通过主流经济学转变为近代工业文明的经济实践，从而影响了人类文明的历史进程。

一、从对目的论的批判走向机械论

近代机械论自然观的产生固然有其科学基础，但从思想史的相对独立性上看，它的产生是以对古希腊有机论、目的论自然观的批判为起点的。可以说，没有对古希腊有机论和目的论自然观的破除，就没有机械论自然观的确立。机械论的实质就是反目的论，即否定自然界存在目的与肯定自然界是机器，这是机械论的一体之两面。从批判和否定古希腊的有机论、目的论，转变到对机械论的肯定，这正是近代科学家和哲学家提出机械论的基本思路。对此，柯林武德（R. G. Collingwood）曾精辟地指出，人类历史上“第二次宏大的宇宙论运动发生在十六和十七世纪，它的主要特征可以很容易地从其否定的方面看出，即对部分由亚里士多德、部分由基督教神学所包含的哲学观点组成的中世纪思想，做不懈的抨击。主要的攻击目标是目的论，一种关于终极因的理论：它试图把自然解释成充满着尚未存在的形式的趋向或努力”。[①]

事实上，对目的论进行无情批判的哲学家，大多同时又是机械论的坚持者。通过批判目的论走向机械论，从而使机械论成为近代自然观的基本观念，成为近代科学对世界基本的解释模式，这个过程被马克斯·韦伯称为对自然的“祛魅”（the disenchantment of the world）。饶有兴味的是，近代的科学家和哲学家们通过批判目的论而走向机械论，他们的理由是自然界并不存在目的；而后来，后现代的科学家和哲学家们又通过批判机械论而走向现代有机整体论、目的论，他们的理由是机械论否定自然界存在目的。

二、机械论的基本观念

从另一角度看，机械论的产生又不纯粹是对有机论、目的论自然观加以批判的结果，它同时还是以近代前期自然科学的发展为基础的。[②] 恩格斯说：“随

---

① 柯林武德 R G. 1999. 自然的观念. 吴国盛译. 北京：华夏出版社：103.

② 一般说来，所谓“近代”可以划分为两个阶段：一是近代前期，主要指的是从文艺复兴运动到18世纪后半叶；二是近代后期，主要指的是18世纪后半叶及整个19世纪。

着自然科学领域中每一个划时代的发现，唯物主义也必然要改变自己的形式”。[①]近代前期自然科学的发展导致了机械论自然观的产生，近代后期自然科学的发展导致了辩证唯物主义自然观的产生。1543年，哥白尼《天体运行论》一书的出版，标志着近代科学的诞生；伽利略为机械论自然观奠定了方法论基础；笛卡儿等为机械论自然观奠定了本体论基础；以牛顿力学为代表的自然科学成就为机械论奠定了科学基础。

机械论自然观包含着丰富的内容，但仅就它对经济学有重大影响的观念来说，主要包括以下诸点：

第一，在物质观方面，机械论认为，一切物体都可以还原为最小的粒子——原子，原子是构成物质世界的最小基石，它是不变的、不可分的，具有广延、硬度、不可入性和惯性等性质。一切物体都是由原子在粒子间力的作用下按照力学规律形成的，因而也具有原子的基本性质。一个物体的质量就是它所包含的所有原子质量的总和，由于原子的质量是不变的，所以，物体的质量不会随物体运动状态的改变而改变。这种原子论的物质观是经典力学世界图景的理论基础。

第二，在实体观方面，机械论突出**实体与实体之间的分离性**，突出**实体的独立性**。笛卡儿说：“任何事物，在它之中就像在主体中那样直接存在着，或者借助于它存在着我们知觉的任何东西，即任何特性、性质或属性，并且我们对它有实在的观念，就叫实体。”[②] 他还认为：“实体的概念就是不需要任何其他实体的帮助而能自己存在的东西。”[②]

在自然规律方面，机械论坚持绝对的决定论（determinism），认为可以把经典力学的因果关系推而广之，用力学模型和力学规律描述所有运动形式和自然现象的因果关系。整个自然界被认为是由原子组成的巨大机器，它一经启动，就按照既定的力学规律确定无误地运转下去，其中的任何事件都是由力学规律预先决定了的。显然，这一主张排斥了偶然性和其他形式的运动规律及因果关系。由于认为自然界存在着客观规律，人类可以认识并利用这些客观规律，相应地形成了决定论的观念：一切事物都具有规律性、必然性和因果制约性；一切都是客观地决定好了的，人类的言论、行为受到客观规律的决定和制约。按照牛顿力学的定律，物理系统未来一切时刻的行为都已经由系统内部所有物体在某一给定时刻的初始位置和初始速度，以及作用于物体上的力完全而精确地决定了。

18世纪的法国学者拉普拉斯（Marquis de Laplace）这样描述牛顿力学的决

① 马克思，恩格斯．1972．马克思恩格斯选集．4卷．中共中央马克思恩格斯列宁斯大林著作编译局译．北京：人民出版社：224．

② 转引自李武林等．2007．西方哲学史教程．济南：山东大学出版社：318．

定论："我们应该把宇宙的目前状态看做宇宙的过去状态的结果，同时又把它看做今后接着发生的事件的原因。"设想有这样一个"智神"（intelligence），他不仅知道一定时刻支配宇宙运动的所有作用力和组成宇宙的一切实体的位置，而且还具有对这些资料进行分析的巨大能力，那么，无论是最大的天体运动还是最小的原子运动，都将包括在同一公式里。对于这样的"智神"来说，没有任何不确定的事物，未来和过去都会展现在他眼前。

在人与自然界之间的关系问题上，机械论坚持人与自然界的对立、斗争。机械论认为，自然界本身是一个数学的存在，它具有自身的内在规律，人们原则上能够凭借自己的理性思维认识和把握自然界的内在规律，并利用这些规律来改造自然。在这一观念指导下，人们开始把自己的注意力放在对自然物本身的研究上，而不必顾忌对自然的冒犯。自然界被当做奴隶来统治和压迫。人类企图代替上帝的地位，充当宇宙的创造者和统治者。在征服自然的口号下，人们对自然物进行细致的科学研究，从而形成了人与自然对立、人定胜天、改造自然、征服自然和控制自然的基本观念。培根提出"知识就是力量"；狄德罗（D. Diderot）认为，人类应该像对待女巫那样对待自然界，拷问它，逼迫它袒露自己的秘密。因此，美国当代学者斯普瑞特奈克（C. Spratnak）指出："现代文化把自己定义为在与自然对立（in opposition to）中前进的战无不胜的力量。"[①]

在对世界的解释模式上，机械论坚持机器隐喻。与古希腊有机论、目的论解释模式不同，机械论将自然界比喻为机器。机器隐喻最早出现在 14 世纪。当时的法国学者德奥雷姆提出，宇宙是装满发条的种表。开普勒（J. Ke-pler）说："我的目的不是要将天体的机械比喻为神圣的有机体，而是把它比成一座时钟。"[②] 笛卡儿明确指出："自然图景是一种受精确的数学法则支配的完善的机器。"[③] 他还进一步把这一观念推广到有机体，认为动物也是机器。法国学者拉美特利（J. O. de La Mettrie）更极端地主张人也是机器。他认为，人和动物的差异仅仅在于人比动物"多几个齿轮，再多几条弹簧"，它们之间"只是位置的不同和力量程度的不同，而绝没有性质上的不同"。[④]

机械论将自然界视为数学的存在。伽利略提出了两条重要原则。第一，研究自然就是要研究自然界的数学关系。他认为，人类对自然界真正可以理解的

---

① 查伦·斯普瑞特奈克．2001．真实的复兴——极度现代的世界中的身体、自然和地方．张妮妮译．北京：中央编译出版社：276.

② 丹尼尔·J·布尔斯廷．1992．发现者——人类探索世界和自我的历史．吕佩英等译．上海：上海译文出版社：103.

③ 卡普拉 F．1988．转折点——科学、社会和正在兴起的文化．卫飒英等译．成都：四川科学技术出版社：43.

④ 拉·梅特里．1979．人是机器．顾寿观译．北京：商务印书馆：52.

是自然物的运动在时间和空间中确定的数学关系。他在《试金者》中写道："哲学被写在那部永远在我们眼前打开着的大书上，我指的是宇宙。但只有熟悉了它的书写语言符号以后，我们才能读它。它是用数学语言写成的，字母是三角形、圆以及其他几何图形，没有这些，人类将一个字也读不懂。"① 第二，必须区分"第一性质"和"第二性质"。伽利略认为，自然界中，只有形状、大小、数目、时间、位置运动等可以量化处理的性质，才是物体的真实性质，而颜色、声音、气味等第二性质，只是物体在人们感官中的效应，是主观的。伽利略提出的这两条原则成为近代科学的基本纲领，它导致对自然界的研究从目的论描述转变为数学——力学描述。自然界中一切具有自身质的规定性的事物都被还原为量的存在。**将质还原为量**，这就是机械论自然观的核心，也是近代科学的基本方向。

三、机械论与近代科学解释模式的形成

机械论形成后，作为一种解释模式被推广到人类一切知识门类，推动了近代科学的繁荣。科学史表明，任何一个时代的带头学科，其基本观念和研究方法都会侵略、渗透到非带头学科，从而对这些非带头学科形成一种极权主义；反之，任何一个时代的非带头学科都会在基本观念和研究方法上模仿、借鉴带头学科，从而形成对带头学科的一种奴性。以牛顿经典力学为基础的机械论自然观形成后，就被自然科学家和人文社会科学家们纷纷模仿，从而使之成为近代人类对世界基本的解释模式。

在自然科学方面，牛顿力学取得成功之后，其思想和方法迅速向其他学科、领域扩展，带来自然科学的全面发展和兴盛。例如，道尔顿（J. Dalton）将有机械力作用的原子这一概念带入物理学和化学，用原子论说明气体的性质，把质点和力的概念运用于化学，推动了近代化学的发展；库伦（C. A. de Coulomb）把平方反比关系引入静电学，揭示出静电力之间的内在联系；安培（A. M. Ampere）仿照万有引力定律，写下了平行导线之间的作用力公式。那个时代的科学家们竞相模仿，都力图把牛顿力学定律推广到对整个自然界的解释，并使牛顿力学的思想方法成为近代科学的固定思维模式。在整个18世纪乃至19世纪，几乎所有的自然科学家都按照这种模式去研究自然。甚至到20世纪初，卢瑟福（E. Rutherford）还把原子看成是与太阳系类似的系统，用牛顿力学的思维方式去构造模型。

在人文社会科学方面，机械论作为一种解释模式几乎渗透到近代所有哲学、人文社会科学学科之中。18世纪及以后的思想家都力图把力学原则运用于人文

---

① 柯林武德 R G. 1999. 自然的观念. 吴国盛译. 北京：华夏出版社：113.

和社会科学，他们希望把复杂的社会现象还原为简单的社会要素，并试图在这些要素之间找出基本规律，从而使人文社会科学也具有像自然科学特别是物理学那样的严密性和精确性。洛克（J. Locke）和亚当·斯密等分别在社会学和经济学领域发展了机械观。

这样，整个近代科学都包含着机械论的解释模式：近代哲学以理性主义为其基本特征，以分析哲学、实证主义为其主流；洛克把机械论引入社会学，把个人看成构成社会的基本材料——社会原子，把对社会现象的研究还原为对个人行为、个人利益的研究；近代心理学以实验心理学、行为主义心理学为主；近代管理学以科学主义、分析理性为其根本；近代科学以分析方法、还原方法、数学方法、实证主义、科学主义为核心。机械论为近代科学确立了新的方向。由于数学的使用，近代科学从古希腊和中世纪对自然界的定性认识转变为对自然界的定量认识，近代科学成为定量的学问、数量的科学。机械论关注事物运动、变化的外在动力，忽视事物的内在目的；主张物质与精神分离而不是物质与精神统一；追求必然性，忽视偶然性；相信决定论，忽视非决定论。由于机械论主张单义决定论、绝对必然性，追求确定性成为近代科学的基本理想。机械论面对的是客观事物的简单性，忽视客观事物的复杂性；关注线性、平衡态问题，忽视非线性、非平衡态问题；如此等等。

机械论把自然界看成数学机器、看成僵死的东西，是一个按客观必然规律运转的机器，凭借人的理性，它的客观规律是完全可以被认识和把握的。这种信念就是理性主义、科学主义，即一切都应该而且能够用科学、理性的方式加以解决，理性能够获得确定性的知识。这成为支配整个近代科学的哲学理念。科学日益进入人类生活、社会日益科学技术化。

四、经济学中机械论传统的理论内涵

单就机械论对经济学的影响看，牛顿力学的科学思想及在此基础上形成的机械论自然观直接影响了古典经济学，并形成了经济学史上源远流长的机械论传统。机械论形成后，亚当·斯密在《国富论》中提出，在复杂的经济现象中存在着某种规律性，这种规律性可以用数学的方式加以表达。亚当·斯密等古典经济学家首先提出运用数学方法描述经济规律，导致经济学朝着数学化、模型化的方向发展。此后，机械论全面渗透到经济学，成为经济学的基本解释模式。哈耶克认为，机械论对经济学的全面渗透主要发生在19世纪上半叶。他说："对经济和社会现象的研究，在从十八世纪到十九世纪初的缓慢发展过程中，当它选择自己的方法时，主要是受它所面对的问题的引导。它逐渐发展出一种适合于这些问题的技能，并未过多地思考这些方法的特点，或它们跟其他知识学科的关系。……在十九世纪上半叶，出现了一种新的态度。‘科学’一词日益局限于指自然科学和生物学科，同时它们也开始要求自身具有使其有别于其他一切学问的特殊的严密性与确定性。它们的成功使另一些领域的工作者大为着迷，马上便着手模仿它们的教义与术语。由此便出现了狭义的科学（science）方法和技术对其他学科的专制。这些学科为证明自身有平等的地位，日益急切地想表明自己的方法跟它们那个成就辉煌的表亲相同，而不是更多地把自己的方法用在自己的特殊问题上。”①

作为一种哲学观，机械论是奠基于牛顿经典力学的。因此，探讨经济学的自然观基础不能离开哲学、自然科学与经济学三者之间的互动关系。详细说明三者之间的关系是一个很复杂的问题，本书仅提出以下三点加以讨论。

（一）自然观层面

在学术观念上，亚当·斯密的经济观来源于牛顿的自然哲学。亚当·斯密生于1723年，1790年去世；牛顿生于1642年，1727年去世。他们是同一个时代的人，牛顿略早于亚当·斯密。亚当·斯密是一位“哲人经济学家”，他不仅与休谟（D. Hume）是至交，而且他本人有深厚的自然哲学、古典哲学和他所处那个时代的哲学功底。古典经济学包含着近哲学的二元论本体论根基和以客体为中心的科学主义、理性主义信念。以亚当·斯密为代表的古典经济学家认为，经济学的首要任务是揭示经济现象背后的客观经济规律。正是这种现象与本质、主体与客体二元分离的观念形成了古典经济学的知识论路向。知识论路向主张，经济学的任务就是以客体为中心，将经济现象作为一种客观对象加以研究，揭示其客观规律。古典经济学认为，在经济现象背后存在着简单的经济规律，经济学家们可以运用自己的理性思维抽象出由概念、逻辑加以表达的客观经济规律，从而建构起以客观经济规律为主要内容的理性知识，并运用这些理性知识来指导人的经济生活，这就是经济学中的理性主义。

机械论自然观也影响了后期古典经济学的经济规律和经济秩序思想，甚至对后来的新古典经济学也有重要影响。即使20世纪的现代微观经济学，仍然坚持因果必然性基础上的经济规律的假说。瑞士当代学者多普弗（K. Dopfer）指出：“早期经济学的理论目标一方面是探索协调众多个人经济行为的看不见的规则（看不见的手），另一方面则是想确立决定总资源的长期发展速度和分配的**运动规律**（laws of motion）。”② 机械论认为自然界是一架巨大的机器，这架机器的最小组成部分是彼此分离的、不可再分的原子，原子之间相互作用，形成自

① 哈耶克 F A. 2003. 科学的反革命. 冯克利译. 南京：译林出版社：34.

② 库尔特·多普弗. 2011. 经济学的演化基础. 锁凌燕译. 北京：北京大学出版社：6.

然界的秩序和规律，而人能够凭借自己的理性思维认识和把握这些规律。牛顿的自然哲学成为一种解释模式渗透到一切知识门类，于是，一切都被看做是机械有序的过程。牛顿力学认为自然界中的每个原子、行星都在自由运转，但由此组织起来的太阳系却是有序的，人们甚至可以预测行星的轨迹位置。这种机械观反映在近代伦理学中就是自由个人主义及“人是自私的”等理论设定，同时，这也是亚当·斯密分析经济现象的解释模式。亚当·斯密认为，处在经济活动中的人都是追求个人利益最大化的。他指出，资本家“以牟取利润为唯一目的，他自然总会努力使他用其资本所支持的产业的生产物能具有最大价值”。[①]他把每个人对自己私人利益的维护和追求视为人的“自爱”，每个人都不会自觉地考虑公共利益，但市场这只无形的手却能够促进公共利益。资本家“受一只看不见的手的指导，去尽力达到一个并非他本意想要达到的目的……他追求自己的利益，往往使他能比真正出于本意的情况下更有效地促进社会的利益。”[①]亚当·斯密主张自由是人的天赋权利，政府只需担当维持经济秩序的“守夜人”角色。因此，经济应该是自由的经济，国家应该采取自由放任的经济政策，由市场规则自发调节经济。在市场原则下，每个人都坚持个人利益原则，从而实现私人利益的最大化，而所有人私人利益的最大化在市场这只“看不见的手”的作用下，能够将杂乱无章，表面上偶然无序的个体行为整合、转化为秩序井然的系统市场，市场不仅产出福利增量而且产出秩序。市场也能够达到自利的个人目的，并不自觉地推进公共利益。私人利益与公共利益也因此可以很好地统一起来，从而使经济整体形成某种宏观秩序。另外，机械论的自然观也影响了后来的李嘉图、斯图亚特等经济学家。

知识论路向和理性主义的另一面就是生存论维度及人文关怀的缺失。古典经济学专注于对客观经济规律的研究而忽视人的感性生存，即使他们在经济学中研究人，也是将人作为一个客观对象，用理性去揭示人的本质。事实上，亚当·斯密在经济学中所作的人性假设即为“理性经济人”假设。这种知识论路向对经济学的发展、对经济发展实践都有其积极的历史意义，但是它忽视了人的感性生存，忽视了经济学的客观知识与人的感性生存之间的矛盾。同时，古典经济学在生存论维度上的缺失导致它将经济学与伦理学分离。一些古典经济学家甚至认为，经济学理论（如劳动价值论）没有伦理学意义。他们认为，经济学就是研究经济发展的客观规律，而伦理学则研究道德原则。亚当·斯密的经济学著作《国富论》与伦理学著作《道德情操论》也是不同的著作。也就是说，伦理学涉及“价值”，而经济学仅仅关注“事实”，它甚至不应该涉及伦理道德问题。显然，将经济学与伦理学、事实与价值、是与应该分离的思路，是

① 亚当·斯密．1974．国民财富的性质和原因的研究（下）．王亚南译．北京：商务印书馆：27.

主体与客体分离的二元论本体论的具体表现。

（二）方法论层面

机械论对经济学的影响突出表现在机械论的研究方法向经济学的渗透。古典经济学明显受到机械论方法的影响。

在近代科学之初，兴起了两个方法论运动，一个是经验和实验的运动，另一个是数学和演绎的运动。两大方法论运动都对古典经济学产生了重大而深远的影响。经验和实验的运动强调实验、经验、观察，以及归纳法在科学研究中的作用，数学和演绎的运动则强调数学方法、理性演绎在科学研究中的作用。古典经济学将这两大方法论运动统一于对经济学的研究。一方面，以经济现象作为经济学研究的起点，运用归纳法从经济现象中归纳出经济活动的本质和规律，然后再运用演绎的方法论证经济理论的正确性，这样的思路与培根等的经验主义和实验哲学是完全一致的。另一方面，古典经济学家几乎一致强调数学在经济学中的运用。数学方法强调数学抽象、演绎、逻辑证明、建立数学模型等。早在古希腊，毕达哥拉斯学派就主张“万物是数的和谐”，不过那时的数学主要指的是几何学，毕达哥拉斯学派的观点影响了古希腊的经济学。19 世纪，受法国哲学家笛卡儿的唯理主义思想影响，一些经济学家在对重商主义的批判与超越中，主张运用数学对经济学概念进行计算和度量。古典经济学的几位主要代表人物几乎都强调数学的使用。威廉·佩蒂非常重视数学在经济学中的应用，他的一本经济学著作甚至取名为《政治算术》。李嘉图有非常专业的数学和统计学知识的基础，他运用数学来分析经济问题，尤其对国民收入，以及公共工程中类似乘数效应问题的研究等，他几乎都运用数学进行分析。李嘉图在《政治经济学及赋税原理》一书中也倡导并使用数学方法来研究经济学。他将复杂的经济现象高度抽象为极少的变量，然后通过对这些变量的解释进而对整个社会经济的运作进行说明。熊彼特（J. A. Schumpeter）甚至将李嘉图在经济学中运用演绎和数学公式的研究方法称为“李嘉图恶习”。另外，亚当·斯密在格拉斯哥大学（University of Glasgow）专门学习过数学课程，并且最偏爱数学和自然哲学，他也倡导对经济学进行数学的研究。

19 世纪 70 年代兴起的新古典经济学同样突出强调数学在经济学研究中的作用。多普弗认为：“究其实质，新古典派是希望通过将数学（主要是牛顿创立的微积分）引入研究以超越其前辈，并倡导最大可能地实现研究的正规性和精确性。响应阿尔弗雷德·马歇尔的声明，机械论成为经济学领域的圣地麦加。”[①] 新古典主义的主要代表戈森（H. Gossen）、杰文斯（H. Jevons）、瓦尔拉斯

① 库尔特·多普弗．2011．经济学的演化基础．锁凌燕译．北京：北京大学出版社：6.

(L. Walras) 等都在经济学研究中经常使用机械论作为解释模式，并注重数学的应用。有的学者甚至将数学方法视为经济学研究的唯一方法。据统计，在 20 世纪的诺贝尔经济学奖中，差不多有百分之九十的成果是在经济学研究中应用数学而取得的。数学对于经济学的意义由此可见一斑。

数学方法在经济学中的使用对经济学的学科发展具有重要意义。但是，数学方法也存在着局限性。马克思明确指出李嘉图对数学的使用具有“历史合理性”，认为它在政治经济学史上具有“科学必然性”，但同时也指出了李嘉图的方法在“科学上的不完备性”。其不完备性就在于，数学方法的使用导致了对复杂经济现象的抽象化和形式化，它试图将复杂的经济现象分析、还原出简单性来加以处理。确实，有一部分经济问题必须依赖数学来进行研究，但是，也有相当多的经济问题是不能够运用数学来研究的，如环境保护、经济公平、经济伦理、分配正义等，这些问题很难数学化、模型化。因此，在经济学研究中片面强调数学的使用是有偏颇的，它会破坏经济学的健康发展。为此，必须为数学在经济学中的使用划定界限。

（三）人与自然的关系层面

经济学实质上也蕴含着人与自然界之间的关系。机械论对经济学中人与自然界之间关系的处理方式的影响主要表现在以下两个方面。

第一，机械论确立了经济学中人对自然界的主宰地位。古希腊有机论、目的论自然观主张，物质与精神是统一于一体的。机械论则认为，精神与物质是相互分离的，自然界是不包含目的、价值等因素在内的僵死物质。因此，机械论实质上意味着对自然界的抽象化，这一特征无疑从经济学的基本观念中体现出来：机械论经济观不是将自然界视为有生命、有目的、包含自身价值的有机体，而是把自然界视为无生命的僵死物质，将自然界视为人的资源、能源。对自然界的这种理解是对自然界的一种抽象——抽象为物质资源或能源。与此同时，机械论经济观在将自然界抽象为僵死物质的同时，也将人本身物化了。理性经济人假设实质上就是认为经济学应该关注人的物质动机和物质利益。换言之，机械论经济观将自然界视为物质资源与将人视为经济人是同一观念的两个方面，人与自然界之间仅仅在物质层面相遇。

自然界是僵死物质的观念使经济学中人与自然界之间的存在论地位发生了根本转变，这一转变的核心在于，从人是自然界中平等的一员，转变为人是自然界的主人。存在论上的这一设定在价值观上的表现就是人类中心主义。因此，人类中心主义也是机械论经济观的根本特征。机械论认为人与自然界分离，自然界是没有生命、目的和自身价值的僵死物质，这一观念最终确立了人与自然界价值论地位的不平等——人是唯一的价值和目的中心，自然界是人实现自身利益和目的的工具，人类可以毫无顾忌地征服、改造和控制自然，不断地向大自然索取。人类中心主义直接体现在机械论的经济观之中，可以说人类中心主义正是通过近代以来人类经济发展的实践来实现的。

第二，机械论关于人与自然分离的观念，导致了经济学对经济系统与生态系统之间关系的割裂。人类中心主义在经济系统与生态系统之间关系问题上的表现是，经济学重点关注的是经济系统，注重对经济系统本身内在规律的研究而忽视生态系统，忽视生态系统对经济系统的制约性，忽视经济活动对自然界的依赖性。近代的经济学主要关注经济人和经济规律的作用，而忽视经济活动对自然界、生态环境、自然资源等因素的依赖与影响。主流经济学的诸流派——无论是古典经济学、微观经济学、宏观经济学还是新制度经济学，实质上都不同程度地忽视经济发展与生态环境之间的有机联系。正如有的学者指出的那样，经济学“把自然资源等非经济因素，只看做是经济行为的不变的取之不尽用之不竭的资源因素，乃至看做是不起任何作用的经济系统外部存在，而无视生态系统的复杂性、整体性、有机联系性，以及自组织自演化和生态平衡与生态阈限等生态原理和规律，也无视自然生态系统内在的价值。”①

对经济系统与生态系统之间关系的割裂，其直接结果就是对生态系统整体性的漠视。机械论经济观只注重探究经济系统的内在规律，只注重经济增长、经济效益这一基本目标，“忽视生态资源、生态环境、技术的代价，缺乏对自然资本的关注，纵容人们特别是企业家阶层为谋取利润的最大化而无限向大自然索取，从而大量消耗自然资源，把大自然当成一个巨大的垃圾处理场，而未考虑生态环境接受垃圾的生态阈限，造成了指数形式增长的‘生态赤字’，使经济高效率的取得，以生态之无价资源和自然环境巨大破坏为代价，造成了总体经济的低效率。”②

于是，在经济发展的实践中，人类片面追求经济增长的同时，破坏了自然环境，破坏了自然资源对经济发展的持久承载力。以机械论经济观为指导的经济发展，一方面表现为追求经济规模的无止境扩张，另一方面表现为对自然资源过度的破坏性使用；一方面表现为经济的高速增长，另一方面表现为自然资源的日益枯竭；一方面是经济系统内部人的物质利益的不断满足，另一方面是外部生态环境的资源透支。人类的物质富足是以环境污染和生态赤字等为代价的。显然，这样的经济发展是一种不可持续的发展，其根本的问题就在于它破坏了经济发展的资源承载力，破坏了物质生产的潜力，最终势必导致人类的经济成为“沙滩上的房子”，无以为继。

① 张连国．2005．从传统经济学到生态经济学．社会科学辑刊，(3)：59.

② 张连国．2005．从传统经济学到生态经济学．社会科学辑刊，(3)：60.

由此可以得出一个基本结论：生态经济学首先应该是一种自然哲学，生态经济学的成熟有赖于一门自然哲学的建立。与此同时，超越机械论经济观，必须首先批判机械论自然观。因此，应该从生态经济学的角度对机械论自然观进行批判，将生态经济学的理想落到实处的关键正在于人类自然观的变革。

第二节　生态经济学的自然观基础

生态经济学的思想渊源具有多重性，它是对主流经济学机械论传统的批判与超越，同时以现代自然观为其基础。现代自然观主要包括两个部分：一是马克思的自然观；二是在相对论、量子力学、系统科学等现代科学基础上形成的现代有机整体论自然观。

一、马克思的辩证大自然观

从 18 世纪下半叶到 19 世纪中叶，欧洲经历了从工场手工业向机器大工业转变的工业革命。这场工业革命极大地促进了自然科学的发展，使近代后期自然科学的发展出现了不同于近代前期的新变化，这种变化最根本的特征就是使近代自然科学由分门别类、搜集材料、研究既成事物的阶段，进入到系统地整理材料、研究事物发展过程的阶段。恩格斯这样描述自然科学的新变化：“事实上，直到上一世纪末，自然科学主要是**搜集材料的**科学，关于既成事实的科学，但是在本世纪，自然科学本质上是**整理材料的**科学，是关于过程、关于这些事物的发生和发展以及关于联系——把这些自然过程结合为一个伟大整体——的科学。”①

近代后期最伟大的科学成就主要诞生在 19 世纪，也正因此，19 世纪被称为“科学的世纪”。在天文学方面有康德-拉普拉斯星云假说；在地质学方面有英国地质学家赖尔提出的地球“均变说”；在生物学方面，出现了两次重大理论综合，即细胞学说和生物进化论的建立；在物理学中也出现了两次重大理论综合，即能量守恒与转化定律和电磁转化定律的建立。随着自然科学的发展，人类的自然观也实现了由机械论向唯物辩证自然观的转变，这就是普遍联系和发展变化这两个基本观念的确立。恩格斯指出：“一切僵硬的东西溶化了，一切固定的东西消散了，一切被当做永久存在的特殊东西变成了转瞬即逝的东西，整个自然界被证明是在永恒的流动和循环中运动着。”② 马克思、恩格斯科学地概括和

① 余源培，吴晓明．2005. 马克思主义经典文本导读．北京：高等教育出版社：103～104.

② 恩格斯．1984. 自然辩证法．于光远等译．北京：人民出版社：15.

总结了自然科学的新成就，批判继承了费尔巴哈唯物主义的“基本内核”和黑格尔辩证法的“合理内核”，并吸收了一切有价值的文明成果，为辩证唯物主义的科学自然观奠定了基础。马克思自然观的核心是，突破了机械论将自然界与人和社会分割、对立的做法，强调自然、人与社会的统一。从此，狭义自然观转变为广义自然观即唯物辩证的大自然观。马克思、恩格斯将自然界和人类社会看成统一的有机整体，看成遵循统一规律的自然历史过程，用彻底唯物主义的原则把它们作为一个统一的物质世界加以考察，这是辩证自然观区别于机械论及以往全部自然观的基本特点。辩证自然观不仅确认自然界先于人、先于人类社会而存在，而且还明确指出，人类社会是自然界的一部分，人与社会都是自然界自身发展的产物。社会发展史是特殊的自然史。一方面，人类社会作为自然界进化的高级阶段，它的本性是自然的，它的存在和发展的基础及前提是自然界，它必须服从或遵循自然界发展的一般规律；另一方面，作为自然界的特殊部分，人类社会又有自己独特的本质，即社会性，这种社会性使人类社会与自然界的所有其他部分相比都存在着相对的独立性。这种相对独立性使人类社会在对自然界进行认识和改造的意义上成为自然界的对立面。辩证大自然观在坚持自然、社会和人类历史的物质统一性的基础上，遵循统一的客观辩证法的规律，来考察人类社会在自然界中的演化。

显然，马克思、恩格斯的辩证大自然观对于正确理解和把握生态经济学的哲学基础具有重要意义。既然人类社会与自然界是一个统一的有机整体，经济系统与生态系统当然也就是一个统一的有机整体；既然人类社会是自然界的一部分，那么，经济系统当然应该是生态系统的一部分；人类社会发展的基础是自然界，也就意味着生态系统是经济发展的自然前提；既然人类社会应该遵循自然界发展的一般规律，那么，经济发展也就应该遵循生态规律。可见，马克思、恩格斯的辩证大自然观能够从哲学基础上为生态经济学提供清晰的说明，生态经济学的哲学基础与辩证大自然观是完全相通的。

二、现代有机整体论自然观

在20世纪自然科学基础上形成的自然观与机械论自然观的根本区别在于，有机整体论及目的论的复活。有机整体论、目的论是现代科学对世界基本的解释模式。近代机械论科学及其自然观把自然界解释为机器，现代有机论科学和自然观则把自然界——特别是自然界中一切有生命的存在物看做有机体(organism)，这一转变被一些西方学者称为科学的“后现代转向”。怀特海指出：“现代理论的基本精神就是说明较简单的前期机体状态进向复杂机体的进化过程。因此，这一理论便迫切地要求一种机体观念作为自然的基础。”

自然观的发展、转变都是在对片面性的否定中进行的，近代机械论是在批判古希腊有机论、目的论的基础上产生的，而现代有机整体论和目的论又是在批判机械论的基础上产生的。柯林武德说过，从古希腊的有机论、目的论向近代机械论的转折可以很容易地从其否定的方面看出，历史的惊人相似之处在于，这一原则同样适用于从机械论自然观向现代有机整体论、目的论自然观的转折。从机械论向现代有机整体论、目的论的转折也是从对机械论的否定和批判开始的，而这一批判的锋芒所向也是耐人寻味的：机械论把自然界描述为机器，而现代有机整体论、目的论则认为机械论的实质是否定自然界的存在目的或内在价值（intrinsic value）。可见，机械论和现代有机整体论、目的论对机械论存在两种不同的解读。

（一）对机械论的两种解读

近代机械论自然观从肯定的方面把自然界描述为机器，这是对机械论的一种表达方式。现代有机整体论、目的论则从另一角度去理解机械论。它们认为，机械论把世界描述为机器，实质上是否定自然界存在目的或内在价值。对机械论的这两种解读已经昭示了机械论与现代有机整体论、目的论对世界不同的解释模式。对机械论的这种理解上的差异，实质上是人类自然观从近代机械论向现代有机整体论和目的论转折的逻辑起点。当现代有机整体论、目的论认为机械论的实质是否定自然界存在目的和内在价值的时候，实质上就已经肯定了自然界存在目的和内在价值，而肯定自然界存在自身的目的和价值，正是现代有机整体论、目的论自然观的核心。

怀特海最早从上述视角去谈论机械论。他认为，机械论自然观“事先就假定有一种不以人意为转移的和不能为人所知的物质存在。这种物质也可以说是一种外形的流变下充满空间的质料。这种质料本身并没有知觉、价值或目的。它所表现的一切就是它所表现的一切，它根据外界关系加给它的固定规则来行动，这种规则并不是从它本身之所以能存在的性质中产生出来的”。[①]

美国建设性后现代主义重要代表格里芬（D. Griffin）指出，机械论自然观导致了世界的“祛魅”，“它意味着否认自然界具有任何主体性、经验和感觉”。因此，“在自然实在当中便不可能存在目的或目标，对自我决定或目的因而言也不存在创造力。如若没有某种趋向理想的可能性的目的因，理想、可能性、规范或价值便不可能发生作用。因为从严格的意义上讲，原因来自于过去有效的原因。如果没有旨在实现理想的自决，便不可能实现任何价值。因为自然事物或活动间的相互作用不涉及价值观问题，因而自然中不会存在着内在价值，自

① 艾尔弗雷德·诺思·怀特海．1997．科学与近代世界．何钦译．北京：商务印书馆：18.

然界本身也不会有任何价值。"[①]

美国后现代学者贝斯特（S. Best）和科尔纳（D. Kellner）也指出，按照机械论自然观，科学要取得进步，它就必须对世界进行祛魅、从其中清除掉所有把自然看做是充满了生命和精灵力量的影响。他们认为，伽利略、培根、笛卡儿和牛顿等由于坚持机械论，因而对自然界的研究"脱离了对于事物本质、它们的'什么'、它们内在的趋向和目的的定性研究，而转向对它们的重量、体积和尺寸的量化分析，从而转向了可以由一名公正的观测员用合适的数学方法去测量完成的物质的外部的、物理的特征。亚里士多德的四因说，成形于有机体，包括展现于生物的生长节奏中的目的与目标，由于对原因和结果采取了一种机械化的解释而被摒弃了。从此，'目的论'成为了现代科学的憎弃之物，被当做来自过去的形而上学的残余而抛弃，这样一来，宇宙不仅没有了目的与方位的趋向，而且丧失了价值、意义和变化"。[②]

（二）现代有机整体论

与机械论突出实体与实体之间的分离性、独立性不同，现代有机整体论更加突出实体与实体之间的依存性、关系性。大致说来，现代[③]有机整体论自然观也可以分为前期和后期。前期就是20世纪中叶以前，这一阶段在自然科学上的重大成就是由相对论和量子力学所引发的物理学革命。物理学革命使人类的自然观发生了重大变化，它彻底推翻了物质与运动无关的形而上学观点。按照狭义相对论，物体质量与运动速度相关，随着运动速度的提高，物体质量会相应地发生变化。按照广义相对论，物质不仅与其运动相关，而且与其所占据的时间、空间更有着深刻的内在关联。物质的质量越大，它所占据的时间和空间的拓扑性质表现得就越充分、越明显。这些新发现充分证明了辩证法关于普遍联系的思想的正确性。时空不再是牛顿时空观念下的那种绝对时空，时空不仅与物质关联，而且其本身就是物质、运动的存在属性和存在方式。时间和空间都是相对的，是与物质相互联系的。离开物质谈论时空和离开时空谈论物质和运动，都是错误的。

---

① 大卫·格里芬.1996. 后现代科学. 马季芳译. 北京：中央编译出版社：2～3；12～16；46～48.

② 斯蒂芬·贝斯特，道格拉斯·科尔纳.2002. 后现代转向. 陈刚等译. 南京：南京大学出版社：260.

③ 在西方语言中，Modern一词的含义是"近代"、"现代"，它指的是同一个历史时期。Post-Modern一词的含义则是"后现代"。在中国语言中，"近代"和"现代"指的是前后两个不同的历史时期。中国人使用的"近代"一词大致与西方人的"Modern"相对应，而中国人使用的"现代"一词，大致与西方人的"Post-Modern"相对应。因此，对"近代"、"现代"、"后现代"这几个词的用法存在着某种混乱，本书除了特别说明外，都按照中国人的习惯使用这几个语词。在本章中，我们在同一意义下使用"现代"和"后现代"这两个语词。

相对论和量子力学导致了机械论自然观的崩溃，同时也预示了一种新的自然观的确立，而为这种新的自然观建立基础的第一个本体论哲学是怀特海的有机论哲学。怀特海的有机论哲学又直接推动了系统论、控制论和信息论等现代有机论科学的产生和发展。怀特海在批判机械论的基础上，提出了一种新的实在观。他认为，机械论所描述的具有不变质量和不变质料，在绝对定域空间中运动的机械实体这一意义上的事物是根本不存在的。自然界中的每一事物都是由事件相互联系、相互作用而形成的有机体。从电子、原子到自然界和社会都是有机体。怀特海不仅认为自然界及其中的事物是有机体，并且认为它是一个过程。有机体的活动不是外在的偶然事件，它们结成单一的复合活动，这就是有机体自身。实体与活动是一个东西而不是两个东西。柯林武德认为，"这是怀特海宇宙论的基本原则。"在怀特海看来，"自然的过程不仅仅是一个循环的或有节奏的变化，它是一个创造性的推进，有机体在经历或寻求一个进化的过程，在这个过程中它的每一部分不断获得并产生新形式。"① 这个过程有两个特征，即"广延性"和"目的"。怀特海把有机体的目的性、过程性等特征与价值范畴联系起来。他说："机体是价值发生态的单位，是为本身而发生的永恒客观性状的真正组合。"② "实际事件是各种不同的实有由于在该模式中具有真正结合性，因而被摄入一个价值之中，并且排斥其他实有的过程……但价值的重要性各有不同，因而每一个事件对于事件群说来虽然都是必需的，但它所贡献的分量则由其本身内在的东西所决定。"③ 可见，有机体有自身的目的，它的演化是一个价值的产生、形成、评价和选择的过程。

怀特海认为，有机体的形成和发展具有一种内在机制，这就是它对于其他事物的"包容"（prehension）。他说，"我把'包容'这个字用作'非认识论'的'体认'。当我这样说时，'体认'便可以是认识论方面的用语，也可以不是认识论方面的用语。"④ 他引用欧弗拉诺的话来解释"包容"，"我们便在本身所在的地方包容了其他地方的东西"。④包容实质上是整体论观念的表达，它是对事物之间相互关系的一种描述，指的是事物之间相互内在、相互包含的关系，这显然与机械论所理解的事物之间的彼此分离、相互外在的关系不同。怀特海认为，"包容"必然有一个主体，即正在包容其他事物的事物；也必然有被包容者，它不仅包括其他事物，而且包括永恒客体，即对事物形成、发展起决定性作用的潜能、形式、结构、数量关系、模式等，它类似柏拉图的理念和亚里士

① 柯林武德 R G. 1999. 自然的观念. 吴国盛等译. 北京：华夏出版社：185.
② 艾尔弗雷德·诺思·怀特海. 1997. 科学与近代世界. 何钦译. 北京：商务印书馆：104.
③ 艾尔弗雷德·诺思·怀特海. 1997. 科学与近代世界. 何钦译. 北京：商务印书馆：101.
④ 艾尔弗雷德·诺思·怀特海. 1997. 科学与近代世界. 何钦译. 北京：商务印书馆：67.

多德的形式因。“包容”还必然有“主体方式”（subjective form），即主体怎样包容被包容者，以什么方式和标准包容。它类似主体自身的价值。包容可以分为肯定性的和否定性的两种。主体包容其他事物的方式可以有多种，它取决于主体的目标。正是通过包容，事件便根据价值而组织成有机体。显然，怀特海所说的主体目标其实就是事物的价值。

怀特海认为，自然界是一个创造性过程。而创造性活动的主体不是脱离其他事物而存在的“实体”。因为，各种各样的事物相互内在、相互包容，任何主体都不能脱离其他事物的存在而单独存在。主体只能在世界之中，在与别的事物的有机联系中才能形成。主体是“被创造物”，从被创造物向创造物的转变过程，正是主体的自我形成过程。主体既然是被创造物，因此，被创造者作为自由的造物是对自己的选择负责的存在，其他任何存在都不能侵害这种自由，从实体即主体转变到事件即主体，主张所有事物都是使事件发生的潜在形态，这些便是过程哲学的基本思考方式。事件合生结束之后成为客体时，作为事物便成为使其他事件发生的条件。主体即事件的主体。怀特海认为，主体的活动包容世界的一切要素，并只能在世界的整体联系中才能把握主体的作用。怀特海的主体论是一种泛主体论（pansubjectivism）。我们所遭遇的一切事物不能仅仅视为客体，它们同时也是主体。要从与他者的联系性、相关性去把握主体，现实中的事物从其自身的角度看都是主体，而从他者的角度看又都是客体，从主体到客体、从客体到主体的能动地相互转换，正是“过程”的本意。①

现代自然观的后期阶段始于20世纪中叶。这一阶段，在自然科学上出现了探索复杂性的科学，如一般系统论、信息论和控制论等系统科学，包括耗散结构论、协同学、突变论、超循环论、混沌理论、分形理论等自组织科学，以及非线性科学等。这些科学成就从不同角度研究和揭示了复杂性世界的种种属性，同时也推动了人类自然观的新变化。其中，对经济学影响比较大的观点主要有：①在物质观方面，开始把具有复杂性特征的事物作为研究对象，而过去的科学总是避开复杂性或者把复杂性还原为简单性来加以处理。在研究复杂性事物时，不仅注意事物的复杂结构，而且把重点放在事物的相互关系及其演化上。这是人类真正开始对复杂对象进行研究，尽管这仅仅是一个开端，却意味着人类自然观的新转折。②在演化观方面，强调事物的生成和演化、强调瞬态变化、强调路径依赖、强调对初值和环境的敏感性，这些思想强烈地表达了自然演化的思想。耗散结构理论的创始人普里戈金（I. Prigogine）甚至在这种意义上把原来的物理学称为存在的物理学，而把新的以注重时间箭头为特征的物理学称为

① 田中裕．2001．怀特海．包国光译．石家庄：河北教育出版社：94～98．

演化的物理学。③在生命观方面，系统科学和复杂性理论在生命起源和生命演化问题上，均持有“自组织”观点，认为在一定条件下，自然界的事物会自发、自主地从非生命演化出生命，走向组织化和有序性。④在环境观和条件观方面，系统科学和复杂性研究特别强调条件和环境，认为事物与环境的互动造就了世界的发展变化，造就了事物不断走向复杂性。

系统科学和探索复杂性的科学对人类思想最大、最显著的变革是系统观或系统思维的确立，即把世界看做系统。同时，20 世纪中叶发展起来的现代有机论科学，都秉承亚里士多德以来的目的论传统，提出了科学的有机论和目的论思想。在这些科学中普遍存在着对世界的有机论、目的论解释模式。

早在 20 世纪初，法国生理学家贝纳德（H. Benard）就发现，所有的生命组织都存在着一个共同点，即不论外部条件怎样改变，生命组织的内部环境都能够保持不变，生命机制变化的最终目的只有一个，即保持自身在环境中生存的稳定性。在 20 世纪 30 年代，坎农（W. B. Cannon）提出了著名的“内稳态”概念，即有机体能够在外部环境和条件不断变化的情况下，始终保持自身内在的稳定状态。这实质上已经提出了系统的适应性自稳定性和整体性，也指出了系统的自身性、内在性，可以说，这是现代目的论观念的萌芽。

贝塔朗菲在 20 世纪 30 年代提出了一般系统论的基本思想。后来，他把系统的目的性称为“寻的性”、“等终局性”或“预决性”。在《生物学世界观——自然的和科学的生命观》（中译本《生命问题》）一书中，贝塔朗菲通过批判活力论和机械论，提出了有机论的基本思想。他认为，有机体是一个整体，并且是“本质上主动的系统”。[①] 同时，他提出了系统的“等终局性”，即“可以从不同的初始条件出发达到相同的最终结果”。[②] 等终局性表明，有机体存在着自身的目的，不论初始条件如何，有机体最终都要趋达它。在《一般系统论》中，贝塔朗菲又提出了系统的“预决性”。预决性即目的性，它是指系统具有自身的发展方向，这种发展方向不仅取决于实际状态（偶然性），而且取决于一种对未来状态的预测性（必然性）。因此，预决性即目的性。它是“一种依赖于未来的直觉”，是指系统的发展方向受系统所要趋达的最后状态制约的特性。

普里戈金则认为，自组织系统存在着一个“定态”，也就是当系统达到耗散结构时的状态。他认为，定态即系统的目的，系统的目的是系统自动搜寻的结果，它的产生与维持都依赖于正反馈机制。显然，定态的产生类似于系统在趋达自身的目的。

哈肯（H. Haken）的协同学把系统的目的叫做“吸引子”、“目的点”或

① 路德维希·冯·贝塔郎菲．1999．生命问题．吴晓江译．北京：商务印书馆：22.
② 路德维希·冯·贝塔郎菲．1999．生命问题．吴晓江译．北京：商务印书馆：63.

"目的环"。主张系统存在目的并揭示这种目的产生的机制正是哈肯的两大贡献。哈肯认为,"如果系统要走向一种有序的结构,那就是说代表那种有序结构的点是系统的目标"。他从目的性的角度给系统下定义。他说,所谓目的,就是在给定的环境之中,系统只有在目的点或目的环上才是稳定的,离开了就不稳定。"系统自己非要拖到目的点或目的环上才能罢休,这就是自组织。"① 可见,哈肯也肯定了系统目的的存在,并指出系统自组织是系统达到目的的机制。

混沌理论把系统的目的称为"混沌吸引子",它是存在于混沌背后的内在有序结构,是一种特殊的目的性结构。

20 世纪生物学的发展与近代生物学也具有不同的范式。近代生物学把动物甚至人都视为机器,而 20 世纪的生物学则把一切生命存在物视为有机体。现代生物学揭示,生命有机体具有自身的目的。法国生物学家雅克·莫诺(J. L. Monod)认为,生物具有自身的目的,这种目的的生理基础在于它的内在结构。"一切生物所共有的一个根本特征,那就是生物是赋有目的或计划的客体,这种目的性或计划性是在它们的结构中显示出来的。"② 而非生物界也有自身的目的。莫诺认为,非生物界的规律性就是合目的性。非生物界物体状态变化的目的定向只是被动的、无意识的,由外界力量或条件所支配。随着规律而变化的最终状态,即是非生物界的目的。另一位美国现代生物学家 E·迈尔认为,生物体是按一定的程序而指向自己的目的的。他指出:"程序目的性过程或行为是由于某种程度的运行而(按)目标定向的。程序目的性这词就意味着目标定向。"③

可见,现代有机论科学揭示的自然系统存在的"吸引子"、"等终局性"、"预决性"、"寻的性"、"定态"、"目的点"、"目的环"等,形成了现代有机整体论、目的论自然观,这些观念成为现代科学对世界的解释模式,对经济学的发展也产生了重大影响。

三、生态经济学的自然观基础的理论内涵

生态经济学的出现可视为经济学发展史上的一场革命,科学哲学家库恩将科学革命的发生称为"范式转换"。生态经济学的出现就是"经济学正在出现范式变化的一个信号。"④ 库恩所说的范式主要是用来分析自然科学发展的,但戴利认为,"科学的革命是所有科学的特征,包括政治经济学。既然社会科学的大

① 哈肯 H. 1983. 协同学及其最新应用领域//庞元正,李建华. 系统论、信息论、控制论经典文献选编. 北京:求实出版社:219.

② 雅克·莫诺. 1997. 偶然性与必然性. 上海:上海人民出版社:5.

③ 胡文耕. 1992. 生物学哲学. 沈阳:辽宁教育出版社:46.

④ 赫尔曼·戴利,肯尼思·汤森. 2001. 珍惜地球:经济学、生态学、伦理学. 马杰等译. 北京:商务印书馆:1.

部分研究都有关价值观问题，并且影响到接受还是拒绝各种范式，所以，范式变化可能更是社会科学的特征。”① 也就是说，范式转换不仅是自然科学革命的基本特征，而且是包括经济学在内的社会科学革命的基本特征。经济学有自身的范式，经济学中存在的机械论传统与生物学传统、实证主义与规范主义、经验主义与理性主义、数理研究方法与历史主义研究方法等区分，其实质就是经济学的范式差异。经济学的范式“涉及一种格式塔、一种信仰的因素、个人责任感和价值观”②。如同自然科学中的范式转换意味着科学革命的发生一样，经济学中的范式转换也意味着经济学中科学革命的发生。从这个意义上可以说，生态经济学的出现标志着经济学中一场科学革命的发生。生态经济学代表了一种与经济学中的机械论传统根本不同的新范式，其基本标志之一就在于，生态经济学具有与机械论经济观根本不同的自然观基础或解释模式。

从自然观或解释模式的区分看，作为经济学的范式转换，生态经济学的致思路向与方法论原则是通过对机械论经济观的批判与超越而建构起来的一种新的经济学理论。生态经济学与机械论经济观的差异首先表现在，两者的自然观基础根本不同：以机械论自然观的实体论观念为基础，机械论经济观的自然观基础或解释模式是，它认为经济系统与生态系统是彼此分离的；以现代有机整体论自然观对实体之间依存性的强调为基础，生态经济学的自然观基础或解释模式是，它主张经济系统与生态系统是一个统一的有机整体。二者之间的区别被一些西方经济学家称为经济学中的“哥白尼式革命”。例如，稳态经济观就认为，“新古典主义的观点就是经济系统包含生态系统，而稳态观是生态系统包含经济系统，生态系统根据一些可持续生产的原则而不是个人支付的意愿为经济系统提供生产所需的物质-能量。这两个观点的分歧有如托勒密和哥白尼的分歧——宇宙的中心是地球还是太阳？如果地球是宇宙的中心，我们就不得不修改太多的本轮以‘符合’同心圆轨道。如果经济系统包含世间万物，那么，为符合个人支付意愿，就像强求我们的‘同心圆轨道’一样，我们也不得不把太多的外部的东西内部化。”②

机械论经济观的一个根本问题表现在，它在自然观层面将经济系统与生态系统割裂，而这种割裂的实质或后果就在于忽视经济发展对生态系统的依赖性，或反过来说，忽视生态系统对经济系统的制约性。机械论经济观不仅是一种人类中心主义，而且是一种“自我中心论”。理性经济人在片面追求自身经济利益

---

① 赫尔曼·戴利，肯尼思·汤森．2001．珍惜地球：经济学、生态学、伦理学．马杰等译．北京：商务印书馆：17．

② 赫尔曼·戴利，肯尼思·汤森．2001．珍惜地球：经济学、生态学、伦理学．马杰等译．北京：商务印书馆：5．

的同时，将经济发展所产生的“负熵”转嫁给他人，或转嫁给生态环境，只注重经济人自身之所“得”而忽视他人之所“失”，更忽视自然界之所“失”，其结果当然是对自然环境的破坏。戴利和汤森也指出，“在现代经济增长理论中，规模生产函数一般完全不考虑自然和自然资源。”[①] 造成这种状况的根本原因就是，在自然观上将经济系统与生态系统割裂，没有认识到经济系统与生态系统之间的物质、能量和信息交换关系。机械论经济观忽视了一个基本事实，即作为一个开放系统的经济系统必须不断地与外部生态环境进行物质、能量和信息交换，经济系统必须不断地从生态环境吸收“负熵”，并将自身内部做功产生的正熵输送到生态环境。也就是说，经济系统与生态系统存在对立的一面，经济发展是通过人与自然对立的方式达到的，它甚至是建立在对生态系统的破坏基础上的，经济系统的“经济”是以生态系统的“不经济”为代价的。可见，“增长经济学家的主要盲点是他们缺乏对热力学第二定律及其多层含义的理解，他们也没有认识到为人类生活提供支持和服务的自然系统的重要性和脆弱性，而经济增长所需要的物质和能量形成的熵流日益扩大，正在破坏这个系统的正常功能。”[②] 当然，说机械论经济观不考虑生态环境和自然资源的制约其实也是不准确的。事实上，各主流经济学流派都有自己关于自然资源的看法。经济学的一个基本问题是人与自然资源之间的矛盾。对于这一矛盾，主流经济学尽管也存在“资源稀缺”等观点，但其基本预设实质上仍然是自然资源无限论。在主流经济学看来，相对于经济系统而言，自然资源是无穷无尽的，环境吸收废弃物的能力也是无穷无尽的。因此，对于“经济不发达和财富分配不公带来的问题，经济的持续增长一直被认为是解决这些问题的万应灵药”[③]。自然资源无限论必然在经济学中形成这样的哲学理念：一方面，人的需要的不断增长，甚至人的欲望的不断释放可以通过经济的无限增长而无限地得到满足；另一方面，自然资源对人的需要和经济发展不存在约束与限制。

那么，经济学中自然资源无限论这一信念是从何而来的？其实这一信念正来源于经济学对人本身的理解。哲学和科学史表明，对人的理解一定会影响到对自然界的理解，任何时代的自然观总是不可避免地包含着特定的人性预设。比如，古典经济学认为人是经济人。经济人都是自利的，而且自利就是自爱。由于人的需要具有无限性，经济人在经济活动中应该自由、平等地追求自身利

① 赫尔曼·戴利，肯尼思·汤森．2001．珍惜地球：经济学、生态学、伦理学．马杰等译．北京：商务印书馆：61.

② 赫尔曼·戴利，肯尼思·汤森．2001．珍惜地球：经济学、生态学、伦理学．马杰等译．北京：商务印书馆：63.

③ 赫尔曼·戴利，肯尼思·汤森．2001．珍惜地球：经济学、生态学、伦理学．马杰等译．北京：商务印书馆：前言．

益的最大化。相应地，古典经济学就注重人的物质需要的满足和物质利益的获得，而忽视自然资源的有限性，更没有意识到这种有限性对人的需求的制约问题。因此，古典经济学实质上包含着一个不言自明的前提，即自然资源是无限的。可以说，正是关于人的需要的无限性、人应该自由地追求自身利益等信念形成了自然资源的无限性这一信念。与其说机械论经济观将自然资源视为无限的，不如说它是因为凸显人的需求的无限性而忽视了自然资源的有限性。机械论经济观关于自然资源无限性的预设正好指认了它关于人的需求无限性的预设。从这里可以看出，机械论经济观所要解决的基本矛盾实质上是人的需求的无限性与自然资源的无限性之间的矛盾。

这样，对矛盾一方面的理解就决定了对矛盾另一方面的理解。上述矛盾决定了主流经济学的基本性质：一方面它必然是**规模**经济学。它认为人的物质需要可以无限扩张，解决这一扩张的根本方式是经济规模的不断扩大，经济发展的基本思路是不断增长；另一方面，在关于经济发展的规模问题上必然忽视自然资源的承载力，忽视生态系统的整体性。机械论经济观不是将经济发展视为生态系统整体的一部分，而是将生态系统视为经济发展的一部分。自然资源、生态系统仅仅被看做实现经济发展这一目的的工具和手段，人与自然界之间的关系表现出以经济发展为唯一目标的人类中心主义。这一思路实质上是近代机械论自然观在经济学中的延伸，经济发展实质上就是人对自然界进行控制、改造和进攻这一机械论观念的具体化，是人与自然界之间不平等地位的具体体现，也是人作为自然界主人的地位在经济发展中的投影。在这样的观念下，生态环境保护、自然资源节约等观念就完全被遮蔽了。在这种经济学指导下的经济发展，势必导致在经济不断增长、人的物质需要不断得到满足的同时，生态环境和经济发展的自然潜力遭到破坏。机械论经济观对人类的长远发展来说是一种战术观而不是一种战略观，以这种经济学作为指南的经济发展能够使人类在短期、战术上取得胜利，而在长远、战略上遭遇失败，因而是一种不可持续的经济发展观。这样的“经济发展超越某个阶段后——也许发达国家会很快，但最终所有的国家都将超越这个阶段——经济增长在物质上、经济学上都是不可持续的，从道义上讲，也是不合理的”。[①]

与主流经济学的机械论观念根本不同，生态经济学的自然观基础和解释模式是现代有机整体论，它认为自然界是一个有机整体，生态系统与经济系统是相互依存的。哈丁（G. Hardin）指出，“人们的行为是在一个系统中发生的，在人们认识这整个系统之前，人们不知道一个人猎杀一头大象或放火焚烧草原对

① 赫尔曼·戴利，肯尼思·汤森．2001．珍惜地球：经济学、生态学、伦理学．马杰等译．北京：商务印书馆：前言．

其他人是否有害。”[①] 生态经济学研究的对象就是经济系统与生态系统之间的关系。与生态经济学密切相关的稳态经济学认为，与主流经济学的观念相反，稳态经济学一开始就试图证明两点：“①经济发展最终要受到普遍的、不可避免的环境资源来源和处理两方面稀缺性的限制，还要受到热力学规律的限制，因为资源利用的技术效率不能随投资的增长而无限提高。②经济增长受到的限制与每天选择了资源消耗/财富积累/污染模式的人们密切相关。”[②] 也就是说，生态经济学一方面看到了自然资源的有限性；另一方面又注意到了解决人与自然界之间矛盾的关键不仅在于发展经济以满足人的需要，而且从长远看更在于对人自身的需要加以限制，对人的生活方式加以改变。因此，生态经济学是从生态学、伦理学和经济发展是否正当的角度来考察经济的，这就决定了生态经济学所理解的人与自然界之间的矛盾是，人的需求的无限性与自然资源的有限性之间的矛盾。生态经济学解决这一矛盾的基本思路是通过限制人的需要来节约自然资源，最终实现经济发展的可持续性。这一思路决定了生态经济学的基本性质。一方面，它必然不再是规模经济学。它认为人的需要和利益不能、也不应该无限制地扩张。解决人的需求无限性的根本方式不是经济规模的不断扩大，经济发展的基本思路也不应该是不断增长。另一方面，经济发展与生态环境之间的关系是相互依存的。在关于经济发展的规模问题上必须注重自然资源承载力的有限性，注重生态系统的整体性；把经济发展视为生态系统整体的一部分，而不是把生态系统视为经济发展的一部分。

生态经济学的这一思路反映了现代有机整体论自然观的基本观念，即人受自然界整体制约，生态经济不再是人对自然界的控制、改造和进攻，而是更加突出对人自身的控制和改造，是人对自然资源的节约、对生态环境的保护。显然，生态经济学内含生态环境保护的观念，在生态经济学指导下的经济发展必然是在经济合理增长、人的合理需求能够得到满足的同时，生态环境、经济发展的自然潜力能够得到保护。可以说，生态经济学对人类的长远发展来说是一种战略观而不是一种战术观，因为以这种经济学作为指导的经济发展虽会使人类在短期、战术上受到限制，但却能在长远、战略上得到保证，是一种可持续的经济发展观。事实上，生态经济学追求的自然资源节约、生态环境保护和物质生产潜力的保护，本质上就是追求物质生产的可持续发展，而追求物质生产可持续发展的终极目标正在于实现人类自身的可持续生存。实现人类自身的可持续生存，这就是生态经济学、可持续发展的灵魂和最高价值取向。

---

① 赫尔曼·戴利，肯尼思·汤森.2001. 珍惜地球：经济学、生态学、伦理学. 马杰等译. 北京：商务印书馆：155.

② 赫尔曼·戴利，肯尼思·汤森.2001. 珍惜地球：经济学、生态学、伦理学. 马杰等译. 北京：商务印书馆：前言.

总之，生态经济学包含两方面的特征：由于它关注经济发展与自然资源、生态系统的关系，它必然是一种**生态**经济学；由于它把解决人与自然界矛盾的关键放在对人的需求、伦理观、生活方式等方面的变革上，它必然是一种**人本主义**的经济学、**德性**的经济学。换言之，如果说主流经济学预设了**理性经济人**和**自然资源无限性**这样两个基本观念，那么，生态经济学就预设了**德性生态人**（生态经济人）与**自然资源有限性**这样两个观念。生态经济学的这一预设具有重要意义。显然，与主流经济学不同，生态经济学的思路包含着生态环境保护、自然资源节约等观念。以生态经济学作为指南的生态经济，必然在确保经济增长、人的合理需求得到满足的同时，使生态环境、经济发展的自然潜力也能够得到保护。可以说，主流经济学提倡的是一种不受自然资源和生态环境限制的经济发展观，而生态经济学倡导的是一种受自然资源和生态环境限制的经济发展观，是以自然资源和生态环境的整体性不被破坏为底线的经济发展观。

那么，如何实现生态经济学的基本主张呢？生态经济学一方面主张人的合理需求应该得到满足、经济应该得到发展；另一方面又主张限制人的需求，也就是限制经济发展的规模和速度，把人的需求、经济发展规模限制在生态系统的整体性及自然资源的可持续性不被破坏这个“度”的范围之内，使经济发展规模保持在“适度”的状态。生态经济学主张的是一种适度的经济发展，它所要解决的最根本的问题就是如何把经济发展规模控制在适度的范围之内，满足人类合理需求的同时，使生态系统的整体性及自然资源的可持续性得到保护，从而保证人类经济、文明与自然资源同时、长久、持续地发展下去。从本质上讲，生态经济学的基本归属既不是要取消经济发展，回到古代的农业社会，也反对经济的过度增长。生态经济学的最终目的是要通过对生态系统整体性和自然资源可持续性的保护，来确保人类经济发展和整个人类文明的可持续发展，也就是说，它看到了经济发展和整个人类文明发展对于自然生态系统整体性和自然资源可持续性的依赖性，以及两者间的关联性，看到了后者对前者的基础性、前提性。生态经济学包含着部分依赖于整体和整体高于部分的整体观，以及人类社会依赖于自然整体的大自然观，这些观念都是对近代机械论经济观的超越。

第三节　生态经济学与自然科学

马克思主义哲学认为，自然科学的进步必然推动哲学形态的变革。其实，经济学与自然科学之间的关系也是如此。历史上自然科学的发展总是直接或间接地影响和推动经济学的发展，经济学总是不断地从自然科学中寻找智慧来源。多普弗指出：“在 18 世纪后半叶，现代经济学（当时称为政治经济学）诞生了，从一开始，自然科学的研究范式就成为了经济学这门年轻科学的范式原型。”[①]因此，从某种意义上也可以说，随着自然科学每一个划时代的进步，经济学也要相应地改变其历史形式。经济学领域各种范式的差异，以及经济学史上的范式转换归根结底都与自然科学的发展有关。生态经济学的产生就是有力的证据。自然科学的发展对生态经济学产生了重大影响。

一、生态经济学与自然科学的基本关系

在历史上，不仅自然科学的具体知识、研究方法影响了经济学，而且自然科学中所包含的哲学观也影响了经济学。因此，自然科学对经济学的影响大致可以分为三个层面：一是自然科学知识本身对经济学的影响；二是在自然科学中所包含的哲学观对经济学的影响；三是自然科学的方法论对经济学的影响。自然科学与生态经济学的关系就是如此。

美国学者罗根（N. Georgescu-Roegen）在分析机械论经济观存在的问题及生态经济学产生的必然性时，就是以近代自然科学对经济学的影响这一问题为切入点的。近代科学特别是牛顿力学的发展渗透到经济学领域，导致了经济学中机械论传统的形成。罗根认为，不仅近代自然科学的基本知识和方法影响了经济学，而且近代科学在工业中的应用所形成的科学主义哲学观也影响了经济学。科学主义、技术乐观主义是机械论经济观的范式基础。罗根指出，“经济思想一直受到所处时代经济问题的影响。它也反映了自然科学中的思潮……经济学家在表述经济过程中开始忽视自然环境的时候，整个学术界的学术气质发生了转变，经济学家对环境的忽视反映了那个时代学术气质的转变。工业革命借助于机械的力量取得了史无前例的成就，这震惊了每一个人，以至于大家的注意力都集中到了工厂。新的技术设备触发了一个又一个势不可挡的伟大科学发现，这更增加了人们对技术力量的敬畏。这也诱发了文人们过高地估计，并且最终，对他们的听众过度吹嘘了科学的力量。自然，人们就不能想象人类自身还存在任何内在的真正的障碍。”[②] 也就是说，正是科学和技术在工业中的应用所取得的巨大成功，导致了科学主义、技术乐观主义哲学观的形成，而科学主义、技术乐观主义则导致了经济学中关于经济速度可以无止境增长、经济规模可以无止境扩大的机械论经济观。关于经济增长的乐观主义是关于自然科学的科学主义、技术乐观主义的必然延伸。因此，一方面，由于科学技术的伟大进

---

① 库尔特·多普弗. 2011. 经济学的演化基础. 锁凌燕译. 北京：北京大学出版社：6.

② 赫尔曼·戴利，肯尼思·汤森. 2001. 珍惜地球：经济学、生态学、伦理学. 马杰等译. 北京：商务印书馆：94.

步，人类已经取得了几乎是奇迹般的经济发展水平；另一方面，经济发展又进一步推动人类攫取自然资源以至达到了一个非常危险的地步。机械论经济观取得了巨大历史功绩，也存在明显问题，而超越机械论经济观中所包含的关于自然科学的哲学观是实现生态经济学范式转换的关键所在。从这个意义上讲，生态经济学的观念基础是对科学主义、技术乐观主义的批判与超越。

自然科学对生态经济学的产生也具有重大影响。最明显不过的例子是，在生态经济学家中有不少人本身就是自然科学家。举例来说，与生态经济学几乎同时问世并有相似观念的稳态经济观，其主要学者几乎全部都是自然科学家。戴利和汤森共同主编的《走向稳态的经济》一书，就是专门从现代科学视野——主要是热力学定律、一般系统论——论述经济系统与生态系统之间关系，论述主流经济学（特别是机械论经济观）与稳态经济观范式差异的论文集，该书作者中大多数人都是当代西方著名的生物学家、物理学家、文献学家和经济学家，不少学者任职于大学的生物学系、能源与资源系，甚至文献学系，这足以说明生态经济学与自然科学尤其物理学、生物学和系统科学之间不可分割的联系。同时，戴利在 1996 年出版的《超越增长：可持续发展的经济学》一书中，仍然沿袭他的研究路径，按照现代科学特别是系统论、热力学的基本观点来解释经济系统与生态系统之间的关系，并阐述了他的稳态经济观。特别值得一提的是，在《走向稳态的经济》一书的作者中包括了生态经济学的创始人博尔丁。事实上，博尔丁是一位系统科学的学者，当代著名的系统哲学家欧文·拉兹洛（E. Laszlo）在他的著作《系统哲学引论》一书中还专门介绍过博尔丁的系统论思想。

从生态经济学本身的内容来看，自然科学无疑是生态经济学的观念基础。生态经济学思想中明显透射出物理学、生物学等自然科学的基本观念。甚至可以说，生态经济学就是用自然科学研究经济问题的产物。同时，生态经济学的基本主张也可以用自然科学的基本原理加以说明。因此，生态经济学实质上是自然科学与经济学之间的一门交叉学科。其中，生物学、物理学、系统科学对生态经济学的影响尤大。限于篇幅，在此重点分析、热力学定律和一般系统论对生态经济学的基础性意义。

二、生态经济学与热力学定律

热力学定律（尤其热力学第二定律）对生态经济学有重大影响，是生态经济学重要的科学基础。对此可以从两方面去看：一方面，热力学定律的基本思想与生态经济学的基本观念有一致性；另一方面，生态经济学的基本理念能够从热力学定律得到合理说明。

热力学定律影响生态经济学最明显的表现是，很多生态经济学家运用热力学的核心概念——熵（entropy）来解释经济现象。稳态经济学的学者们是较早使用熵这一概念来研究经济问题的人，甚至可以说热力学就是稳态经济观的自然科学原型，稳态经济学就是热力学在经济学中应用和推广的结果。另外，美国学者里夫金（J. Rifkin）和霍华德（T. Howard）于1981年出版了《熵：一种新的世界观》一书，该书是第一部专门探讨熵与经济现象之间关系的专著，而这种探讨的结果其实就是提出了一种生态经济观。

生态经济学的基本主张是，经济系统是生态系统的一个组成部分，它们之间相互依存、相互作用形成统一的有机整体。从自然科学的视野看，经济发展过程其实就是经济系统与生态系统之间的能量变换过程，而热力学定律能够为这一能量变换过程提供科学的根据和说明。在生态经济学看来，由于主流经济学中的机械论传统将经济系统与生态系统割裂开来，没有认识到经济系统与生态系统之间的依存关系，而二者依存关系的实质就是在经济系统与生态系统之间存在着熵的变换关系。对这一关系的忽视是当代环境问题、生态危机的重要根源。热力学定律，尤其是热力学第一定律和第二定律是正确认识和处理经济系统与生态系统之间关系的科学基础。

（一）热力学定律的基本思想

热力学第一定律又被称为能量守恒与转化原理，它与细胞学说、生物进化论一起被并称为19世纪自然科学的三大发现，是马克思主义哲学产生的重要科学前提。

1847年，德国科学家赫尔姆霍茨（H. V. Helmholtz）在《论力的守恒》一文中提出了完整的能量守恒与转化原理，即自然界的一切物质都有能量，能量有机械能、热能、电磁能、光能、化学能、生物能等各种不同形式，其中任何一种形式都可以在一定条件下以直接或间接的方式转化为其他各种形式，而在转化过程中能量的总和保持不变。能量守恒与转化定律也就是热力学第一定律。后来，在卡诺（N. L. SadiCarnot）、开尔文（L. Kelvin）等工作的基础上，德国科学家克劳修斯（R. Clausius）在1850年发表论文提出：“在热的理论中，除了能量守恒定律以外，还必须补充另外一条基本定律——如果没有某种动力的消耗或其他变化，不可能使热从低温转移到高温”这条定律后来被称为热力学第二定律。克劳修斯的表述在现代教科书中一般被表述为：“不可能把热量从低温物体传到高温物体而不引起其他变化。”第二年（1851年），开尔文提出了热力学第二定律的另一种表述方式，开尔文的表述在现代教科书中一般表述为：“不可能从单一热源吸取热量，使之完全变成有用功而不产生其他影响。”克劳修斯和开尔文关于热力学第二定律的表述是完全等价的，他们都指明了自然界宏观过程的方向性或不可逆性。

（二）经济系统与生态系统之间关系的热力学解释

前已述及，热力学定律对生态经济学的一个重要影响就是用“熵”来定义经济学。熵，也即正熵，指的是系统的混乱度、无序度；反之，负熵（negative entropy）指的是系统的组织性、有序性。

把热力学与经济学联系起来的关键是能量的**可获得**性这一重要概念。按照热力学第一定律，自然界中的能量可以被利用但不能被消耗掉。既然如此，就无物可失。换言之，自然界中以各种形式被储存起来的功的总量从来就是恒定不变的。从这个意义上说，似乎并不存在生态经济学所担忧的经济发展导致自然资源耗竭的问题。但是，生态经济学所关注的问题是，如果能量流向人类能够获得的地方或状态，那经济发展就不会受到影响。反过来，如果能量流向人类无法获得的地方或状态，那就意味着生态系统的熵增大了，经济发展就会受到影响，生态环境就可能恶化。在这种情况下，功虽然存在但人类却无法获得更无法利用。

生态经济学认为，自然界的能量在转化为有用功的时候，以不同形式储存的功对人类的意义并不一样。如果能量由容易转化的形式变为不容易转化的形式，那就意味着能量系统的熵增加，在这种情况下即使能量没有消失甚至没有流向一个人类接触不到的地方或状态，经济发展也会受到影响，人类的处境会恶化。生态经济学将这种特性，即能量转化的难易程度，也即把储存的功转化为可利用的功，称为可获得性。可获得性其实就是熵的一种度量方式，能量可获得性越大，意味着系统的熵越小；能量可获得性越小，意味着系统的熵越大。如果自然界储存的功大部分都能够转化为人类可以利用的功，那么这种能量就是可获得性高的能量，或称之为高等级能量；反之，如果能量只有少部分能够转化为可以利用的功，那这种能量就是可获得性低的能量，或者叫做低等级能量。衡量能量可获得性的标准是物质本身的温度与周围温度之间的差异，这个差异越大，能量的熵就越小，其可获得性越大，物质中所包含的热能越容易转化为可用功，对经济发展越有利。反之，物质本身的温度与周围温度之间的差异越小，能量的熵就越大，其可获得性越小，物质中所包含的热能越难转化为可用功，对经济发展越不利。

因此，可以说自然界中的能量是以两种方式存在的：一是可获得的能量，即完全被人类控制的能量或自由的能量；二是不可获得的能量，即处于被束缚状态的能量，它是不可获得的或可获得性很低的能量。可获得的或自由的能量是有序度、组织性和差别性大的能量，其熵最小，因而能够被人类利用；不可获得的能量是有序度、组织性和差别性很小的能量，其熵最大，因而无法被人类利用。正是在这种意义上，可以将熵视为系统无序性、混乱度的量度方式。

按照热力学第一定律，能量的转化过程虽然没有使能量增加也没有使能量减少，但是这一转化过程却可能使能量从高可获得性的能量转化为低可获得性的能量、从自由能转化为被束缚的能、从有序度高的能量转化为混乱度高的能量、从高温差能量转化为低温差能量。简而言之，即从低熵能量转化为高熵能量。

按照普列戈金的耗散结构理论，熵的变化与系统做功的过程密切相关。系统一般可以分为三种，即孤立系统、封闭系统和开放系统。孤立系统就是与外部环境完全隔绝的系统，它与环境之间没有物质、能量和信息的交换；封闭系统与外部环境没有物质、信息交换但是存在能量交换；开放系统与外部环境有物质、能量和信息交换。当然，这种划分只有相对的意义，自然界并不存在完全意义的孤立系统和封闭系统。按照普列高津方程，系统与其外部环境之间熵值的变化可以用公式 ds＝dis＋des 来描述。其中，ds 是系统总熵的变化，dis 是由系统内部不可逆演化过程产生的熵值的变化，des 则是系统通过边界从外部环境中输送近来的熵值的变化。一般来说，在孤立系统和封闭系统中，ds 永远为正，因为它唯一地决定于 dis，对这样的系统来说，des 几乎为零，而 dis 在系统做功的情况下必然增大。在开放系统中，ds 可以出现三种情况：一是 ds＝0，即系统从外部环境吸收的负熵正好抵消系统内部做功产生的正熵；二是 ds＞0，即系统从外部环境吸收的负熵小于系统内部做功产生的正熵；三是 ds＜0，即系统从外部环境吸收的负熵大于系统内部做功产生的正熵。原则上来讲，在孤立系统和封闭系统中的自由能将会不断地并且不可逆地转化为被束缚的能，也就是从低熵的能转化为高熵的能，从高可获得性的能量转化为低可获得性的能量。如果将这一特性从热能推广到所有形式的能量，就是热力学第二定律，即在一个封闭系统中，熵（被束缚的能量）将持续不可逆地增加，这一系统将稳定地从有序走向无序。因此，在封闭系统中的任何情况下，自由能将降解为被束缚的能量。

从这个角度看，热力学第二定律的内容可以表述为："所有的物理过程，不论是自然过程还是经济过程，都是能量可获得性逐渐变小的过程。"此外，热力学第二定律的含义也可以从其他多种角度加以表达，例如，在任何能量的转化过程中，必然有一部分能量会被降解掉；在任何过程中，等量的热能都不可能转化为等量的有用功；在任何过程中，热都不可能由温度低的物体传向温度高的物体；一定的能量可获得性只能使用一次，也就是说，转化为有效功的能量不能被回收利用；在自发过程中，任何东西的浓度都趋于扩散，系统的结构趋于消失，有序趋于无序。如此一来，系统的有序度、熵、能量的可获得性等概念之间就存在着不可分割的联系。在系统的秩序与能量的可获得性之间存在着直接的联系，热力学正是通过熵这一概念建立起这种联系的。熵既是系统无序度、混乱度的量度，也是能量不可获得性的量度。换句话说，任何一个系统的熵越大，能量可获得性就越小；熵越小，能量可获得性就越大。因此，热力学第二定律还可以表述为："所有物理过程都是一个熵增加的过程。"

热力学定律对经济学有重要启示。用热力学定律来解释经济过程就可以发现，经济发展或人的经济活动过程都必然是熵增加的过程，也是自然资源可获得性减少的过程。如果不正确处理经济系统与生态系统之间的关系，经济发展的结果势必导致生态系统中熵的增加。按照热力学第一定律，则无物消失。人既不能创造物质也不能消灭物质。如果单纯从物理学的角度看，经济发展似乎仅仅是一种能量的转化过程而已，并不能引起能量的消失，也不能改变全部能量守恒的客观规律。但是，如果从经济学的观点看，生态系统向经济系统的"输入"与经济系统向生态系统的"输出"之间存在不对称性。经济系统是一个开放系统，它与生态系统之间在不断地进行物质、能量和信息的交换。经济系统从生态系统中输入的东西与经济系统反过来输入生态系统的东西是完全不同的。经济系统从生态环境中输入的是有价值的自然资源，而经济过程返还生态系统的却是毫无价值的废弃物。用热力学的语言来说就是，生态系统中的物质-能量以低熵的状态进入经济过程，而经济系统中产生的物质却以高熵状态进入生态系统。如果用熵来定义这一过程，那意味着经济过程仅仅是把有价值的自然资源（低熵）转化为废弃物（高熵）。所谓将低熵物质转化为高熵物质，并不是说经济发展过程中利用自然界的低熵原料生产出的产品是高熵物质，而是说经济发展、经济活动是一个包含诸多环节，如生产、消费等的过程，这过程中生产出来的产品当然是低熵物质，但是同时产生的废弃物及产品被人类消费以后产生的废弃物都是高熵物质，而这些物质是被人类按照"己所不欲而施于人"的错误原则排放到自然界的。其实，马克思对于这一问题早有独到论述。马克思指出，在资本主义制度下，社会化大生产生产出大量远离自然物自然形态的产品，产生大量废弃物和污染物，它们回到自然界之后无法重新进入自然界天然的物质循环过程，从而"在社会的以及由生活的自然规律所决定的物质变换的联系中造成了一个无法弥补的裂缝，于是就造成了地力的浪费，并且这种浪费通过商业而远及国外"。[①] 因而造成严重的环境问题和生态危机。

于是可以得出结论，"第一，人类经济奋斗的中心是环境中的低熵；第二，从不同的意义上讲，环境中的低熵比李嘉图的土地更稀缺。……人类不停地攫取自然资源不是一个对历史没有影响的行为。相反，从长远来看，这是一个有关人类命运的最重要的因素。这是因为物质-能的熵降解的不可逆性……"[②] 可以说，人类历史上的大迁徙与今天的登月计划都是试图获取低熵的努力。

---

① 马克思．1975．资本论．3卷（上）．北京：人民出版社：918～919.

② 赫尔曼·戴利，肯尼思·汤森．2001．珍惜地球：经济学、生态学、伦理学．马杰等译．北京：商务印书馆：93.

（三）热力学定律与生态经济学的范式基础

从以上分析可见，经济系统与生态系统之间的物质、能量和信息交换实质上是一种熵的变换过程。但是，不同的经济观会形成经济系统与生态系统之间不同的熵的交换模式。从特定意义上说，无论经济学还是经济发展都涉及对人与自然、经济系统与生态系统之间关系的处理。因此，经济学总是以特定自然观为基础，不同的自然观构成不同经济学范式区分的重要根据。机械论经济观以人类中心主义为指导，将经济系统与生态系统割裂，认为生态系统是经济系统的组成部分，经济发展是目的，而生态系统仅仅是经济发展的工具。用热力学定律来描述就是不断从生态环境中吸取低熵而忽视经济发展向生态系统输送的高熵。其结果自然是，经济系统的熵趋于最小而生态系统的熵趋于最大。以生态系统的熵增换取经济系统的负熵，这样的经济发展是不可持续的，因为生态系统中熵的增加最终会切断经济系统所需低熵的来源。因此，机械论经济观片面强调经济发展而忽视生态系统的承受力，突出当代人的利益而忽视后代人的发展权利。在此意义上，经济学家杰文斯（W. S. Jevens）甚至称主流经济学为关于“效用与自利心的力学”。[①]“工业繁荣带来的经济发展，对于我们现在的以及不远的将来还能享受到工业文明成果的人们而言，是一种福音；但是，如果人类的利益是拥有一个与地球上的低熵相匹配的生命周期，那么，整体而言，这必然有损于人类的利益”[②]。

可见，生态经济学的目的在一定程度上说就是要节约地使用生态系统中的低熵，这是一个攸关人类经济可持续发展并最终攸关人类文明延续的大问题。因此，没有什么事情比将经济系统视为孤立系统这一观念更需要进一步发展的了。

关于热力学定律与经济问题关系的研究，直接导向对主流经济学中所包含的机械论自然观的批判，导向对经济系统与生态系统之间关系的反思。自然观是时代的产物，机械论自然观相对于中世纪的有神论来说无疑是巨大进步，但随着社会的发展和自然科学认识水平的不断提高，人类已经认识到机械论的局限性，认识到需要赋予自然观以新的时代内涵，需要用新的自然观来替代机械论，从而推动经济学实现相应的范式转换。美国学者罗根等率先批判了主流经济学的机械论模式，认为在标准的主流经济学教科书中描述经济过程的循环图示，是一个处于完全封闭系统中动荡于生产和消费之间的钟摆运动。与此相应，主流经济学却忽视了经济系统与生态系统之间的有机联系，“历史上在经济过程

---

① 斯坦利·杰文斯. 1984. 政治经济学理论. 郭大力译. 北京：商务印书馆：40～41.

② 赫尔曼·戴利，肯尼思·汤森. 2001. 珍惜地球：经济学、生态学、伦理学. 马杰等译. 北京：商务印书馆：99.

和物质环境之间存在的持续的相互作用，对于标准的经济学家几乎毫无影响”。①机械论的经济图示完全违背了早期经济学家所提示的方向，因为早期经济学家非常关注经济过程与生态环境的有机联系。佩蒂就指出：“劳动是财富之父，自然是财富之母。”“人类全部经济历史证明，自然同样在经济过程和经济价值的形成中起着重要作用，这点是毫无疑问的。我认为，现在是接受这个事实并考虑自然界对人类经济问题影响的时候了。”②

生态经济学就是在经济学中批判、超越机械论的产物。生态经济学主张经济系统是生态系统的组成部分。既然如此，作为自然界的普遍规律，热力学定律当然就既适用于生态系统，也适用于经济系统，适用于经济系统与生态系统之间的物质、能量和信息交换。因此，热力学定律为生态经济学提供了重要的自然科学基础。生态经济学的基本观点可以用热力学定律来加以解释。生态经济学的主张实质上就是，经济系统依赖于生态系统，即经济系统必须不断地从生态系统中吸收低熵物质和能量，否则经济发展就是不可能的。因此，生态系统是经济系统的物质前提，必须珍惜这个物质前提。经济系统从生态系统中吸收低熵物质的时候必须考虑生态系统的承受力，考虑自然资源的有限性和再生能力。由于生态系统的低熵是有限的，必须对经济发展的速度和规模加以限制。经济系统不能片面地突出从生态系统中吸收低熵这一单向转化，还必须考虑对自然界中低熵的节约与保护，必须限制经济系统向生态系统输入高熵的规模。否则，经济增长一旦超过生态系统的承载能力，势必引起生态环境的崩溃，并最终导致经济发展的不可持续。

三、生态经济学与一般系统论

系统科学是从整体上探索复杂系统基本规律的科学理论和方法，其理论基础是一般系统论。一般系统论创立于 20 世纪三四十年代，主要创立者是美籍奥地利生物学家贝塔朗菲。但是，系统论的思想观点却源远流长，可以追溯到莱布尼兹（G. W. Leibniz）的自然哲学、黑格尔和马克思的辩证法。一般系统论的基本观点非常类似唯物辩证法关于普遍联系的观点，它反对机械论将事物看成彼此分离的孤立存在，认为任何事物都处在与其他事物的普遍联系之中，整个世界是由事物的普遍联系所形成的立体网络结构。每个事物都是处于普遍联系之网上的一个网上纽结，而事物本身也是具有自身内在结构的统一整体。按照

① 赫尔曼·戴利，肯尼思·汤森．2001．珍惜地球：经济学、生态学、伦理学．马杰等译．北京：商务印书馆：87．

② 赫尔曼·戴利，肯尼思·汤森．2001．珍惜地球：经济学、生态学、伦理学．马杰等译．北京：商务印书馆：88．

系统论的观点，系统是由若干部分（要素、子系统）相互作用而形成的整体，而系统本身又是更大系统的组成部分（要素、子系统）。整个世界就是由不同层次的系统组成的立体网络。

系统最重要的特征是整体性。贝塔朗菲认为，任何系统都是一个由部分（要素、子系统）组成的整体，系统整体的性质和特点并不是它的各组成部分（要素、子系统）性质和特点简单的、机械的相加。不是整体等于或小于其部分之和，而是“整体大于各部分之和”。系统内部的组成部分（要素、子系统）之间通过一定形式的相互作用形成系统的整体性。因此，系统的整体性表明系统的性质和特点并不仅仅取决于其部分，而且更取决于这些部分之间相互作用的形式和关系。正是部分之间相互作用的形式和关系导致系统整体性的产生。贝塔朗菲认为，为了理解一个整体或系统，不仅需要了解其各个部分，而且同样还需要了解它们之间的关系。贝塔朗菲所主张的从事物相互联系、相互作用中发现系统整体性和规律性，这被人们称为贝塔朗菲系统定律。这一定律是对自牛顿以来统治整个科学领域和人类思想的机械论观念的有力否定。贝塔朗菲定律表明，整体性不是系统各组成部分的机械“总和”，因为总和就是机械的会聚，可聚合也可分割。系统的整体性是部分通过有机关联而突现出来的新性质，这意味着系统必定会按照自己固有的规律发生变化。整体会制约部分，部分只有处于整体之中、与其他部分处于特定的有机关联中才是系统的部分，部分如果从整体中分离出来，也就是从与整体中其他部分的有机关联中分离出来，那就不再是特定系统的部分。这就是黑格尔说的“砍下来的手就不再是手”。因此，不仅部分之间通过有机关联而形成整体性，而且部分也体现系统的整体性。换言之，部分必须遵循系统整体的规律性。

贝塔朗菲认为，任一系统，不仅其内部各组成部分之间通过有机联系，即相互作用、相互关联而构成统一整体，而且系统与其外部环境之间也是有机关联的。系统内部的有机关联使系统成为整体，系统与外部环境的有机关联不仅能够形成更大的系统整体，而且使系统本身具有开放性。它能够不断地与环境进行物质、能量和信息交换。不同系统的各组成部分之间相互作用关系和形式的不同，形成系统不同的结构。结构指的是系统诸要素的时空分布，是系统的构成方式。在贝塔朗菲看来，系统都是相对的，任何系统都是高一级系统的子系统，同时又是低一级系统的母系统。系统有层次、等级、秩序和组织性，有内部结构也有外部结构。结构与功能有关，系统内部结构的外在表现就是系统的功能。因此，应该不断调整经济系统的内部结构及其与自然生态系统的作用方式，使其功能不致破坏生态系统的整体完善。

可以说，系统论关于整体与部分关系的原理为生态经济学提供了科学上的原型。按照系统论的观点，经济系统是生态系统的组成部分，经济系统与生态系统中的其他组成部分之间存在着有机联系，它们彼此之间相互制约、相互作用从而形成不可分割的生态经济整体，这个整体具有经济系统和生态系统所不具有的新特征。生态系统整体性是生态系统最重要的性质。作为生态系统的组成部分或子系统，经济系统不能离开生态系统而独立存在，不能独立于生态系统的变化而变化。经济系统必须受生态系统整体的制约，必须遵循生态系统的基本规律。正如黑格尔所说："个别部分之所以有其优良的价值，即由于它们对全体的关系。"[①] 把握经济发展的基本规律必须在把握生态系统整体规律的基础上进行，经济发展必须与生态系统的其他组成部分保持和谐关系，作为生态系统子系统的经济发展不能破坏生态系统整体的和谐。

① 黑格尔．1997．哲学史讲演录．1卷．贺麟，王太庆译．北京：商务印书馆：11.

第四章 生态经济学的存在论前提

哲学是关于存在的学问，其根本问题是追问存在的意义。因此，研究生态经济学的哲学基础，一个根本问题就是研究生态经济学的存在论前提，从存在论层面思考生态经济学。生态经济学与机械论经济观具有不同的存在论前提，它的出现有其存在论根由。

第一节　存在论转向背景中的生态经济学

存在问题是科学的起点，也是哲学的起点，但二者是有区别的。具体科学研究的是具体存在者即存在的具体形态或方面，而哲学研究的是存在本身。亚里士多德在《形而上学》一书中，将对存在本身的沉思规定为“第一哲学”，以区别于具体科学。他将哲学的任务规定为“研究作为存在的存在（being as being)”。他说：“有一门学问，专门研究‘有’本身，以及‘有’凭本性具有的各种属性。这门学问与所谓特殊科学不同，因为那些科学没有一个是一般地讨论‘有’本身的。它们各自割取‘有’的一部分，研究这个部分的属性；例如数理科学就是这样做的。”[①] 同样，黑格尔在《哲学史讲演录》中也指出，“哲学以思想、普遍者为内容，而内容就是整个的存在。”[②] 他所说的“整个的存在”，指的就是存在本身。

从存在论层面看，当代哲学是对传统哲学特别是近代二元论哲学本体论的超越，所谓“当代”不是从时间意义上说的，更主

---

① 北京大学哲学系外国哲学史教研室．1981．西方哲学原著选读（上）．北京：商务印书馆．

② 黑格尔．1997．哲学史讲演录．1卷．贺麟，王太庆译．北京：商务印书馆：93.

要的是从其理论内涵上说的。从这种意义上看，马克思的哲学也被视为当代哲学。同时，在现象学运动中，海德格尔提出的基础本体论（生存论）引领了当代哲学的存在论转向。生态经济学的产生与当代哲学的存在论转向密切相关。因此，从当代哲学的存在论转向这一大背景中能够把握生态经济学的存在论前提。

一、传统哲学对存在的遗忘

在现代哲学中，海德格尔对于自柏拉图以来的理性主义传统进行了深刻批判，而批判的锋芒所向正是传统哲学的存在论。海德格尔的基本看法是，传统哲学遗忘了存在，错误地将存在者等同于存在，这一错误导致了传统哲学的知识论路向并衍生出近代工业文明的诸多问题。海德格尔所说的“对存在的遗忘”的主要含义是，传统哲学离开人自身的存在去对存在者作超验的抽象思辨。换言之，传统哲学追思存在的时候总是将存在与人的生存相分离，脱离人的生存去追问存在是什么。也可以说，传统哲学对存在的追问不是以人的生存为基础的。不以人的生存为基础也就意味着必然对存在作抽象的理解。这里所说的抽象是与“现实”相对的，由于传统哲学将存在与人分离开来，使哲学所谈论的问题对人来说不是现实的而是抽象的。可见，把握存在问题的核心正在于把握存在与人的关系问题，离开人去谈论存在必然导致对存在的抽象理解，只有将存在与人联系起来才有可能把握存在问题的真谛。

（一）存在与人的关系

从特定角度看，哲学对存在问题的追问不能回避一个重要而又基本的问题，即存在与人的关系问题。存在是与人无关的吗？存在是与人有关的吗？如果存在与人有关，那么应该在何种意义上去理解存在与人的关系？从这个角度看，自古以来的哲学无非有三个重要的思考路向。

一是认为存在仅仅与人相关，存在与客观事物无关。也就是纯粹以观念性的存在作为追问存在的出发点，认为一切存在都是人主观自生的。历史上最彻底的唯心主义学说，特别是主观唯心主义学说都是这方面的典型代表。其基本特点就是肯定只有主观的东西才是存在的，或者认为一切存在都是主观自生的。比如，中国哲学中所谓“心即理”、“心外无物”的学说，西方哲学中贝克莱(G. Berkeley) 的“存在就是被感知”等都是典型代表。显然，如果用这种观点来理解人类科学和文化，得出的必然结论就是：科学和一切人类文化知识都是主观自生的，是人自己的主观产物。这种观念在后现代主义哲学的某些流派（如知识社会学、社会建构主义）中仍然有一定市场。

二是认为存在与人无关，存在仅仅与客观事物有关。这种路向离开人自身的存在去追问客观世界的存在，认为客观事物客观存在着，它们的存在不以人的意志为转移，无论人们认识它们还是不认识它们，它们都客观存在着，这就是近代哲学唯物主义的基本主张。显然，如果以这种观点为基础来理解人类科学和文化，得出的必然结论就是：科学和一切人类文化知识都不是人主观自生的，不是人自己的主观产物，而是对客观事物本质和规律的正确反映，这就是传统哲学的真理观和科学实在论的基本观点。

三是认为存在既跟人有关，也跟存在者有关。存在乃是人与存在者之间的相互显现，是人对存在者之存在的理解和领悟。显然，如果以这种观点为基础来理解人类科学和文化，得出的必然结论就是：存在乃在世之存在，存在是在人的世界之中存在，而不是在人的世界之外存在；科学和一切人类文化知识既不是人的主观产物，也不纯粹是对客观事物本质和规律的正确反映，而是人对存在的理解和领悟，是存在的展现。

在哲学史上，上述三种关于存在与人的关系的思路都存在。以主体与客体两分的二元论为基础，传统哲学主要是在与人分离的意义上去把握存在的。在与人分离的意义上理解存在，其根本问题在于对存在之时间性和历史性的遮蔽，因为只有在与人相关的意义上，存在才有时间性和历史性。在与人分离的意义上，存在被视为与人无关的超验对象，被看成既成的、现成的、与时间和过程相对的存在形态。简而言之，即被等同于存在者。近代二元论哲学对存在的理解就是如此。近代科学实在论奠基于二元论。二元论决定了近代哲学的基本问题是人对超越于自身之外的客观事物的认识问题。人能否、如何和怎样去认识与自身分离的外在世界？这就是近代哲学的认识论转向。思维与存在、意识与物质、主体与客体、主观与客观的关系问题成为近代哲学的基本问题，近代哲学的全部流派——唯物主义与唯心主义、可知论与不可知论等都是对这一问题的不同回答而已。

离开人，在人自身的存在之外去规定存在，这是一种抽象的形而上学。将存在与人分离，势必导致将存在等同于存在者，将哲学的任务限定为对存在者的研究而遗忘了存在本身。因为人的存在是“去存在”，即在生存的展开过程中存在。人不是任何既成的或现成的存在者，人的存在具有时间性和历史性。因此，就人本身的存在来说，如果忽视人的“去存在”的本质特性，人的存在就会被视为既成、现成的存在者而不是在生存中展开的过程。就客观世界来说，与人无关的客观世界有变化、变异的特性，但是只有当这些特性与人的生存相关的时候，这个世界才具有时间性和历史性。因此，只有与人的生存相联系，客观世界的变化、变异特性才能转变为生存世界的时间性和历史性；只有人的生存能够赋予存在以时间性和历史性。反之，如果脱离人的生存去追问存在，就必然遮蔽存在的时间性和历史性，将存在等同于既成的或现成的存在者。所以，自在的存在——即与人的生存相脱离的存在者只有在人的生存的意义上成为人的活动对象时，它才真正进入历史过程，获得历史品格和历史内涵。人的生存是存在从单纯的变易性转变为历史性的存在论前提，也正因为如此，人的生存也相应地呈现出某种本体论上的优先地位。传统哲学主张脱离人的生存去把握存在，而生存论主张将对存在的追问奠基于人的生存之上。在传统二元论哲学看来，存在是与人无关的现成性、既存性；在生存论看来，存在是与人的生存相关的时间性和历史性。在二元论看来，存在就是与人无关的客观性；而在生存论看来，存在是在生存的展开过程中人对世界的理解和领悟。如果离开人的生存去追问存在就会将存在等同于存在者，也就是将存在等同于既存的、现成的东西。

（二）传统哲学的主要问题

传统哲学的问题在于，将存在等同于与人的生存相分离的客观世界，并且把这个客观世界视为静止不变的存在者，然后揭示这个客观世界的本质和规律，进而形成静态的知识和封闭的世界图式。显然，以这样的理性知识来指导人的感性生存，必然出现静态知识与人的感性生存的时间性、历史性之间的冲突；出现封闭的世界图式与人的生存展开过程的开放性之间的冲突。人的存在既然是“去存在”，而去存在就意味着存在是有时间性、历史性的，且这种时间性和历史性一定与人相关。由于传统哲学将存在与人分离，将存在等同于存在者，它仅仅将“是”作为名词来指称那个与人无关的、既成的或现成的存在者——客观世界，从而将科学、知识和真理视为主观对客观、作为主体的人对作为客体的存在者的正确反映，而这种所谓的正确反映就是用人的理性去把握存在者。于是，传统哲学总是离开人自身的存在，离开人的生存去勾画与己无关的自在、本然的客观世界的存在，或者试图追寻世界的自在、本然的形态和终结图式，并将对客观世界的正确反映和描述规定为不变的、永恒的真理。海德格尔所说的传统哲学对存在的遗忘，就是说传统哲学离开人抽象地谈论客观实在。从这个维度看，传统哲学的问题也可以分解为以下三个核心。

第一，客观主义、科学主义。它奠基于二元论本体论。二元论主张主体与客体、意识与物质、思维与存在二元分离。客体、物质世界是唯一真实的世界。在这一维度上，传统哲学的问题在于**知识论路向**：一方面，在知识的形成问题上，它将人抽象为脱离自身生存境域的思维主体——我思，认为思维主体能够离开人自身的生存去对客观世界进行超验思辨，并建构起以客体为中心的客观知识。在传统哲学视野中，科学、知识和真理都是关于客观世界的客观知识、客观真理。另一方面，在知识的价值和功能问题上，传统哲学主张以关于对象世界的客观知识作为人的感性生活世界的指南和主宰，主张真理、科学或客观知识对人的感性生存的优先性。知识论路向的根本缺陷在于，它在知识的形成与应用双重意义上忽视了人的生存之根，使人成为无根之存在，处于无家可归状态。事实上，客观的东西不一定符合人的生存；真的东西不一定善；真理不一定符合人文；合规律不一定合目的；关于既成、现存存在者的静态知识不一定符合人的不断展开着的生存。人所面临的生存问题不是客观知识所能够全部解决的。马克思已经注意到传统哲学的这一问题，他说："从前的一切唯物主义——包括费尔巴哈的唯物主义——的主要缺点是：对对象、现实、感性，只是从**客体**的或者**直观**的形式去理解，而不是把它们当做**人的感性活动**，当做**实践**去理解，不是从主观方面去理解。"① 从这个意义上说，超越传统哲学和传统科学观，包括生态经济学对机械论经济观的超越，关键就在于将科学与人文、真理与道德、合规律性与合目的性统一起来。

第二，形而上学。传统哲学特别近代哲学是一种本质主义的形而上学。自柏拉图以来，哲学将现象与本质两分，认为只有本质才是真实的存在。现象与本质二元区分的哲学观同样导致两方面的问题：一方面，在知识的形成问题上，它将哲学引向对本质世界的追寻，试图构筑起以本质为核心的形而上学。传统哲学观和科学观主张，科学就是关于客观事物本质/规律的形而上学；另一方面，在知识的价值和功能问题上，它以本质世界的客观规律凌驾于现象世界之上，造成对现象世界特别是人的感性生活世界的破坏。传统哲学的根本问题在于它是"形而上学"。"形而上"相对于"形而下"，"形而下"指的是现象世界，"形而上"指的是本质世界，是有形的东西背后无形的东西，也就是柏拉图所说的"理念"、"共相"、"本质"，等等。形而上学就是要追求"绝对知识"、"普遍真理"，这使得它只注重现存的、既存的东西，注重普遍必然性而无视人的感性生存的个别性、特殊性。在这个意义上，超越传统哲学观和传统科学观，关键在于对人的感性生存的关注。当代哲学的基本精神就是凸显人的前理性、前科学的真实生存。这一哲学精神被称为"以人为本"，以及"科学与人文的统一"。

第三，理性主义。柏拉图的理念论开创了西方哲学理性主义的先河。自古希腊以来，西方哲学的基本特征就是理性主义。所谓理性主义，同样可以从两个方面去理解，一是在知识的形成问题上，认为人应该而且能够运用概念、范畴、逻辑等理性方式去认识和把握客观世界的本质；二是在知识的价值和功能上，主张理性知识是唯一正确的知识，它可以解决人类面临的一切问题。后一种意义上的理性主义其实也就是所谓的科学主义。在理性主义信念的支配下，

① 马克思，恩格斯．1972．马克思恩格斯选集．2卷．中共中央马克思恩格斯列宁斯大林著作编译局译．北京：人民出版社：16.

整个西方文明的历史，就是试图构造一个理性主义世界并以此作为人类安身立命的基础与指南。黑格尔是理性主义的顶点。显然，人的感性生存并不是理性所能完全抽象的，理性不能解决人的感性生存所面临的一切问题。因此，与感性生存相分离的抽象理性，只能掩盖而不能消除生活世界内部的深刻矛盾，它一旦被作为原则贯彻到人的生活之中，就必然出现对感性生存的异化，从而走向自己的反面。

总之，传统哲学遗忘了存在，理性仅仅把客观事物当成科学考察的对象。但同时，人怎样对待物，人就怎样对待自己。传统哲学不是把人自身的存在看成一个不断展开生存的历史过程，而是看成一种既成的、现成的东西。同时，传统哲学用对待物的态度对待人，它无视人的特殊性，而将人视为与物没有任何区别的存在者，视为对象化的、已经完成的和固定的存在者。于是，人自身也沦为物，成为理性主宰的对象，这就造成人的物化状态。

二、马克思主义哲学的存在论维度

马克思从人与自然界之间的对象性关系出发，把人的因素引入对存在问题的理解，提出了“实践的人化自然观”。马克思的存在论思想集中表现在《1844年经济学哲学手稿》中对“对象性关系”的分析，在《关于费尔巴哈的提纲》、《德意志意识形态》等著作中又作了进一步的阐发。

（一）对象性关系的存在论意蕴

何谓对象性关系？与机械论哲学从彼此分离的意义上理解事物的存在不同，马克思从事物与事物之间彼此依存的关系中理解事物的存在。马克思认为，对象性关系是客观事物普遍具有的，相互表现和确证对方的存在、生命和本质的一种客观的必然关系。他以太阳和植物之间的关系来加以说明：一方面，太阳是植物所不可缺少的确证自身生命的对象——凡植物都是有生命的，这是植物的本质和存在方式。但是，太阳是植物确证自身生命所不可缺少的对象。如果离开太阳，没有太阳的作用，那么植物的生命就表现不出来。另一方面，植物又是太阳确证自身具有唤醒生命的力量这一本质所不可缺少的对象。可以说，离开太阳就不存在植物，离开植物也不存在太阳，太阳与植物都只能在它们具体的对象性关系中才能存在。可以说，对象性关系就是事物在对象中表现出来的自身的存在。

人与自然界之间的关系也是一种“对象性的关系”，它是在人与自然界之间存在着的一种相互作用、相互依存和相互制约的关系。与自然界中其他对象性关系不同的是，人与自然界之间的对象性关系是通过实践确立的。在马克思看来，实践是联结人与自然界的中介，正是在实践中，形成了人与自然界之间的对象性关系。也就是说，只有以实践为中介，与人照面的自然界对人来说才是现实的自然界，才是实践的对象，从而与人形成对象性关系，这样的自然界对人来说才是存在的。反之，没有进入人的实践领域、与人无关的自然界就不是人的对象，对人而言就是抽象的、不存在的。因此，马克思说："被抽象地孤立地理解的，自为的，被确定为与人分离开来的**自然界**，对人来说也是**无**。"[①] "**非对象性**的存在物，是一种非现实的、非感性的、只是思想上的即只是想出来的存在物，是抽象的东西。"[②] 而"在人类历史中即在人类社会的形成过程中生成的自然界，是人的**现实**的自然界；因此，通过工业——尽管以**异化**的形式——形成的自然界，是真正的、**人本学的**自然界。"[③] 人与自然界之间的对象性关系，与近代哲学二元论意义上的精神与物质、思维与存在、人与自然之间的关系根本不同。它们的根本区别就在于，对象性关系理论在对自然界存在的理解中引入了人的因素，从而避免了传统哲学离开人对自然界所作的抽象理解。近代哲学的存在论是二元论。二元论主张主体与客体、意识与物质、思维与存在二元分离。物质世界的存在与人无关，存在指的是在人之外的客观性。按照对象性关系理论，存在是在世之存在，离开人去谈论自然界的存在，或离开自然界去谈论人的存在都是不对的。人和自然界的存在也只能是在彼此之间的对象性性关系中相互确证的。人的存在决定自然界的存在，自然界也是在人的存在所设定的意义上存在。因此，对人来说，现实地存在着的自然界就是"另一个对他来说感性地存在着的人"[④]。

（二）自然科学与关于人的科学是一门科学

人与自然界之间的对象性关系是通过实践确立的。实践是一种对象性活动，即人对他的存在所设定的自然界的改造活动。由于自然界是人的对象性存在，实践既是人与自然界之间的关系，也是人与人之间的关系。人通过实践将自身的本质力量外在化、现实化、客体化，使自然界成为人化自然，人的存在也从自然界的变化中得到显现和确证。通过实践，人的本质力量凝聚和体现在作为对象的自然界之上，人的存在体现在自然界由于人的实践所产生和显现出来的新的规定性中。这样，人所面对的自然，就是人通过实践创造、占有和再生产的自然界，是获得了人的本质力量的自然界，即人化自然。人化自然是人的因

---

① 马克思 . 2008. 1844 年经济学哲学手稿 . 北京：人民出版社：116.

② 马克思 . 2008. 1844 年经济学哲学手稿 . 北京：人民出版社：107.

③ 马克思 . 2008. 1844 年经济学哲学手稿 . 北京：人民出版社：89.

④ 马克思，恩格斯 . 2007. 马克思恩格斯全集 . 3 卷 . 2 版 . 中共中央马克思恩格斯列宁斯大林著作编译局译 . 北京：人民出版社：308.

素与自然因素的统一，是人类实践的作品，是真正的、人类学意义上的自然界。实践是具体的，因而它赋予存在以具体性；实践是不断展开的过程，因而它赋予存在以时间性和历史性。马克思说："工业的历史和工业的已经生成的**对象性**的存在，是一本**打开了的关于人的本质力量**的书，是感性地摆在我们面前的人的**心理学**。"① 显然，人的本质决定了人与自然界之间对象性关系的独特方式，并通过自然界的变化显现和确证出来，这就是对象性活动的实质。由于人化自然是人的本质力量外在化、对象化的结果，人化自然就成为自然和人统一的基础和中介，对自然界的理解也就必然包含着对人的理解。相应地，自然科学的对象不是与人无关的自然界，而是由人的存在所设定的自然界，是人本身的对象性存在。不仅如此，这种对象性存在不是现成的或既成的，而是在实践中生成着的。马克思指出，"**工业**是自然界对人，因而也是自然科学对人的**现实的**历史关系，因此，如果把工业看成人的**本质力量的公开**的展示，那么自然界的**人的**本质，或者人的自然的本质，也就可以理解了；因此，自然科学将失去它的抽象物质的方向或者不如说是唯心主义的方向，并且将成为人的科学的基础，正像它现在已经——尽管以异化的形式——成了真正人的生活的基础一样。"② 于是，"自然科学往后将包括关于人的科学，正像关于人的科学包括自然科学一样，这将是一门科学。"③

（三）环境问题本质上是人的问题

由于人化自然也就是环境，环境是现实地存在着的人。环境是包含着人的因素的自然界，它是人的本质力量对象化的结果，相应地，所谓环境问题首先就是人的问题。环境美好首先是人的本质的美好；环境恶化首先是人的本质力量的恶化；环境危机首先是人的本质力量的危机。环境是人与人之间关系的纽带。正是在这种意义上，人与自然界之间的关系和人与人之间的关系是统一的，人与自然界之间的关系本质上就是人与人之间的关系，也可以说是人与自身的关系。相应地，不能抽象地离开现实的具体的人的存在去谈论所谓人与自然界之间的关系，也不能在这样的意义上去谈论所谓环境问题，更不能把环境问题看成是与人无关的一个客观问题。如果仅仅从这种意义上去解决所谓的环境问题，那就完全本末倒置了。只有从解决人的问题和社会的问题着手，才能从根本上解决环境问题。生态批判应该首先是人类文化的自我批判；协调人与自然界之间的关系关键在于协调好人与人之间的关系。马克思说："只有在这些社会

---

① 马克思．2008. 1844年经济学哲学手稿．北京：人民出版社：88.

② 马克思．2008. 1844年经济学哲学手稿．北京：人民出版社：89.

③ 马克思．2008. 1844年经济学哲学手稿．北京：人民出版社：90.

联系和社会关系的范围内，才会有他们对自然界的关系。”[①] 显然，这些思想对于今天我们正确把握可持续发展的实质，科学解决环境问题具有十分重要的指导意义。

三、当代哲学的存在论转向

在现象学运动中，海德格尔提出的生存论实现了现象学的存在论转向，为当代哲学奠定了存在论基础，同时也是对近代二元论哲学本体论的超越。生存论转向极大地影响了当代哲学的科学观。可以说，当代各门科学都自觉不自觉地在生存论的前提下谈论问题，都自觉不自觉地将人的感性生存作为根本关切，生态经济学也不例外。

（一）生存论的主旨

当代哲学在对实证主义、科学主义和理性主义的反思和批判中，开始关注前科学、前理性、前概念、前反思的存在（being）和人的生存（to be）。海德格尔在对传统哲学进行深刻批判的基础上，引领了现象学的存在论转向，提出了他的基础本体论——生存论。海德格尔认为，传统哲学以主体与客体两分的二元论将存在与人的生存相分离，以笛卡儿的“我思故我在”将人抽象为“我思”，从而不仅将存在等同于存在者，而且按照主观符合客观的思路，通过建立概念思维与存在的同一性，专注于存在者而淡忘了存在本身。传统哲学遗忘了存在本身，即遗忘了“存在者的去存在”（the to be of being），遗忘了存在的时间性和历史性，而这正是西方传统哲学知识论路向的本体论根源。传统哲学以理性主义的态度，专注于对存在者的逻辑构造和概念构造，与此同时却遮蔽了人与世界之前科学、前逻辑和前反思状态的“原初关联”，遮蔽了人在生存的展开过程中与世界的真实联系，以及对存在的真实领悟。在传统哲学的理性主义路向中，人与物的关系是知识论上的关系。人与物打交道的方式是用理性所构造的概念、逻辑去认识事物。人如此看待自己与周围事物的关系，也就必定在这种看法中规定人自身的本质。人的本质成为一种由理性所赋予的普遍性。在这样的规定中，存在本身即人的“原初在世”、人与世界的“原初关联”，人的最本真的生存被遗忘了。

首先，存在不是存在者，存在并不呈现为既成的、不变的形态。存在与存在者的根本不同在于，存在者是既存的、现成的，而存在包含着时间之维，它

---

① 马克思，恩格斯．1979．马克思恩格斯全集．6卷．中共中央马克思恩格斯列宁斯大林著作编译局译．北京：人民出版社：486.

的统一形态展现为一个过程。而存在的时间性与历史性根源于或奠基于人的生存的展开过程。因此，存在以人的生存为基础，离开人自身的生存就不可能把握存在的本来含义。海德格尔对存在与时间的关系，进而对存在与人生存的关系给予了最根本的关注，他认为，只有关注时间，才能把握存在。**存在的**时间性、历史性表现在，存在作为具体的统一体，作为人与世界的“原初关联”，总是要经历一个发生、发展和终结的过程。无论存在还是存在者都是**生存**的而不是**既成**的、**现成**的。就整体而言，存在的时间性和历史性在于不同存在形态之间的不断转换，这种转换绝不是物理学上所说的客观事物与人无关的运动、变化。不能离开人的生存来理解存在的时间性和历史性，而必须以人的生存为前提来把握存在的时间性。存在的时间性和历史性首先体现于**此在**（dasein），也可以说以此在为基础。所谓此在，就是在此时此刻真实地生存着的人，而且海德格尔指的主要是真实生存着的个人。此在这一概念的提出体现了对形而上学之普遍性、绝对性和永恒性的否定，以及对人的存在的特殊性、相对性和暂时性的强调。此在的特殊性在于他不是任何既成或现成的存在者，而是一个展开的过程。因此，作为此在的存在方式，在时间的各种形态中，未来具有优先地位。由于此在指的是人的个体性存在，所谓未来的重要性，也指的是个体生存的未来。未来之所以具有优先性，原因就在于此在不是既成的或现成的，而是与可能性相联系，即此在的存在是面向各种可能性而去存在的。可能性总是指向未来。肯定未来这一时间向度在此在存在中的优先地位，其实就是把此在理解为可能的存在：“此在总作为它的可能性来**存在**。”[①] 此在的存在方式是“**去**存在”。作为“去存在”，作为面向未来的可能存在，此在不仅与任何既成的、现成的存在者不同，而且总是展开为一个**自我筹划**的过程。

生存论的实质就是通过此在——人的生存特征的描述，重新记起被遗忘的存在，揭明人与世界的原初关联。在人与世界的原初关联中，人不是任何既定的实体或本质——不是任何生物存在体、理性存在者，而就是此在。此在唯一的规定性就在于对存在的领悟，除此之外别无其他任何规定性。海德格尔说：“**对存在的领悟本身就是此在的存在的规定**。”[②] 因此，此在与其他存在者的根本区别是，它不是简单地在存在者状态上存在着，而是靠着对存在的领悟而存在。因此，“领悟存在”即是此在的存在——生存。于是，此在乃是存在得以在其中敞开自身的场所。此在也因此具有了最真实的本体论意义。海德格尔说：“此在在存在者层次上的与众不同之处在于：它在存在论层次上**存在**。”[③] 海德格尔提

① 马丁·海德格尔．2012. 存在与时间．陈嘉映，王太庆译．北京：生活·读书·新知三联书店：50.
② 马丁·海德格尔．2012. 存在与时间．陈嘉映，王太庆译．北京：生活·读书·新知三联书店：14.
③ 马丁·海德格尔．2012. 存在与时间．陈嘉映，王太庆译．北京：生活·读书·新知三联书店：14．

出时间性的真正意义在于，他看到了此在是在时间中存在并不断展开自身生存的，而时间性的实质就是历史性与过程性。相应地，世界也就随着人的生存的展开而以不同的形象来与人照面，海德格尔也因此认为存在是在世之存在，是人对世界的领悟。存在不再是传统二元论哲学所说的那种与人无关的、唯一客观真实的存在，而是在人的生存的展开过程中对世界的理解和领悟，这种理解和领悟是随着时间的变化而不断改变的。世界不再是近代哲学所理解的不以人的意志为转移的客观存在，相反，它正是以人的生存为转移的。可以说，存在就是在人的生存的不断展开过程中不断来与人照面的世界，是人与世界的共同展开过程，没有进入人的生存视野中的东西就不存在。正是在这种意义上，海德格尔认为人是存在的看护者。海德格尔所强调的是，存在是人与世界的"原初关联"，是人在与世界的原初关联中对世界最本真的领悟，是人最真实的生存。相应地，如果脱离人的生存去谈论存在，就会把存在等同于存在者，并建构起关于这一存在者的理性知识，然后用这个理性知识来主宰人的真实生存，甚至凌驾于人的真实生存之上，这样的理性知识势必遮蔽和破坏人的感性生存。人一旦建立起一个逻辑的、理性的知识体系，人自身也就完全被安排进这个逻辑世界之中，完全按照理性知识的逻辑规则来生活。同时，人也就远离自己真实的"原初在世"，从而失去了在感性生存中的根，人的生存也因此被异化。

海德格尔哲学凸显了对现代科学、技术的批判态度，凸显了对人的真实生存的强调。对存在与存在者的区分，其意义在于将存在与人的生存联系起来，通过时间性与历史性的沟通，从生存的展开过程来把握存在。对存在的这种理解在哲学上所实现的根本变革，就是扬弃了传统哲学所理解的存在，以及人的既成性、现成性、预定性和终结性。生存论是对传统哲学本体论或传统形而上学的彻底反叛，它使本体论由知识论路向转到生存论路向。

（二）科学的存在论前提

马克思主义哲学的存在论，以及海德格尔哲学的生存论对于正确理解科学的本质具有重要意义。人的生存是人对世界进行理性认识的前提，不是"我思故我在"而是"我在故我思"。人的生存是人对世界进行认识的根，也是一切科学、知识的根，脱离这个根，知识会成为无根的东西，人也会成为无根的存在。如果没有人在自身的感性生存中与世界的原初关联，人与世界之间的理性认识，以及一切科学、技术和知识上的关联就是无根的。正是在人的生存中，我们才能够深入到人的文化生命的感性层面中。传统哲学知识论路向的失误正在于用科学的、逻辑和理性的知识遮蔽人的感性生命。当代哲学革命的主题就是要从存在论论上拯救出人的感性生存，关注人的感性生存并将其置于基础性、前提性的重要地位。

为此，理解科学的存在论维度，就是要返归人与世界之前理性、前科学和前反思状态的原初关联，这就必须区分存在与存在者。传统哲学的存在是指在人的世界或视域之外的存在，存在与人无关，存在就等同于存在者，等同于客观世界；而生存论认为，存在总是与人相关的，是在人的世界之中的存在，是在世之存在。换句话说，在人的世界和视域之外的存在者是客观的，但对人而言却不存在。因此，从传统哲学到海德格尔哲学、从二元论到生存论的一个根本转折就是，在对存在问题的理解上实现了从“在人的世界之外存在”到“在人的世界之中存在”的转折。存在本质上应该与人自身的生存境域相联系，离开人的存在就可能导致对超验的存在者的追寻而遗忘了存在本身。海德格尔说：“自然本身是一个要在世界之内照面并通过各种不同的途径、在各种不同的阶段上得以揭示的存在者。”[①] “世界对世内存在者起决定性的规定作用，从而唯当‘有’世界，世内存在者才能来照面，才能显现为就它的存在得到揭示的存在者。”[②] 以生存论来理解存在，就意味着人与世界的关系不再仅仅被规定为理性关系。同时，由于在时间维度上人的生存是一个展开过程，对存在的理解应该遵循解释学原则，即存在总是在解释途中。

人的感性生存作为科学的前提和基础，这在海德格尔那里被冠名为“前见”、“前理解”等。科学是人对于世界的理解和解释，是人的在世存在的方式。解释要随着人的生存的展开而展开，人对存在的领悟不可避免地要构成到科学之中。因此，科学总是包含着特定的解释模式，它是人理解世界的特定视域，而特定视域的形成则根源于人的生存，根源于人在其与世界的“原初关联”中对存在的领悟，它构成理解和解释的特定“境域”或“前见”。海德格尔指出，“解释一向奠基在一种**先行具有**……之中。作为领会之占有，解释活动有所领会地向着已经被领会了的因缘整体性去存在。对被领会了的、但还隐绰未彰的东西的占有总是在这样一种眼光的领导下进行揭示的：这种眼光把解释被领会的东西时所应着眼的那样东西确定下来了……任何解释工作之初都必然有这种先入之见，它作为随着解释就已经‘设定了的’东西是先行给定的，这就是说，是在先行具有、先行视见和先行掌握中先行给定的。”[③] 从这种意义上说，科学就是人在自身生存的展开过程中对存在的“去蔽”，是在特定视阈中向人显现和

① 马丁·海德格尔．2012. 存在与时间．陈嘉映，王太庆译．北京：生活·读书·新知三联书店：75.

② 马丁·海德格尔．2012. 存在与时间．陈嘉映，王太庆译．北京：生活·读书·新知三联书店：85.

③ 马丁·海德格尔．2012. 存在与时间．陈嘉映，王太庆译．北京：生活·读书·新知三联书店：175～176.

敞开的存在。正是在这种意义上，科学是人的在世存在的方式。具体地说，任何科学都是具体的、历史的，它要受人的生存的影响和制约，并随着人的生存的变化而发展。同时，由于人的生存的展开表现为时间性、历史性，科学的发展也就表现为一个不断转换的过程，科学发展的过程是人的生存形态不断转换的反映。这就是科学和科学史的存在论之维。

（三）后现代科学实在论

基于存在论转向，当代科学哲学也出现了新的态势，这一态势展开为多元维度：从以客体为中心理解科学转变为从以人的生存为中心理解科学；从破除知识论路向的科学转变到构建生存论路向的科学；从把科学视为人与自然界之间的理性关系或认识关系转变为把科学视为人的在世方式；等等。具体表现为对科学主义的批判和反科学思潮的流行；强调科学文化与人文文化的统一；科学伦理学、技术伦理学的兴起；等等。从传统科学实在论到后现代科学实在论的转折是所有这些方面的核心问题。

后现代科学实在论的实质是生存论维度的凸显，而这一凸显的核心也正是从传统科学实在论到后现代科学实在论的转折。基于二元论的传统科学实在论由于主张科学的实在性就在于它的客观性，它实质上也就确立了近代科学乃至整个近代文化的理性标准，即客观性、理性成为一切文化之合理性的唯一判据，人类的文化世界也因此被撕裂为“真”与“假”两瓣。这一方面为科学的话语霸权和文化帝国主义提供了实在论前提，另一方面又导致了人类文化多样性的危机。从某种意义上说，近代文明的历史就是“真”对“假”、理性主义对非理性主义、科学主义对人本主义的战争。为此，后现代科学实在论以瓦解科学的客观性为己任：它一方面批判传统科学实在论把科学的实在性等同于客观性，另一方面又凸显科学中人的地位和作用。后现代科学实在论的努力显然是有意义的，也提出了不少有价值的思想。但是，任何不从存在论的根基处加以审视的实在论主张都有可能走错方向。

近代以来的哲学所关注的中心问题，是从客体到主体这一逻辑过程中所形成的知识的合理性及其认识论、方法论问题。与此根本不同，现代科学哲学人本主义转向的主旨则在于凸显科学的生存论界面。这本来有其存在论的根据，是有积极意义的。但如果走到极端甚至把科学完全视为人的建构，进而彻底否定科学的客观性，那就走到了与传统科学实在论相对应的另一错误极端。当代哲学中甚嚣尘上的科学知识社会学、社会建构主义等学派都存在着彻底瓦解科学客观性的极端主张。有人提出，“认识到科学是我们自身的东西，而不是那种对我们认识负责的实在。知识，就如同国家一样，是人类行为的产物。”[①] 按照马克思的对象性关系理论，存在是在实践中形成的对象性存在，既然是“对象”，就是二者关系。科学作为人的实践方式，作为对象性关系的表现形式，其中当然包含自然。“因为人和自然界的**实在性**，即人对人来说作为自然界的存在以及自然界对人来说作为人的存在，已经变成实际的、可以通过感觉直观的，所以，关于某种**异己**的存在物、关于凌驾于自然界和人之上的存在物的问题，即包含着对自然界的和人的非实在性的承认的问题，实际上已经成为不可能的了。”[②]

按照笛卡儿的二元论，自然界在人的世界之外存在，而按照海德格尔的生存论，存在是在世之存在。因此，自然界在人的世界之中。既然自然“在之中”，那也就意味着科学中有自然界的实在因素，而不能说科学中没有自然界的实在因素，这就是科学具有客观性的存在论根据。基于二元论的传统科学实在论的真正问题在于，由于二元论主张主体与客体两分，因而立足于从客体出发去解释世界，而忽视了客体与人的生存之间的原初关联，把人排斥于科学之外。它认为自然界在人之外、与人分离，因此，在科学实在论上主张科学之中没有人，存在就是物质，实在性就是客观性。

海德格尔的生存论主张“在之中”，因而在科学中不仅有人而且有自然界。事实上，海德格尔哲学源于对理性形而上学的批判，而理性形而上学基于二元论本体论，并将着力点集中到客体，从而脱离了人的生存。这就是理性形而上学的本质，同时也是其主要问题。因此，海德格尔试图颠覆形而上学，返还人与世界之间的原初关联。既然是“关联”，那就说明人和自然界都在场，否则二者之间没有关联的问题。作为这种原初在世，科学当然包含着自然界的实在因素。可以说，科学就是人与自然界的相互显现。

近代科学实在论的根本问题在于，不是从“在世”、“原初关联”、“生存”、“实践”、“对象性关系”、“生活世界”的视野去理解存在，因而也就不是从这一存在论视野来理解科学的实在性。它不懂得存在及实在必须在人的生存或实践的展开过程中才能被解蔽和出场。但是，后现代科学实在论特别如社会建构主义的一些极端主张却走到了另一极端，它们纯粹从主体、人这一方面来理解存在和科学的实在性，相应地也就把自然界从“世界”中去除掉了。因此，它们同样不是从“在世”、“原初关联”、“生存”、“实践”、“对象性关系”、“生活世界”的视野理解存在和科学的实在性，其错误与二元论的存在论和传统科学实在论如出一辙。殊不知，就如同自然界的存在需要人的生存来解蔽和确证一样，

---

① Simon S. 2011. Leviathan and Air-pump: Hobbes, Boyle, and the Experimental Life. NJ: Princeton University Press: 343.

② 马克思 . 2008. 1844 年经济学哲学手稿 . 北京：人民出版社：107.

人的存在也需要自然界来显现和确证。如果科学只是人的游戏、叙事、建构，与自然界无关，那这样的人和科学且不同样是抽象的人和科学？

（四）两种文化的统一

对存在论问题的分析，使我们对科学文化与人文文化的关系问题有了新的认识。当代哲学之存在论转向在科学哲学中的一个基本表现就是沟通科学文化和人文文化，这种走向是批判近代机械论、二元论哲学，反思近代工业文明和科学主义的必然结果。沟通科学文化和人文文化的目的是要突出人文关怀。但是，应该注意的是，如果认为近代机械论科学不存在人文关怀，那就大错而特错了。如前所述，近代机械论解释模式的形成也有其深刻的人文根源，机械论是在特定的社会历史文化背景下形成的，它有其特定的人文关怀和价值关怀。从存在论视野看，近代科学同样是人的在世方式。海德格尔在《存在与时间》里反复强调：科学作为一种认识“是此在在世的一种样式”，“认识是在世的一种存在方式”。[①] 但科学不是人的唯一在世方式，“科学研究既不是这种存在者唯一可能的存在方式，也不是它最切近的可能存在方式”。[②] 传统哲学的根本问题在于把认识当成了此在在世的唯一样式。这也就是我们说近代科学缺乏人文关怀的唯一含义。

历史上的科学都有其特殊的人文关怀，或者说有其特定的人文根基，它总是与特定的人文文化相统一的。但是随着人的生存的展开，科学往往又与新的人文文化相对立，从而遮蔽了新的人文关怀。因此，不能笼统地谈论科学与人文的对立。问题的实质在于科学与何种人文文化统一，又与何种人文文化对立。随着生存的展开，科学与人文总是在对立与统一中向前发展的。因此，严格说来，科学与人文统一的实质在于人文文化的转换，在于支配科学的文化观念和价值观念的转换。近代科学与特定的人文文化是统一的，而与特定的人文文化又是对立的。近代机械论科学技术在一定历史时期是符合特定人文精神的。但是，随着历史的发展，机械论科学技术的种种弊端暴露出来。这样，机械论科学技术又在更深的层次上与人文精神相对立。在这个过程中形成了新的人文精神，它要求科学技术应该有新的人文关怀，它呼唤一种新的、包含着新的人文关怀的科学技术的产生。因此，正是人文文化的转变推动了近代机械论科学技术及其自然观向现代有机论科学及其自然观的转折。从这个意义上说，当代哲学中诸如“索卡尔事件”、“科学大战”，以及后现代主义围绕科学的实在性，以及科学与人文而展开的争论无非是人文文化的自我批判，是重建新的人文文化所做的努力。后现代科学实在论对科学之客观性的瓦解和对科学中人的因素的

---

① 马丁·海德格尔.2012. 存在与时间. 陈嘉映，王太庆译. 北京：生活·读书·新知三联书店：71.

② 马丁·海德格尔. 2012. 存在与时间. 陈嘉映，王太庆译. 北京：生活·读书·新知三联书店：141.

强调，无非是借助自然界来为人类文化确立新的坐标而已。

同样，应该在上述意义上来理解诸如科学主义与反科学思潮，以及科学是天使还是魔鬼的争论。一方面，按照马克思和海德格尔的存在论，人的生存和本质须由自然界来确证，因此，科学乃是确证了的人的本质。但在生存与时间之维上，人的生存的展开要求不断扬弃科学的片面性。如同在特定生存样式中科学成为人的本质的展开一样，在变化了的生存样式中，人的生存呼唤扬弃传统科学并催生一种新的科学。任何时代的自然之展现都是人的本质的确证，相应地，任何时代的科学也都是人的本质力量的确证，都指认了不同的人文关怀。从这种意义上可以说，反科学思潮与科学主义一样都是人的生存之展开，是来自生活世界的呼唤。另一方面，自然的本质要由人来确证，而科学就是这一确证的工具与中介。也就是说，自然通过科学进入人的生活之中，从而改变了人的生存，在这一改变中，人感受到了自然的力量，对它给予善与恶的评价并形成对待科学的基本态度。如同实践是人的感性生活及其异化之可能性的扬弃一样，生存也是人的自我批判过程，正是在这一自我批判过程中，科学作为人的一种在世方式，作为生存之自我批判所指向的对象，它当然也逃脱不了不同的评价与批判。相应地，自然界对人也展现为不同的形象。

按照马克思主义哲学的存在论，科学的对象是人化自然，实践和生存的展开过程表现为对科学的批判过程，也表现为对自然不同的去蔽方式，它使自然以不同的形象来与人照面。因此，反科学、解构科学的客观性、讨论科学是天使或是魔鬼，这些问题通通都只能从实践、从生存论的根基上加以讨论才是有意义的，否则，必然把问题抽象化。因为科学与人文的矛盾只能在生存的展开过程中才能获得解决。按照马克思的哲学，科学的实在性乃是在实践中人所确证出来的自然界的本质，因此科学中包含了人的形象。但是随着实践的发展，科学中所包含的人的形象可能转变为非人性的，为此，对这样的科学当然就要反对，要批判。反科学思潮本质上就是人类文化的自我批判。按照海德格尔的生存论，科学乃是存在的展现与去蔽，而去蔽根源于人的生存的展开，因此，科学问题总是表现为人的生存问题。当代哲学中围绕科学实在论，以及科学与人文的争论无非是人类对近代以来的在世方式的批判性反思，是在这种批判之后找寻新的“去存在”的生存方式的努力。

学术界关于科学伦理学、技术伦理学的讨论也应该从实践、从生存论的基础上加以理解。从本质上说，科学伦理学、技术伦理学的兴起，体现了从传统哲学以客体为中心的思路到当代哲学以人为中心的思路的转变，是生存论路向的体现。但是，对科学与伦理、技术与伦理之间关系问题的讨论，一方面，要强调科学、技术的生存论界面，凸显伦理学对于科学、技术的意义；另一方面，又不能因为对伦理的过分凸显而以某种凝固化的伦理观去评判科学和技术，甚至对科学和技术作最终裁决，否则就会成为一种新的形而上学。必须从实践、生存论的视野去理解科学与伦理、技术与伦理之间的关系。实践和生存都是一个展开的过程，随着实践和生存的展开，人的伦理观也是不断变化的。我们看到，在科学史的特定发展阶段，当科学、技术的发展与人的伦理观念相矛盾甚至对立时，往往会基于当时的伦理原因而限制科学、技术的发展。但是，随着生存的展开和实践的深化，往往又不是该项科学或技术被取消掉，而是人们的伦理观本身发生了改变：先前不能被接受从而被限制的科学、技术现在却受到新的伦理观念的接受与支持。

因此，任何一个时代特定的伦理观念对科学、技术的肯定或限制都是合理的，但如果将任何一个时代的伦理观念凝固化，并以此为标准去决定某种科学、技术的命运则又是荒谬的。科学史上，一些人试图以当时的伦理观为标准充当法官，遏制甚至取消某些新兴科学、技术的发展，但是随着历史的发展可以发现，这些曾经想当法官的人往往反而成为科学史和人类文明史的被告。历史上宗教教会对待哥白尼理论的态度，对伽利略、布鲁诺的审判都是这方面的典型例证。可见，对科学、技术的评价，以及科学、技术存在的合理性都只能在实践、生存、时间和历史的视野中才能得到说明。布鲁诺为科学殉道和伽利略被终身监禁跟他们今天受到我们的尊敬一样，都是历史地合理的。

英国科学家和文学家斯诺（C. P. Snow）说：“科学文化确实是一种文化，不仅是智力意义上的一种文化，而且是人类学意义上的一种文化。”[①] 萨顿（G. Sarton）也指出，科学的历史“从最高意义上说，它实际上是人类文明史”。[②] 对解释模式转换问题的研究表明，科学与人文不仅是统一的，而且它们就统一于科学对自然界的解释模式，统一于人的生存。解释模式转换的历史也是人类学意义上的文化史和文明史。

四、生态经济学与机械论经济观的存在论差异

当代哲学的存在论转向成为当代科学的哲学语境，各门科学其实都自觉不自觉地在这个语境中展开自己的理论主张。从存在论维度看，生态经济学绝不仅仅是一种经济学思想的变革事件那么简单，它很大程度上是经济学发展中的一次存在论转换。生态经济学提出的经济观只不过是经济学学科发展的表层，其深层却是存在论的变化。

从本质上说，机械论经济观是经济学中的一种物质形而上学，与此相关的

① 查·帕·斯诺．1987．对科学的傲慢与偏见．陈恒六，刘岳译．成都：四川人民出版社：15.

② 乔治·萨顿．1987．科学的生命．刘郡郡译．北京：商务印书馆：127.

另一面是，它具有**非德性**的维度。作为对这一问题的超越，生态经济学主张的是一种**德性**的经济学。

传统哲学的二元论也体现在经济学中，甚至可以说二元论是机械论经济观的本体论前提。机械论的经济观在存在论维度的主要问题包含以下三个方面。

第一，它是一种理性形而上学。机械论经济观是一种知识论，它将经济发展作为经济学研究的对象、客体，着力点在于揭示这一客观对象的本质和规律并构筑起关于经济发展的客观知识，然后运用这些客观知识来指导人的经济活动。机械论经济观就是这样一种理性形而上学。它当然有其积极意义，但是，对经济发展的理性建构包含着对本源性经济生活的抽象，它势必遮蔽经济生活的特殊性和丰富性。同时，如果在经济生活中单纯强调客观经济规律的作用，就会只注重经济活动的合规律性而忽视经济活动的合目的性，从而掩盖本源性经济生活世界的复杂矛盾，关于经济发展的客观知识势必与人的需要和目的之间发生冲突。上述两方面的问题归结到一点就是经济活动的理性化，它表现为经济活动过程中理性形而上学对人的感性生存的异化，这实质上就是经济发展过程中的现代性在经济学中的存在论根源。

由此可见，机械论经济观主要是近代自然科学那样的实证主义、知性科学，它是“只见事实的科学”，注重求真而忽视求善；注重合规律性而忽视合目的性；注重客观事实而忽视人的感性生存。其根本问题就在于遮蔽了人的感性存在的具体性。与近代哲学的基本问题一样，经济学中知识论路向的根本问题在于科学主义，它的直接结果就是遮蔽了经济发展的人文维度。机械论经济观本质上是没有人文关怀的。正是在这里，生态经济学超越了主流经济学的存在论基础。

第二，它是一种经济形而上学或物质形而上学。知识论路向、理性形而上学与经济主义和物质主义直接相通。对客观规律的过度强调，导致经济学的知识论路向，它将全部经济活动抽象为僵死的物质过程。以这样的经济观为指导的经济发展，片面地将人抽象为理性经济人，仅仅注重人的物质需要的满足，经济增长、物质水平的提高成为经济发展的唯一目的和衡量标准。由此，人的全面发展就被忽视了。经济学的“效率观点……只涉及事物的物质方面和利润。它肯定没有涉及人——实际地介入生产过程的人”。[①] 因此，生产进步了，人本身却退步了，生态环境也恶化了。正如有的学者所指出的那样，“传统经济学是社会科学中唯一的像自然科学那样运用数学的科学，马克思说过一门学科的科学性是取决于其应用数学的程度，而经济学应用数学的程度已经超越了生物学与化学，而接近于物理学，因而经济学也像物理学把握物质客观规律一样科学

① 赫尔曼·戴利，肯尼思·汤森．2001．珍惜地球：经济学、生态学、伦理学．马杰等译．北京：商务印书馆：189.

地、客观地研究经济现象运行的物质般的规律。因而经济学研究者往往只‘见’经济之‘物’的运行规律，而难以‘见’超越物质利益追求的自由个性全面发展的文化人、道德人和生态人。他们所见到的人，只是‘物化’了的‘人’，即以最小的代价追求物质利益最大化的‘经济人’。他们看人只看到人的单面的‘物欲’的追求，而漠视或忽略人的‘自由自觉的活动’的‘类本质’或精神性的追求”。[①] 因此，如果说机械论经济观还有人文关怀，那么，它的人文关怀仅仅在于关心人的物质需要的满足，与人的生存直接相关的更多非物质方面的需要则被遮蔽和忽视了。

第三，它遮蔽了经济发展过程中的时间维度。机械论经济观仅仅强调坚持经济规律，这意味着经济发展过程中的时间维度至少在双重意义上被遮蔽了：一是经济发展只需考虑人的现实的物质需要，而不必考虑经济发展的生态后果对人的未来生存的影响，这显然不仅是对人的全面发展和人的感性生存的漠视，而且是对人的未来生存的漠视；二是在经济发展过程中只需要考虑当代人的现实利益的满足，而不必考虑经济发展的生态后果对人类长远发展的影响，这也就是忽视了经济发展中的代内公平和代际公平等伦理维度。对代内公平和代际公平的忽视其实也就是对经济发展过程中的时间、空间维度的忽视。

与机械论经济观不同，生态经济学突出了经济学的人文维度、德性维度，它倡导的是一种有人文关怀的、德性的经济发展观。生态经济学不仅强调经济发展应该遵循客观经济规律，而且强调经济发展应该符合人的目的，即应该以人的感性生存为目的。生态经济学的人文维度与它的有机整体论自然观是相通的，它认为经济发展不仅应该遵循经济规律，而且应该遵循生态规律。对生态规律的强调本身就使生态经济学具有了人文意蕴，这一主张也具有双重的人文意义。一方面，它意味着经济发展不能以满足人的物质需要为唯一目的，还必须在经济发展的同时保持良好的生态环境，因为良好的生态环境也是人的一种生存需要。从这个意义上说，生态经济学不再将人设定为经济人，而是设定为全面发展的人；不再将经济增长、物质水平的提高作为经济发展的唯一目的和衡量标准，而是将人的感性生存和全面发展作为经济发展的目的。另一方面，它意味着经济发展不仅是当代人的权利而且是后代人的权利，经济发展不应该只满足当代人的需要，而且应该保障后代人的利益。因此，强调在经济发展过程中坚持生态规律实质上包含了对代内公平和代际公平等伦理问题的关切。在这种意义上，戴利指出，生态经济学范式的出现是人类伦理观、价值观转折的一个表现。“思想意识、伦理上的变化

---

① 张连国．2005．从传统经济学到生态经济学．社会科学辑刊，(3)：60.

以及伦理的批评也是社会科学范式变化的源泉。”①

可见，在自然观层面，生态经济学实现了从“生态系统是经济系统的组成部分”到“经济系统是生态系统的组成部分”的转变。与此相关的是，生态经济学在存在论层面开启了经济学的人文维度，这一开启的直接体现就是经济发展过程中的价值、伦理层面的凸显。

第二节　生态经济学的价值论、伦理学基础

生态经济学在存在论上实现了从知识论到生存论、从“以客体为中心”到“以人为中心”、从物质形而上学到人的全面发展等多维度的转变。生态经济学与机械论经济观在存在论上的差异最直接地表现为它们在价值论、伦理学基础上的差异。

一、生态经济学中的事实与价值

以笛卡儿的二元论为本体论前提，18 世纪的英国哲学家休谟提出了事实与价值的关系问题。这一问题的重要性在于它涉及伦理关系的基础。事实与价值是分离的吗？从事实中能否推论出价值？从事实中如何推论出价值？如此等等。这些问题自休谟以来一直是困扰伦理学家们的中心问题。按照生存论的主张，存在乃是在世之存在。自然界总是在人的生存的展开过程中存在。因此，自然界的存在与人的存在彼此不可分离，关于自然界的事实判断（自然观）与关于人自身的价值判断（价值）是相互依存的。按照马克思的对象性关系理论，人与自然界之间的对象性关系是在实践中形成的，相互表现和确证对方生命、对方存在和对方本质的关系。人与自然界是相互确证的，人的存在决定自然界的存在，自然界的存在决定人的存在。人和自然界的存在彼此不可分离。生态经济学以生存论为其存在论前提，主张事实与价值、“是”与“应该”具有紧密的内在联系。

在生态经济学中，事实与价值的关系问题表现为自然观与价值观和伦理观之间的关系问题。生态经济学既是奠基于物理学、生物学等自然科学知识基础上的关于事实的科学，更是以人的感性生存为最终关切的价值论、伦理学；既是以特定自然观为基础的，又包含特定的价值观、伦理观。不仅如此，生态经济学中的事实与价值、自然观与价值观和伦理观之间不是相互分离的，而是相互依存的。事实决定价值，自然观决定价值观。如此两极相通，异化的自然观

① 赫尔曼·戴利，肯尼思·汤森．2001. 珍惜地球：经济学、生态学、伦理学．马杰等译．北京：商务印书馆：20～21.

必然导致人的价值观、伦理观的异化。在生态经济学看来，生态系统中低熵的物质-能量是人类实现终极目的的终极手段。对人类而言，经济发展只是实现终极目的的手段而不是终极目的本身。从根本上说，人类最重要的经济问题是明智地利用最终手段为终极目的服务。也就是说，正确的经济观应该是，充分利用生态系统中的低熵物质和能量，通过发展经济来为人类的终极目的服务。机械论经济观在自然观上的问题是，忽视生态系统对经济系统的制约作用，相应地也就意味着在价值观上对人的终极目的的忽视，它在自然观上的问题与在价值观上的问题是二而一、一而二的。由于机械论经济观过分关注经济增长，从而导致了它的双重漠视：在自然观上忽视了生态系统对经济系统的制约，忽视对自然资源的节约和保护；在价值观上则忽视了人的终极目的。对此，戴利指出，主流经济学“仅仅看重中间这段，经济学自然与终极的或绝对的东西不沾边，这些东西只出现在两端；这样考虑问题使得经济学错误地认为，在竞争性目的和稀缺手段间的中间范围的复杂性、相对性和替代性代表了整个序列。经济学家的范式中缺少绝对的极限，因为绝对的东西仅仅出现在这个序列的两端，并被排除在我们的焦点之外。甚至伦理学和技术对经济学家来说也只是边缘学科”。[①] 正是在这种意义上，戴利认为，主流经济学的问题是，“政治经济学这个道德的科学却堕落为政治经济的不道德的游戏”。[②]

由于上述双重漠视，“增长经济学既是非常物质化的，也是极其非物质化的。在忽视最终手段和热力学定律时，增长经济学表现的物质性很不够。在忽略终极目的和伦理时，却又表现得非常物质化”。[③] 也就是说，主流经济学的双重漠视导致它存在双重问题。在自然观方面，它忽视了经济增长的自然前提，忽视了生态系统、自然资源对经济增长之承载力的有限性，只注重无限的经济增长对人的无限需求的满足，而忽视了无限经济增长的有限的自然前提，从而导致资源枯竭和经济发展的不可持续性危机。从这个意义上讲，它是极其非物质化的。在价值观方面，它只关注经济增长对人的物质需求的满足，因而是一种物质主义、经济主义。它将人抽象为经济人，将人物化，导致人的生存的异化。从这个意义上说，它又是非常物质化的。物质化与非物质化的统一、自然观异化与价值观异化的统一，其客观表现就是自然的异化与人的异化的统一。

简而言之，自然观的异化与价值观和伦理观的异化，即机械论经济观的基

---

① 赫尔曼·戴利，肯尼思·汤森.2001. 珍惜地球：经济学、生态学、伦理学. 马杰等译. 北京：商务印书馆：27.

② 赫尔曼·戴利，肯尼思·汤森.2001. 珍惜地球：经济学、生态学、伦理学. 马杰等译. 北京：商务印书馆：23.

③ 赫尔曼·戴利，肯尼思·汤森.2001. 珍惜地球：经济学、生态学、伦理学. 马杰等译. 北京：商务印书馆：28.

本问题。因此，生态经济学对机械论经济观的批判也就从这两个方面展开。戴利指出，“对增长的批评可以分为以目的为基础的（道德的）和以手段为基础的（生物物理的）两类。”[①] 也就是说，超越主流经济学的道路有两个：一是自然观的变革；二是价值观和伦理观的变革。不仅如此，而且这两个方面的变革是具有内在联系的一体之两面：自然观的变革与价值观和伦理观的变革是同一过程，自然观的变革必然促进价值观和伦理观的变革。超越机械论经济观在自然观方面的异化，在经济学层面必然走向**生态**经济学，走向经济发展过程中对环境的保护；超越机械论经济观在价值观和伦理观方面的异化，必然凸显经济学的人文维度，凸显经济发展的价值层面和伦理层面，走向**德性**的经济发展观。因此，生态经济学必定同时又是德性经济学、规范经济学。这一变革透射出事实与价值、是与应该、自然观与价值观、生态学与伦理学之间深刻的内在联系。戴利指出，“如果一个人相信持续的经济增长在生物物理上是可行的，那么关于分配公平和代际公平的道德问题几乎就不会出现。同样，如果一个人在道德上不关注贫穷、后代和次人类的生命，那么，他也就不会对生物物理的约束产生任何兴趣。为砸碎增长狂热这个硬核，从上面用道德的论据锤击是不够的，因为底部有足够乐观的生物物理假设来缓冲这个打击……用生物物理的论据从下往上锤，则上面又有足够的空间让弹性的道德来吸收这个打击……增长这个硬核必须放在坚硬的生物物理事实之上，然后用道德的锤子砸碎。熵定律和生态学提供了生物物理的铁钻，关注后代，关注次人类和目前财富分配中的不公平，则提供了这把道德铁锤。”[①]

为此，如果要消除主流经济学在自然观和价值观上的异化，消除传统经济发展对自然和人的双重异化；如果要建立一门成熟的生态经济学，就必须把自然观的变革与价值观和伦理观的变革统一起来，把对自然环境的保护与对人的价值观和伦理观的变革统一起来。对自然界正确的事实判断（自然观）对人的价值观、伦理观的建构有决定性作用；反之，人的价值观和伦理观的建构对自然环境的保护也具有根本性的作用。自然观与价值观之间的这种辩证关系在主流经济学和生态经济学中都是适用的：在主流经济学中，存在关于自然资源无限性的观念与关于人的需求无限性的观念——因而经济发展规模的无限扩大总是成对出现的；同样，在生态经济学中，存在关于自然资源有限性的观念与对人的物质需求加以限制的价值观念——因而经济的适度发展也是成对出现的。可以说，这就是生态经济学与主流经济学在价值维度上的重要差异。正是在这一意义上，戴利认为，“以生物物理为基础对经济增长或其他命题作出的结论，

① 赫尔曼·戴利，肯尼思·汤森．2001：珍惜地球：经济学、生态学、伦理学．马杰等译．北京：商务印书馆：29.

应当以道德为基础得出的结论相统一。二者间如果存在矛盾，则意味着对自然界的理解有缺陷或意味着一系列价值被扭曲了。以目的和资源为基础的论据应当在反对增长狂热问题上统一起来。”① 生态经济学的所有问题归根到底就是研究如何利用有限的自然资源这一最终手段更好地为人的终极目的服务。

为此，生态经济学必须将确立正确的自然观和价值观、伦理观放在核心地位。生态经济学要求“减少对环境资源的需求，但增加对道德资源的需求”。②“如果我们的终极目的是邪恶的而非美好的，那么我们更希望颠倒黑白的伦理，而非正常的伦理。”③ 生态经济学所主张的美德就是保护环境、节约资源。

二、与他人的伦理关系：延伸的利他主义

在生态经济学中，事实与价值、“是”与“应该”、自然观与价值观和伦理观是统一的。不仅如此，由于生态经济学关注经济发展对人类未来生存的影响，生态经济学的伦理观所赖以建立的事实基础不是既成事实，而是**可能事实**。应该从经济发展对人类未来生存的危害性这一可能事实中推论出生态经济学的伦理观。从这一维度看，生态经济学的伦理观表现为一种**责任伦理观**，即面向未来的、针对可能主体的伦理观。

（一）生态经济伦理观的存在论根基：人的关系性

黑格尔说：“我们对于自己的行为负责，这是近代的事情。”④ 在现代哲学史中，韦伯早在 1917 年就在《以学术为业》的著名演讲中提出“责任伦理”这一概念；萨特（J. P. Sartre）在《存在主义是一种人道主义》等著作中对责任问题也有过精深的哲学分析；美国当代学者约纳斯（H. Jonas）则在《责任的命令——寻找技术时代的伦理学》、《技术、医学与伦理学》等著作中建立了系统的责任伦理学。

生态经济学的伦理观以人的**关系性**为其存在论基础。与近代哲学将人视为彼此分离的社会原子这一实体论观念不同，马克思主义哲学和当代西方哲学都主张从关系、主体间性的维度理解人的存在论地位。历史唯物主义把人看成在

① 赫尔曼·戴利，肯尼思·汤森 .2001. 珍惜地球：经济学、生态学、伦理学 . 马杰等译 . 北京：商务印书馆：29.

② 赫尔曼·戴利，肯尼思·汤森 .2001. 珍惜地球：经济学、生态学、伦理学 . 马杰等译 . 北京：商务印书馆：44.

③ 赫尔曼·戴利，肯尼思·汤森 .2001. 珍惜地球：经济学、生态学、伦理学 . 马杰等译 . 北京：商务印书馆：30.

④ 黑格尔 .1997. 哲学史讲演录 .2 卷 . 贺麟，王太庆译 . 北京：商务印书馆：53.

社会关系中的存在。马克思说："人的本质不是单个人所固有的抽象物。在其现实性上，它是一切社会关系的总和。"[①] 海德格尔认为人的存在是共同存在。人的存在论结构是"**共同存在与共同此在**。日常的自己存在的方式就奠基在这种存在方式之中"。[②] 因此，每个人都是处于特定社会关系中的共同存在，这种关系性是人的责任性的存在论前提。人的关系性和共在状态决定了每个人在存在论地位上都既是自身也是他人，因此，每个人都有责任性，对自己负责就是对他人负责，对他人负责就是对自己负责。萨特指出，每个人都应该"把自己存在的责任完全由自己担负起来。还有，当我们说人对自己负责时，我们并不是指他仅仅对自己的个性负责，而是对所有的人负责"。[③]

进而言之，人的关系性与共同存在这一存在论地位决定了人的存在是一种相互塑造、相互占有的关系和过程。因此，每个人在占有自身的同时也占有他人，在塑造自身的同时也塑造他人，这就要求人的任何行为选择都必须为他人负责。由于人的相互塑造和相互占有，一个人在何种意义和何种程度上塑造或占有他自己，他也就在何种意义和何种程度上塑造或占有他人，反之亦然。每个人也因此在特定意义和特定程度上与他人相互塑造、相互占有，这种塑造和占有决定了人与人之间相互塑造和占有的方式及性质。每个人都应该通过对自己负责从而对他人负责。萨特指出，由于"在模铸自己时，我模铸了人"，"当一个人对一件事情承担责任时，他完全意识到不但为自己的将来作了抉择，而且通过这一行动同时成了为全人类作出抉择的立法者——在这样一个时刻，人是无法摆脱那种整个和重大的责任感的"。[④]

生态经济学所倡导的伦理观是对人的关系性的一种处理方式，正是从这种关系性中引申出生态经济学的伦理观的基本原则——对自身负责与对他人负责相统一。在经济发展过程中，"利己"与"利他"是统一的而不是对立的。不仅如此，"利己"包含着"利他"，"利他"是一种特定意义上的"利己"。生态经济学的伦理观就是这样一种"利己的利他主义"或"利他的利己主义"。

（二）生态经济伦理观的道德诉求：中道原则

生态经济学的伦理观实质上就是要在自我与他人之间寻求利益平衡点，而这种平衡点的基本原则就是"中道原则"，它是生态经济学之伦理观的灵魂与实质。从空间维度看，生态经济学的道德诉求是要实现代内公平，即在共时代的自身利

---

① 马克思，恩格斯．1972. 马克思恩格斯选集．2 卷．中共中央马克思恩格斯列宁斯大林著作编译局译．北京：人民出版社：18.

② 马丁·海德格尔．2012. 存在与时间．陈嘉映，王太庆译．北京：生活·读书·新知三联书店：132.

③ 包利民．2007. 西方哲学基础文献选读．杭州：浙江大学出版社：269.

④ 包利民．2007. 西方哲学基础文献选读．杭州：浙江大学出版社：270.

益与他人利益之间寻求平衡，肯定并限制每个主体自身的经济发展权，从而确保其他主体的经济发展权。从时间维度看，生态经济学的道德诉求是要实现代际公平，即在人类的当前利益与未来利益之间寻求平衡，肯定并限制当代人的经济发展权，从而确保后代人的经济发展权。生态经济学的伦理观就是这样一种平衡自身利益与他人利益，平衡当代人的利益与后代人的利益的中道原则；是一种肯定并限制自身利益、肯定并限制当代人利益，从而确保自身与他人、当代人与后代人共享平等经济发展权的“利己的利他主义”；是一种在空间和时间维度延伸的利他主义。这一基本原则决定了生态经济学的伦理观的基本特征。

第一，生态经济学的伦理观是与不在场者的伦理关系。当代经济发展的影响在空间方面扩展到全球规模，在时间方面扩展到人类未来。如果经济发展仅仅考虑自身利益而忽视他人的利益，仅仅考虑当代人的利益而忽视经济发展对后代人利益的后果，那么，当代经济发展就构筑起自身与他人、当代人与后代人、当前利益与未来利益之间的矛盾，也就是当代人彼此之间的代内利益矛盾和当代人与后代之间的代际利益矛盾，这是经济发展涉及价值和伦理问题的重要根源。由于他人、后代人都不在场，生态经济学的伦理观是关于特定主体与**不在场者**之间的伦理关系，它试图在每个主体自身与不在场的他人，以及当代人与不在场的后代人之间贯彻“中道原则”，寻求利益平衡点。生态经济学的伦理观主张，当代人在发展经济实现自身利益的同时，不应该破坏代内的他人的利益和代际的后代人的利益，要为他人和后代人的利益负责。生态经济学要求，“尽量公平地为我们的后代做事，也就是说，他们对付那种抵押的机会不要预先就被褫夺了。”[①] 问题的关键在于在经济发展过程中贯彻中道原则，正确处理自身利益与他人的利益、当代人的利益与后代人的利益之间的关系；正确处理代内公平与代际公平、代内发展权与代际发展权的关系，实现自身与他人的和谐、当代人与后代人的和谐。在这种意义上，生态经济学的伦理观是一种公平观、和谐观和整体观。它在价值观上就是要将利己主义与利他主义统一起来，坚持“利己的利他主义”，如同尊重自己的利益和发展权一样尊重他人及后代人的利益和发展权。生态经济学的伦理观就是这样一种针对不在场主体的延伸的利他主义：在时间上延伸到未来，在空间上延伸至他人。它是对传统经济发展观中所包含的人类中心主义、利己主义价值观和伦理观的超越。

第二，生态经济学的伦理观是对可能主体的伦理关系。现代工业文明的经济发展造成了对生态环境的破坏，直接危及经济发展的自然基础。以现代有机整体论为自然观基础，生态经济学的伦理观主张，自然界整体完善的重要性高于作为自然界特殊部分的人类的利益。同时，由于非人类存在物关系到未来的

① 汉斯·约纳斯. 2008. 技术、医学与伦理学. 张荣译. 上海：上海译文出版社：27.

人类生存，是可能主体和人类的可能利益。对自然界整体的责任，实质上就是当代人对可能主体的伦理责任：对自然界的尊重就是对人类自身利益的尊重；维护自然界的权利就是维护人类自身的权利；与自然界平等就是与人类自身平等；对自然界负责就是对人类自身负责。因此，以自然为目的本身就是以人为目的。可见，学术界有的学者将深生态学与浅生态学截然分开甚至对立起来，认为深生态学就是主张以自然本身作为环境保护的目的，而浅生态学才是以人本身作为环境保护的目的，这一观点是片面的。

马克思认为，自然界是“人的**无机的身体**。人靠自然界**生活**。这就是说，自然界是人为了不致死亡而必须与之处于持续不断的交互作用过程的人的**身体**。所谓人的肉体生活和精神生活同自然界相联系，不外是说自然界同自身相联系，因为人是自然界的一部分”。[①] 因此，自然界即他人，自然界即后代人。正是在这一全新的意义上，生态经济学把人与自然界之间的关系和人与人之间的关系统一起来了：人与自然界之间的矛盾，内在地包含着具体的、现实的人的利益与潜在的、整体的人类利益之间的矛盾。因此，生态经济学的伦理观存在一个核心主张，即不能因为特定主体暂时的、局部的利益而牺牲他人、后代人的利益，同时也不能因为他人、后代人的利益而取消具体的、现实的人的利益。生态经济学所要解决的根本问题，就是要在一个具体的、历史的实践中既实现具体的、现实的人的利益，又维护他人、后代人的利益。人与自然界之间的对立统一就是具体的、现实的人的利益与他人、后代人的利益之间的对立统一，对自然界的尊重就是对他人利益的尊重。

生态经济学的伦理观不是主张对他人、后代人或可能主体（自然界）纯粹的利他主义，而是主张在肯定当代人发展权力和利益的同时，限制当代人的权力和利益。它是对当代人权力和利益的**肯定**、**限制**与对他人、后代人或可能主体权力、利益的**维护**这三者的统一。当代人之所以有义务限制自身的权利和利益以维护他人、后代人或可能主体的权力和利益，不仅因为他人、后代人或可能主体的权力和利益可能被当代人行使权力追求自身利益时所破坏，而且因为“人和人的成就不可以消失”、“我们必须知道，人得存在”。[②] 这里充分展现出生态经济学之人文取向的特殊内涵。

第三，实现生态经济学之伦理观的基本途径是当代人对自身权力和利益的自我限制。由于他人、后代人都不在场，自然界也仅仅是可能主体，实现生态经济学之伦理观的主体只能是每个时代的主体自身、是当代人。其基本途径只能是当代人对自身权力和利益的限制。当代人对自身权力和利益的限制与当代

① 马克思．2008．1844年经济学哲学手稿．北京：人民出版社：56～57.

② 汉斯·约纳斯．2008．技术、医学与伦理学．张荣译．上海：上海译文出版社：50～51.

人对不在场者和可能主体的责任是一个问题的两个方面。生态经济学的伦理观体现了当代人对不断扩张的现代经济、不断膨胀的物质需要的自我限制，它同时也是对不在场者和可能主体的一种延伸的利他主义。限制就意味着肯定。生态经济学的伦理观是限制利己主义与倡导利他主义，肯定当代人的利益与肯定不在场者和可能主体的利益的统一，满足当前利益但不损害未来利益。这正是生态经济学的伦理观与传统伦理观不同的地方。传统伦理观是一种近距离的伦理，是他人在场的伦理，是一种彼此具有实体制约关系的伦理，由于这种伦理存在着他人在场的现实约束力，伦理责任由伦理关系双方共同完成；而生态经济学的伦理观则是他人不在场的伦理，无论后代人还是可能主体都不在场，因此，尽管生态经济学之伦理观的主要取向是对后代人和可能主体的利他主义，但实现这一伦理观的关键却在于当代人对自身权力和利益的自我限制，必须通过这一现实努力才能将生态经济学的伦理观落到实处。限制当前利益与对后代人和可能主体的利他主义是统一的，但关键在限制这一方面。由于后代人和可能主体不在场，所以，当代人必须担当起双重角色，完成双重责任：既是自身，追求自身利益，又是他人，限制自身利益，规范自身行为；既是伦理的评价者，又是伦理评价的对象。远距离的伦理必须通过近距离来落实，他人不在场的伦理必须通过在场的人来实现。这就是“利己的利他主义”。

任何经济学都应该是价值论、伦理学，这样的经济学才是真与善、科学与道德、合规律性与合目的性相统一的经济学。同样，任何经济发展都不应该是纯粹的物质过程，而应该有价值论和伦理学在场，这样的经济发展才是健康的，对人类的生存来说也才是有益的、善的。“在人类经济行为和最终目的这一重要问题上，经济学家回避不了规范判断，而正是这些经济学家的意见对资源配置方向有着重大影响。那些忽视自然需要的层级性，把所有有效需求一视同仁的决策本身就隐含着一种价值判断，即这些需求本身就是所要达到的目的。”① 因此，生态经济学“将减少对环境资源的需求，但增加对道德资源的需求”。② 生态经济学应该首先是一种价值论、伦理学，生态经济学的成熟有赖于一门相应的价值论、伦理学的建立；超越传统经济学，必须首先批判传统价值论、伦理学，实现生态经济的关键也在于人类价值观、伦理观的变革。同时，生态经济学的价值论、伦理学问题与它的自然观基础是二而一、一而二的关系，要把生态经济学的自然观的建构与价值观、伦理观的建构统一起来，并深入研究生态

① 赫尔曼·戴利，肯尼思·汤森.2001. 珍惜地球：经济学、生态学、伦理学.马杰等译.北京：商务印书馆：209.

② 赫尔曼·戴利，肯尼思·汤森.2001. 珍惜地球：经济学、生态学、伦理学.马杰等译.北京：商务印书馆：44.

经济学中事实与价值、自然观与价值观和伦理观之间的内在联系。

第三节 生态经济学中人和自然界的价值论地位

实践是人的目的性活动，因而存在着一个价值论的维度。由于在实践中，人“不仅使自然物发生形式变化，同时他还在自然物中实现自己的目的，这个目的是他所知道的，是作为规律决定着他的活动的方式和方法的”。[①] 在实践中，必然形成人与自然界之间的价值关系，即任何实践都要从特定的利益、需要出发，要在一定的价值观支配下进行，人不可避免地要在实践中确立他和自然界的价值论地位。人类中心主义、自然中心主义和生态经济学的价值观是在实践中形成的关于人与自然界之间关系的三种不同的价值观，是对人和自然界价值论地位的三种确立方式。本节通过对三者的比较，进一步明确生态经济学在人与自然关系问题上的价值观。

一、机械论经济观：人与自然对立斗争的价值观

在机械论自然观基础上形成的价值观是近代人类中心主义。人类中心主义为人和自然界确立的价值论地位是，人是唯一的价值和目的中心，自然界是人实现自身利益的手段和工具。显然，人类中心主义包含着人与自然不平等的价值信念，它在机械论经济观中也有所体现，即表现为经济发展中人类对自身能力的乐观主义。“人类，获得解放又发展成熟的裸猿，历经磨难之后已占据了上帝的全能的位置。这就是被视着第二次工业革命、核时代、宇宙空间时代、自动化时代的含义。”[②] “许多人开始对工业社会的生活状况和前景形成了一种整体观，并且开始感觉到我们正在接近生存危机。”[③] 后现代主义者大都把人类中心主义视为“现代性”最根本的观念和特征之一。人类中心主义在价值论层面的基本内涵是：机械论在肯定自然界是机器的同时也肯定了人是唯一的价值和目的中心。近代人类中心主义是一种**自我**利己主义价值观。二元论主张，主体是具有确定和独立存在意义的实体，它与客体是相互分离、彼此独立的，这种主体性形而上学思维

---

① 马克思，恩格斯．1972. 马克思恩格斯全集．23卷．中共中央马克思恩格斯列宁斯大林著作编译局译．北京：人民出版社：202.

② 赫尔曼·戴利，肯尼思·汤森．2001. 珍惜地球：经济学、生态学、伦理学．马杰等译．北京：商务印书馆：183.

③ 赫尔曼·戴利，肯尼思·汤森．2001. 珍惜地球：经济学、生态学、伦理学．马杰等译．北京：商务印书馆：184.

方式的基本特征是人与自然、人与人之间关系的割裂，人被视为彼此独立的原子个人。这一特征在价值观上的表现就是个人本位论。格里芬指出，“现代性总是意味着对自我的理解由群体主义向个人主义的一个重大转变。”[①] 因此，近代人类中心主义实质上是**自我**中心主义，它导致人与人之间和人与自然界之间的对抗，使自然界沦为多元主体利益争夺和相互冲突的“公地”。

哈丁在他的著名论文《公地的悲剧》中批判了近代人类中心主义对自然界的破坏性使用，提出了与博尔丁的“宇宙飞船地球经济学”相近的主张。哈丁认为，近代人类中心主义是一种个人自我中心主义。亚里士多德曾经说过，“参与分享人员最多的公共物品，获得的关心最少。”在近代，自然界如同一个对所有人开放的牧场。在这个牧场里，每个牧民都努力利用它作为公共福利喂养尽可能多的牛。作为一个理性的存在，每个牧民都在追求自身利益的最大化。他们总是不可避免地要问：“在我的牛群中再增加一头牛对我有什么效益?”这种效益存在正反两个方面：①正面效益是增加了一头牲畜。牧民获得了增加这头牲畜的所有利润，其正效益接近于“＋1”。②负效益是，由于增加了一头牲畜造成额外的超载放牧。然而，超载放牧带来的影响由所有的牧民来分担，这个负效益对任何单独决策的牧民而言仅仅是“－1”中的一小份。

把正负效益都加起来，有理性的牧民会得出结论——唯一明智的、值得他追求的事就是为他的牧群增加一头又一头的牲畜。悲剧就发生在这里，每个人都被锁进一个无限增加他的牧群数的系统。在一个相信公地自由使用的社会里，每个人都在追求自身利益的最大化，而所有人这样追求的结果便是公地的崩溃。这就是近代人类中心主义对自然界的破坏性影响。同时，这种自我中心主义也是环境污染的价值论根源。为此，哈丁认为必须批判人类中心主义。他说：“只要我们的行动只是从一个个独立的、理性的、自由的个体出发，我们就将被锁入一个‘污染我们自己家园’的怪圈。”[②] 哈丁认为，面对今天的问题，即使呼唤人的良知、进行人的价值观、伦理观建设都没有用处，唯一的方法是进行人与人之间的相互强制。“我唯一推荐的强制是相互的强制，是被所涉及的大多数人共同赞成的强制。”[③]

机械论将自然界视为僵死的物质存在，相应地就把人视为**自由能动**的存在者。机械论奠基于心物二元论。笛卡儿认为，心灵与物体是两种绝对对立的实体，自然界是一架按力学规律运转的巨大机器。这些观念形成了一种新的人类

① 大卫·格里芬．1999．后现代精神．王成兵译．北京：中央编译局出版社：75.

② 赫尔曼·戴利，肯尼思·汤森．2001．珍惜地球：经济学、生态学、伦理学．马杰等译．北京：商务印书馆：154.

③ 赫尔曼·戴利，肯尼思·汤森．2001．珍惜地球：经济学、生态学、伦理学．马杰等译．北京：商务印书馆：162.

主体性，其核心就是片面强调人对自然界的自由、自主，忽视人对自然的不自由、不自主；强调人对自然界的能动性、为我性，忽视自然界对人的制约性。正如格里芬所说，“机械主义的自然观认为，人的灵魂、思想或自我与其他造物完全不同。由于**现代性**接受了这种机械主义自然观，因而，为了证明人的自由，它就理所当然地要求承认这种绝对差异的存在。”[①]

人类中心主义还代表了以**理性主义**为基本特征的主体性。二元论把人抽象为“我思”，抽象为理性的存在，相应地，自然界也就被抽象为任由“我思”宰制的理性存在。机械论认为，人是理性的存在者，自然界由无数分离的质点和部分组成，服从因果性、必然性，服从决定论的规律，自然界根本不存在目的性、偶然性和非决定性。这样，一方面，人类在近代以前对自然界的宗教、伦理、情感的关系和态度被排斥和否定，人类只存在对自然界的理性关系和理性态度。进入近代以后，“人类关于世界及其自身的看法发生了根本性的变化。早先那种几近宗教式的生活态度被世俗化的态度所替代。这种世俗化的态度认为，人类通过观察、试验和理性思考来系统地发展科学知识，以便彻底了解自然进而最终征服自然。在 17 和 18 世纪，这种思想占主导地位”。[②] 另一方面，机械论认为，人类有能力用理性去揭示自然界的全部秘密。康德甚至提出了“人为自然立法”的观点。他说：“‘吾人所名为自然之现象’中所有之顺序及规律，乃吾人自身所输入者。若非吾人自身（即吾人心之本性）创始在自然中设立顺序及规律，则吾人决不能在现象中见及之。”[③] 因此，理性、计算成为近代人与自然界之间关系的核心。这种理性的自大为人类把自己确立为唯一的价值和目的中心，把自然界确立为人的工具和手段提供了信心和可能。

机械论认为，人与自然界之间只存在对立、斗争的关系。机械论把人和自然界描述为彼此分离、存在差异、对立的存在者，因此，人类中心主义主张人与自然界的价值论地位不平等。这一观念凸显了人与自然界对抗的意识：人与自然界之间是对立、斗争和否定的关系，人类应该而且能够征服、改造、利用和控制自然。对自然界的否定是符合人的利益和目的的，而对自然界的肯定和维护不符合人的利益。人类对自然界奉行的是“你死我活”、“只有你死，我才能活”的斗争哲学，这就是人类中心主义的核心观念。正是在这种意义上，恩格斯才说：人与自然对抗的过程“以其至今为止的形式使土地贫瘠，使森林荒芜，使土壤不能产生其最初的产品。并使气候恶化”。[④]

---

① 大卫·格里芬．1999. 后现代精神．王成兵译．北京：中央编译局出版社：5.

② 大卫·格里芬．1996. 后现代科学．马季方译．北京：中央编译局出版社：73～74.

③ 康德．1997. 纯粹理性批判．蓝公武译．北京：商务印书馆：138～139.

④ 恩格斯．1984. 自然辩证法．于光远等译．北京：人民出版社：311.

二、自然中心主义：人与自然平等的价值观

当代西方环境伦理学从根本上否定人类中心主义，并走到另一极端，即肯定自然界具有自身的内在价值，自然界和人的价值论地位完全平等，人与自然界之间具有必然的伦理关系。自然中心主义价值观主要包含以下内涵。

首先，生态系统整体的“善”高于人类自身的善。关于人与生态系统之间的价值论地位，环境伦理学主张，由于人是生态系统整体的一个组成部分，生态系统整体的“善”高于作为部分的人类自身的善。人类利益和目的的实现应该以不破坏甚至有利于生态系统整体的完善为限度，人的尺度应该服从于生态系统整体的尺度。利奥波德（A. Leopold）说：“当一个事物有助于保护生物共同体的和谐、稳定和美丽的时候，它是正确的，当它走向反面时，就是错误的。”[①] 德韦尔（B. Devall）和塞申斯（G. Sessions）指出，“谁也不会获救，除非我们大家都获救。这里的‘谁’不仅包括我自己、单个的人，还包括所有的人、鲸鱼、灰熊、完整的热带雨林、生态系统、高山河流、土壤中的微生物等。”[②]

按照这种价值观，人类实践的利益就应该从与自然界绝对对立转变到对自然界的顺应和服从；从仅仅以人的利益为出发点，转变到以生态系统整体的利益为出发点。自然中心主义这一主张的目的是试图把人的利益和需要限制在自然界给定的限度内，这是一种对生态系统的利他主义，体现了人类强烈的自我批判精神和伦理超越性，它表明人类在寻求一种新的利益和价值，即对生态系统整体的关心和爱护。但是，这一观念剥夺了人类实践的能动性。正因为如此，环境伦理学的主张引起了许多争议和批评。雷根（T. Regan）就指出：整体主义观点“明显地包含了这样一种前景：为了生物共同体的完整、稳定和美丽，个体得牺牲给更大的生物共同体的‘好’。在这样一种……可恰当地称之为环境法西斯主义的论点中，我们很难为个体权利的观念找到一个恰当的位置……整体主义给我们提供的是对环境的一种法西斯主义式的理解”[③]。

其次，人与生态系统中的其他存在物是平等的。人与其他存在物平等的主张同样是从整体论自然观中推论出来的，因为既然整体的完善高于一切，那么作为整体中的任何一个部分对整体的重要性都是完全相同的。为此，环境伦理学主张，生态系统中的存在物与人一样具有内在价值，人与其他存在物的价值论地位完全

① 奥尔多·利奥波德．1997. 沙乡年鉴．侯文蕙译．长春：吉林人民出版社：213.

② Devall B，Sessions G. 1985. Deep Ecology in Living as if Nature Mattered. Salt Lake City：Peregrine Smith Books：66.

③ Regan T. 1986. The Case for Animal Rights. CA：University of California Press：361～362.

平等。在人与自然界之间具有必然的伦理关系。具体地说，有以下三点。

一是平等的观念。由于生态系统整体的“善”高于其组成部分的“善”，生态系统整体中的每一个体对于生态系统整体而言都同等重要，因而它们是平等的。生态系统中的每一存在物都不再是人类的工具和手段，因此，它们与人类的价值论地位是平等的。动物解放/权利论（animal liberation/rights theory）认为“一切物种均为平等”①，而“深层生态学的一个基本规范就是，从原则上讲，每一种生命形式都有生存和发展的权利……若无充足的理由，我们没有任何权利毁灭其他的生命。”②

二是共生的观念。价值论地位的平等，决定了人与其他存在物具有平等的生存权。人类应该形成一种与其他物种“共生”的价值观。奈斯指出，深层生态学的一个基本规范是“随着人们的成熟，他们将能够与其他生命同甘共苦。当我们的兄弟、一条狗、一只猫感到难过时，我们也会感到难过；不仅如此，当有生命的存在物（包括大地）被毁灭时，我们也将感到悲哀。在我们的文明中，我们已掌握了随意毁灭其他生命的工具，但我们‘对其他生命’的情感却十分的不成熟。迄今为止，绝大多数人的情感都是十分狭隘的”。③ 共生意味着所有存在物的内在价值得到充分尊重，其结果是自然界中“最大化的多样性”。“从原则‘最大化的多样性’和最大多样性包含着最大的共生这一假定，我们能做到原则‘最大化的共生’。”④

三是利他主义观念。在环境伦理学看来，近代人类中心主义实质上是人类的利己主义和物种歧视主义，而肯定生态系统中的其他存在物具有内在价值，也就意味着人类不仅不应该破坏，而且应该关心和尊重其他存在物。这是一种对自然界存在物的利他主义价值观。动物权利/解放论的著名学者辛格（P. Singer）认为，动物解放运动比起任何其他的解放运动，都更需要人类发挥利他的精神。深层生态学认为，解决环境问题的根本在于人的自我实现，自我实现的一个重要方面就是人对自身狭隘利益的超越，而超越自我利益的另一方面就是利他主义的凸显。

最后，人与自然界之间应该是和谐统一的关系。以前面两个观念为基础，环境伦理学主张，人与自然界之间应该是和谐统一的关系。不过，环境伦理学所主张的和谐是不包含对立斗争的绝对和谐。环境伦理学，尤其生态中心论

---

① 彼得・辛格．1999. 动物解放．孟祥森等译．北京：光明日报出版社：285.

② 杨通进．2000. 走向深层的环保．成都：四川人民出版社：167～168.

③ 雷毅．2001. 深层生态学思想研究．北京：清华大学出版社：44.

④ Naess A. 1988. Self realization：an ecological approach to being in the world. //Seed J，Macy J，Fleming P. Thinking Like a Mountain：Towards a Council of All Beings . Philadelphia：New Society Publishers：19～20.

(ecological centralism) 诸流派主张，人类应该通过对自然界内在价值的肯定来实现自身的利益和目的，只有对自然界内在价值的肯定才是符合人的利益的，而对自然界内在价值的否定则不符合人的利益。只有这样，才能体现人与自然界的平等、共生。这就是自然中心主义的基本观念。

但是，如果人类不能把其他存在物作为工具价值，那么人类如何生存和发展？这是环境伦理学受到责难最多的地方，也是它最大的理论困境。拜尔茨 (K. Bayertz) 说："如果采用这样的立场……恐怕就不会可能有人的生命了。"① 显然，环境伦理学遮蔽了人与自然界之间对立、斗争的一面，否定了人类生存和发展的自然基础。因此，环境伦理学的主张只能是一种理想主义而不可能成为人类普遍的实践纲领。马克思早已指出，自然界是"作为在他之外的自然存在，是他的前提。"② 环境伦理学试图取消产生环境问题的可能性，但是，如果人类退回到洪荒世界，难道不存在着另一种更为严重的"环境问题"吗？

三、生态经济学：人与自然对立统一的价值观

人类中心主义和自然中心主义是两种极端的价值观。传统人类中心主义与生态经济学价值观的主要区别是：首先，传统人类中心主义的核心是通过否定他者的利益来实现自身的利益，生态经济学的价值观则是突出与他者利益的平等和协调以实现自身利益。其次，在人与人之间的关系问题上，传统人类中心主义是一种自我中心论，它忽视他人或后代的利益；生态经济学的价值观却不是从自我利益出发，而是从人类整体利益出发，因而包含了对他人的关切，它试图通过平衡与他人或后代的利益以建立人与人之间的利益关系。最后，在人与自然的关系问题上，传统人类中心主义仅仅将自然视为人的工具和手段；生态经济学的价值观也将自然界视为人的工具，但它是将自然界视为全人类的工具，自然界不仅是自身的工具，也是他人的工具。因此，传统人类中心主义忽视生态系统对经济系统的制约，生态经济学的价值观则突出生态系统对经济系统的制约，而突出这种制约的最终目的不是为了自然界本身，而是为了平衡人与人之间的利益关系。

（一）对立统一的度：可持续性原则

生态经济学的价值观主张，人与自然界之间只能是在实践基础上形成既对

---

① 库尔特·拜尔茨．2001．基因伦理学．马怀琪等译．北京：华夏出版社：171．

② 马克思，恩格斯．1979．马克思恩格斯全集．46卷（上）．中共中央马克思恩格斯列宁斯大林著作编译局译．北京：人民出版社：487．

立又统一的价值关系。但是，人类应该在何种意义、何种程度上与自然界对立？在何种意义、何种程度上与自然界统一？显然，人与自然界之间的对立统一必然存在着合理的“度”或“点”。从原则上说，这个“度”或“点”就是经济**发展的可持续性**。因此，在人与自然界之间的价值关系问题上，生态经济学之价值观的核心在于，如何在人与自然界对立统一的价值关系中确立合理的“度”或“点”，从而使人类在处理与自然界之间的价值关系时做到“适度”、“适中”。在这一点上，生态经济学的价值观与可持续发展观、科学发展观的价值观是完全一致的，都主张发展的可持续性是经济发展的最高价值标准。

马克思主义的基本观点是，人与自然界之间的关系只能是能动性与受动性的统一。实践作为人与自然界之间的对象性关系，其实质是人与自然界之间的对立统一。正是这种对立统一形成了人类的生产力，成为推动人类社会发展的最终决定力量。

人必须依赖自然界。在人与自然界之间的关系问题上，人的主体性只能是能动性与受动性的统一。一方面，人对自然界具有受动性。自然界是人类文明和社会发展的自然基础，人要受自然界的制约，要依赖自然界才能生存。另一方面，人对自然界又具有能动性。这首先表现在，自然界本身从一开始就是与人对立的。马克思说：“自然界起初是作为一种完全异己的、有无限威力的和不可制服的力量与人们对立的，人们同它的关系完全像动物同它的关系一样，人们就像牲畜一样服从它的权力”。[①] 同时，人在自然界面前本来就不是一个被动的存在者，相反，人是一个能动的存在者。这表现在人能够自觉地认识和把握自然规律；能够正确运用自然规律去对自然现象加以说明、解释和预见；能够利用自然规律能动地指导实践，实现对自然界的改造；还能够对自己行为的长远影响进行预测和控制；等等。马克思、恩格斯把这种能动性看成人和动物的根本区别。

既然人与自然界之间的关系是能动性与受动性的统一，那么，一个必然的推论就是，人在发挥自己的能动性去改造自然界的同时，不能忽视自然界对人的制约性。在改造自然的实践中，人类必须正确处理对自然界的能动性与受动性之间的关系，特别是不能片面张扬对自然界的能动性。从自然界对人的制约性来说，人类应该把自己视为自然界的一员，而不能凌驾于自然界之上。因此，恩格斯说：“我们必须在每一步都记住：我们统治自然界，决不像征服者统治异民族那样，决不同于站在自然界以外的某一个人，——相反，我们连同肉、血和脑都是属于自然界并存在于其中的……”[②] 这些思想要求在经济发展过程中，必须树立人与自然界对立统一的思维方式，对立统一原则是处理一切关系的基

① 马克思，恩格斯．1972．马克思恩格斯选集．1卷．中共中央马克思恩格斯列宁斯大林著作编译局译．北京：人民出版社：35．

② 恩格斯．1984．自然辩证法．于光远等译．北京：人民出版社：305．

本原则，也是处理人与自然界之间关系的重要方法论原则。人类在近代文明中所施行的人与自然界彻底对立斗争，征服自然、控制自然的观念是片面的；同样，当代西方环境伦理学主张自然界具有自身的内在价值，人与自然界完全平等的观点也不是克服环境问题的正确思路。

生态经济学主张人和自然的价值论地位既不应该是人类中心主义主张的绝对对立斗争，也不应该是环境伦理学主张的人与自然完全平等，它在对人和自然价值论地位的确立中坚持了唯物辩证法关于矛盾双方既对立又统一的基本观点，主张人和自然的价值论地位只能是对立统一的关系。一方面，人与自然界之间必然存在对立、斗争。生态经济学不否定当代人发展的合理性，既然有发展，那么人对自然界就必然有否定、对立和斗争，人与自然界的价值论地位就不可能完全平等。凡是与经济可持续发展相对立的自然因素，人类都有理由与之对立、斗争。同时，人类要持续生存和发展，就不可避免地要与自然界对立、斗争。因为自然界是实践的自然前提。正是在这一点上，生态经济学继承了人类中心主义的合理性，同时又克服了自然中心主义所面临的根本困境。另一方面，人与自然界之间必须和谐、统一。按照生态经济学，人类应该与自然界对立、斗争还是和谐统一，要以是否有利于人类发展的可持续性作为根本性的判断标准。生态经济学所要解决的根本矛盾是人的利益、需要的无限性与自然资源的有限性之间的矛盾。生态经济学主张的是受自然界制约的经济发展，也就是对人的利益和需要加以限制的发展。这是生态经济学的一个根本内涵，也是它与人类中心主义、自然中心主义的根本区别。这就意味着，不仅在一定条件下人与自然界的对立、斗争和否定是符合人类利益的，而且在一定条件下人与自然界的统一、和谐和肯定更是符合人类利益的。不仅应该把利己主义看做人的利益，而且应该把对自然界的利他主义也看做人的一种利益。因此，生态经济学包含着人与自然界和谐统一的价值主张。

生态经济学所倡导的 人与自然界之间的“和谐”、“协调”，绝不能够理解为人与自然界完全平等，不能理解为人在自然界面前完全被动、束手无策。人与自然界之间的“和谐”、“协调”都是包含着对立和斗争的，“和谐”、“协调”的实质是人与自然“和而不同”、对立统一。生态经济学价值观所要解决的根本问题是，根据自然界的制约性来为人类利益和需要确定正确的价值坐标。由于实践是具体的、历史的，人类利益和需要不可避免地具有片面性。因此，对片面价值观的反思、选择，不断在片面性中批判、超越和建构人和自然界的价值论地位，就是生态经济学的价值观的本质要求。生态经济学要求人类既承认自身经济发展的条件性和局限性，又依靠自己的主动性、积极性和创造性去突破自身的局限，形成正确的价值观和发展观，以对自然界好的改造去变革、代替坏的损害。因此，生态经济学的根本问题是价值批判和文化批判，是人和自然界价值论地位的不断转换和重建，是人类文化和价值观念的不断创新。生态经济发展的主体是人，而人及人所处的人与人、人与自然界之间的关系是具体的、历史的，是受现实的实践水平和客观条件制约的。因此，对人与自然界之间矛盾的解决方式也同样是具体的、历史的。也就是说，生态经济学的内涵和实施生态经济学的基本原则不是固定不变的，而是在不同的实践水平上，根据不同的历史条件不断变化的。随着实践的发展，人类不断批判、继承，也不断否定、创新，不断扬弃在人与自然之间关系问题上的片面性，在历史的无限时空中去实现经济发展的可持续性。

（二）资源的有限性：适度原则

以中道原则为基础，生态经济学的价值观和伦理观倡导节制和适度的原则。前已述及，机械论经济观的自然观基础主要是近代机械论关于人与自然界分离的观念，在这一基础上形成的经济观主张，经济系统与生态系统是相互分离的。机械论经济观包含着自然资源无限性的信念，经济发展所要解决的基本矛盾实质上是人的需要的无限性与自然资源的无限性之间的矛盾，认为可以通过经济的无限增长来解决人类面临的全部问题。与此相关，机械论经济观的价值论和伦理学基础是人类中心主义。它主张人是唯一的价值和目的中心，自然界是人类实现自身目的的手段和工具，人与自然界之间的关系是对立、斗争的关系，与自然界对立、斗争是符合人的利益和目的的，而与自然界和谐统一则是与人的利益和目的相违背的。生态经济学则主张，人与自然、经济系统与自然生态系统是统一的整体，自然资源是有限的，经济发展所要解决的是人类需求的无限性与自然资源有限性之间的矛盾，通过经济的无限增长来满足人类的需要并解决人类面临的全部问题是不可能的，这一思路只能导致自然资源的枯竭和经济发展的不可持续。为此，超越机械论经济观就必须超越人类中心主义，把人的价值观、伦理观建设放在核心地位。“伦理问题是首要的。”① 生态经济学主张，必须通过限制人的需要以适应自然资源的有限性。为此，生态经济学的价值观和伦理观主张，经济增长应该适度。针对自然资源的有限性，必须倡导节约意识。“节约资源是保护生态环境的根本之策。要节约集约利用自然资源，推动资源利用方式根本转变。”②

与“认识你自己”一样，“凡事勿过度”是古希腊德尔斐（Delphi）神庙门

① 赫尔曼·戴利，肯尼思·汤森．2001．珍惜地球：经济学、生态学、伦理学．马杰等译．北京：商务印书馆：179.

② 胡锦涛．2012．坚定不移沿着中国特色社会主义道路前进为全面建成小康社会而奋斗．北京：人民出版社：40.

楣上的铭言。无论代内矛盾还是代际矛盾的协调都必须通过以“节制”、“适度”为核心的中道原则来落实。对他人、后代的责任要通过节制、适度的行为来实现。人类在经济发展过程中，一方面不应该过度勇敢，否则很可能造成危害性后果，从而成为一种不负责任的行为。在特定情况下，不勇敢反而可能是一种负责任的行为。另一方面应该具有恐惧心理。只有当人意识到自己的行为对他人责任的时候，才会产生恐惧感。所以，恐惧感是一种责任心。

从以上分析可见，在生态经济学中包含着深刻的环境价值观、伦理观。生态经济学对人与自然界之间价值论地位的确立遵循唯物辩证法，生态经济学的价值观、伦理观对当代人类克服环境危机，正确处理人与自然界之间的关系至少具有两点重要启示。

第一，要从人与自然界之间的相对关系中确立人和自然界的地位。生态经济学的价值观、伦理观要求，从人与自然界之间的相对关系中确立人和自然界的价值论地位。生态经济学的理想要得到落实，就必须制定一种相应的价值观和伦理观，确立人在自然界中的价值论地位。可以说，这是生态经济学的核心问题。而确立人的价值论地位必须从人与人之间和人与自然界之间的相对关系中去确立。也就是说，人的价值论地位是在人与人或人与自然界之间的相对关系中相互确立的。人的存在离不开他人的存在，也离不开自然界的存在，必须通过他人或自然界的存在来确证自身。因此，不能脱离他人或自然界来抽象地谈论人的存在或人的价值论地位。生态经济学正是从人与自然界之间的相对关系中确立人的存在论和价值论地位的，反过来，它也正是在对人的存在论、价值论地位的确立中，确立了自然界的存在论、价值论地位。可以说，确立人的存在论、价值论地位，制定人的价值观、伦理观是生态经济学的重要任务。在人与自然界之间的相对关系中确立人和自然界的地位，这是生态经济学生态价值观、伦理观的思维特色和致思路向。

第二，要把生态价值观与生态自然观的确立统一起来。生态经济学是在有机整体论自然观的基础之上提出了自己的价值观、伦理观，确立了处理人与自然界之间关系的基本准则。如果把自然观看成一种特殊的事实，把价值观、伦理观看成是一种特殊的价值，那么可以说，在生态经济学中，也包含着从事实中推论出价值的思路，包含着对事实与价值的关系这一伦理学的基本问题的解决方式。生态经济学的思路表明，自然观是价值观、伦理观的基础，自然观与价值观、伦理观的确立是二而一、一而二的问题，一个问题的两个方面，必须从人与自然界之间的关系中确立。它告诫我们，当代人类解决环境问题、生态危机的关键首先在于人类自然观的变革，在于一门成熟的自然哲学的建立；超越传统经济发展观，必须首先批判传统自然观，建构一种与生态文明的要求相适应的新的自然观。必须在当代历史的高度上正确回答“什么是自然界?”“人与自然界之间的关系怎样?”这两个基本问题。同时，当代人类解决环境问题、生态危机也有赖于一门成熟的价值论、伦理学的建立；超越传统发展观，必须首先批判传统价值论、伦理学，实现生态文明的关键也在于人类价值观、伦理观的变革。但是，自然观的变革与价值观、伦理观的变革不能分离开来进行，正确的自然观的确立对正确的价值观、伦理观的确立具有决定性意义，反之亦然。因此，要把正确自然观的建构与正确的价值观、伦理观的建构统一起来，并深入研究人与自然界之间关系中的事实与价值、自然观与价值观、伦理观之间的内在联系，才能完整解决当代环境问题和生态危机，才能真正走科学发展的道路，建设并实现生态文明。

第五章 生态经济学的发展理念

不同的经济观总是蕴含着不同的发展观。尽管经济学关注的中心问题是经济发展，但经济学也必然涉及经济发展与社会整体发展之间的关系，因而不可避免地会涉及社会发展理念。社会发展是全面的发展，经济发展是社会发展的特殊方面，也是社会发展的前提和基础。生态经济学对经济学理论的革命性变革，在更深层的意义上也是对社会发展观或社会发展理论的变革。为此，有必要进一步揭示生态经济学的发展理念。

第一节 生态经济学与传统发展观

生态经济学的产生实质上标志着经济发展观和社会发展观的范式转换。作为经济学的一种新范式，生态经济学包含了与其他经济学流派或部门经济学不同的经济发展观和社会发展观。如果不能从社会发展观的变革这一角度认识生态经济学，就不可能把握生态经济学在经济学范式转换中的深刻意义。

一、机械论经济观的发展理念

从总体上看，在生态经济学产生之前，各主要经济学流派所包含的发展观主要是以增长和规模为核心的。包含在主流经济学中的发展理念是无限制地扩大经济规模。可以说，主流经济学就是增长经济学、规模经济学。事实上，“现代主流经济学以经济增长为主导理念，把经济增长与国内生产总值等同，认为经济增长的含义就是努力促进国内生产总值的增加，只要国内生产总值增加了，就会解决所有问题，就自然会带来社会进步”。[①] 以新古典经济学为例，它的基本观点是经济系统包含生态系统，生态系统是经济系统的组成部分。新古典经济学有两个基本观念：“第一，它假定，相对经济子系统的规模而言，环境资源是无穷尽的，环境吸收废弃物的能力也是无穷无尽的。第二，它假定，规模是一个大整体，而不是无数分散的小块，即自然正如工业部门和农业部门一样是另一个部门……”“生态系统不是一个包含经济系统的自然矩阵，而仅仅是包罗万象的经济中的又一个部门；而这个经济根据个人意愿支付服务或产品并等待分配应得的一份资源”。[②] 因此，在新古典经济学看来，不存在独立的宏观经济规模问题，也无需任何控制经济规模的手段。与此不同，生态经济学主张生态系统包含经济系统，生态系统按照自身的规则演变，而不会按照人的意愿为经济系统提供物质生产所需的物质和能量。

需要特别指出的是，所谓主流经济学主张自然资源是无限的，这个说法有其特定含义。事实上，如本书已经多次说明的，主流经济学普遍承认资源稀缺。“在经济学中，占统治地位的关于自然界的先入之见是，自然是一种严厉的物质力量，由于自然界中的人类所需资源特别稀缺，这种力量迫使人类的经济行为必须小心而理智。”“自然界不是伊甸园，它对资源是很吝啬的。”[③] 但是，宏观经济学一般将经济系统视为独立于生态系统之外的系统，因而诸如资源枯竭、人口过剩和环境污染加剧等问题似乎都不存在。后来的很多宏观经济学家抛弃了这样的看法，强调存在着普遍的资源稀缺，并认为这种资源稀缺对经济增长有制约作用。但是，“世界相对于人类行为的范围而言足够大，因此，认为在有限环境中的经济增长的后果是不可能发生的，最后，一些经济学家执著地认为，人类的智慧和技术进步为人类提供了‘无限的资源’，这种资源将解决世界是有限的这个问题”。“一个看上去很自然的结论是，地球天然的资源足够多，环境的净化能力足够大，可以维持比现有更多的人口和更大的经济规模。这个结论似乎是关于‘事物本质’的普遍观点。”[④] 可见，主流经济学关于经济规模可以无限增长的观念与技术乐观主义、人类中心主义密切相关。

经济可以不断增长，经济规模可以无限扩大，这样的观念在理论和实践上都意味着对自然资源有限性的漠视。从这个意义上说，增长经济学、规模经济

① 张连国．2005．从传统经济学到生态经济学．社会科学辑刊，(3)：59．

② 赫尔曼·戴利，肯尼思·汤森．2001．珍惜地球：经济学、生态学、伦理学．马杰等译．北京：商务印书馆：5．

③ 赫尔曼·戴利，肯尼思·汤森．2001．珍惜地球：经济学、生态学、伦理学．马杰等译．北京：商务印书馆：8．

④ 赫尔曼·戴利，肯尼思·汤森．2001．珍惜地球：经济学、生态学、伦理学．马杰等译．北京：商务印书馆：9．

学实质上包含着一个理论预设，即认为自然资源是无限的。因而，它所要解决的问题实质上是人的物质需要的无限性与自然资源的无限性之间的矛盾，经济学只需考虑人的物质需要的满足而无需考虑自然资源的有限性。这样，增长经济学或规模经济学就将经济发展与生态环境割裂开来，将矛盾的一方——人的物质需要的满足——孤立出来，作为经济学和经济发展的唯一关切。这一关切与对自然资源有限性的忽视，与自然资源无限性的信念相互结合，共同形成了经济不断增长和经济规模不断扩大的发展迷梦。经济的不断增长和经济规模的不断扩大必然导致人与自然之间的对立、冲突，也即经济系统对生态系统的持续压力。其结果是导致“地球上人口、粮食、工业品、资源的消耗以及污染都在增长，而且增长得越来越快。它们的增长遵循了一种在数学上称为‘指数增长’的规律”。[①] 为此，生态经济学凸显自然资源的有限性，将人与自然之间的基本矛盾定位为人的需要的无限性与自然资源有限性之间的矛盾。解决这一矛盾的基本思路应该是通过限制人的需要以适应自然资源的有限性。生态经济学的这一基本思路体现在经济发展观上就是主张限制经济增长的规模和速度，适度发展。可以说，这就是生态经济学最基本的发展理念，也是生态经济学与增长经济学、规模经济学的根本区别。

戴利和汤森认为，经济学主要应该解决三个问题，即资源配置、产品配置和经济规模。他们认为，经济学对前两个问题已经给出了相应的经济学论证和政策手段，而对于经济规模的问题却没有给出合理的解决方案。正是在这一问题上，生态经济学超越并发展了以往的经济学思想。生态经济学的一个重要任务就是要解决经济发展的规模和速度问题。规模是什么？经济发展的规模和速度应该如何确定？对此，生态经济学坚持整体与部分之间辩证关系的哲学原理，突出整体至上、整体制约部分、部分不能破坏整体性等哲学理念。以经济系统是生态系统的子系统这一自然观为基础，生态经济学强调“经济-生态”大系统对“经济”子系统的制约性，主张不能脱离生态系统和自然资源的承载力来谈论经济发展的规模和速度。经济发展的规模和速度应该受生态系统和自然资源承载力制约，经济发展的规模和速度不应该仅仅根据人的物质需要来确定，而应该根据自然资源的有限性来确定。

戴利和汤森指出：“**规模**是关于物质-能量的一个物理量，这里的物质-能量指的是从环境中获取的低熵原料，以及返回的高熵废物。”[②] 如果相对独立地考

---

① 唐奈勒·H·梅多斯，丹尼斯·L·梅多斯，约恩·兰德斯.2001. 超越极限：正视全球性崩溃，展望可持续的未来.赵旭，周欣华，张仁俐译.上海：上海译文出版社：15.

② 赫尔曼·戴利，肯尼斯·汤森.2001. 珍惜地球：经济学、生态学、伦理学.马杰等译.北京：商务印书馆：4.

虑经济系统，那么，“规模可以认为是人口数与人均资源消费量的乘积”。① 主流经济学仅仅片面地根据人的物质需要来确定经济规模，由于人的需要是变化的，经济规模也被认为应该随着人的物质需要的变化而变化；由于人的物质需要是无限的，经济规模也被认为应该不断扩张。“在凯恩斯-新古典热衷于增长的综合理论中隐含的、有时又是明确的假设是，总需求是无限的，而且应当力求用总产量的无限提高为之服务；而技术是在紧要关头扭转局面的因素，技术将帮助我们解决增长引起的任何问题。”② 主流经济学的这一思路忽视了生态系统对经济发展的制约作用，其结果势必导致生态系统的恶化和经济发展的不可持续。

在生态经济学看来，对经济发展规模的确定必须正确处理两个方面的辩证关系。一方面，要根据人口数量、人的需要和人均消费水平来确定经济发展规模。但由于经济规模决定了从自然界中获取的低熵原料的多寡，经济规模的确定不能单方面考虑人口数量、人的需要和消费水平，而必须考虑自然界的承受力；另一方面，经济规模实质上包含两个相互依存的方面：一是利用自然界的低熵原料生产产品的规模；二是在生产和消费中产生的废弃物的排放规模。因此，经济发展规模的确定必须考虑自然界对废弃物的净化能力。可见，在确定经济规模的时候，从自然界的“所取”必须考虑自然界的承受力，对自然界的“所予”必须考虑自然界的“环境容量”。也就是说，不能仅仅按照人的需要来确定经济规模，而必须考虑自然资源的有限性和环境容量的有限性。因此，生态经济学认为，经济规模“是和生态系统的自然承载力相关的，即在可持续的基础上输入能量、更新资源和吸收消化废弃物的能力。经济系统被看做是一个更大的、但有限而且是非增长的生态系统的子系统。生态系统的规模是固定的，经济规模相对于这个生态系统的规模非常重要”。①

二、生态经济学的发展理念

主流经济学中也有另外一种声音，这就是流行于从马尔萨斯到穆勒等古典主义经济学家的预测——人口的增长过程必然要受到不可违背的自然资源短缺的制约。但现实发展的情况是，由于经济的不断增长和经济规模的日益扩大，经济子系统的扩张对生态系统的物理需求已经超过生态系统的承受力，到了并非无足轻重的地步。经济发展的规模问题已经成为相当重要的问题。为了解决这一问题，生态经济学提出了**不可能性原理**。不可能性原理的基本主张是，“一

---

① 赫尔曼·戴利，肯尼思·汤森．2001．珍惜地球：经济学、生态学、伦理学．马杰等译．北京：商务印书馆：4．

② 赫尔曼·戴利，肯尼思·汤森．2001．珍惜地球：经济学、生态学、伦理学．马杰等译．北京：商务印书馆：20．

个有限的环境——一个处在看似无限的宇宙中的环境——并不能支撑无限的增长。无论未来的技术可以怎样应用于能量和物质的转化，但我们的生态系统并没有一个完善的再生过程。因此，采取行动研究最佳人口和经济规模就成为合理甚至必要的事情了”。① 简单地说，必须根据生态系统的承受力，根据自然资源的有限性来确定人口数量、经济规模，而这就是生态经济学所要解决的主要矛盾，也是它赖以产生的现实基础。在这种意义上，有的学者将生态经济学称为关于最佳经济规模的宏观经济学。

经济观总是奠基于自然观。因此，主流经济学与生态经济学关于经济发展规模的理解也是奠基于不同的自然观，具体地说，即对经济系统与生态系统关系的理解。生态经济学与增长经济学的区别——用生态学家奥德姆（E. P. Odum）的话说就是：“年轻的生态系统似乎更看重生产、增长和数量。反之，成熟的生态系统更看重保护、稳定和质量。对于年轻的生态系统，生产是增长的源泉，生产得越多越好。对于成熟的生态系统，生产是保持系统稳定和系统质量的维护成本，越小越好。”② 生态经济学主张，经济规模的确定不仅要根据人的需要，而且要根据生态系统的承载力。人的需要不应该无限扩张，因此，经济规模不应该无限扩大，经济也不可能无止境增长。试图通过经济的不断增长和经济规模的不断扩张来满足人的需要的无限释放并试图以此解决人类面临的全部社会问题是不可能的，经济规模应该受生态系统的制约，应该根据生态系统和自然资源承载力来确定经济规模并限制人的需要。生态经济学的这一思路开启了关于生态系统承载力对经济发展制约作用的关注，这对于环境保护、经济的可持续发展，以及人自身的观念变革等都具有重要意义。

上述分析可见，生态经济学的自然观基础是人与自然有机统一的有机论、整体论。这里提出的问题是：生态系统赋予了人类以特定的生态位，按照增长经济学确立的经济规模大大越出了这个生态位，它满足了人类不断增长的物质需要，却破坏了生态环境，并可能导致经济发展的不可持续。但是，按照生态经济学的思路，极端地讲，根据生态系统和自然资源承载力确定的最佳经济规模应该是，将经济规模限定在自然界赋予人类的生态位之中。这个生态位就是经济增长和经济规模的可能空间。在这个生态位所划定的界限内，经济发展可以“有为”，经济可以增长，经济规模也可以扩大，这种有为不会破坏生态系统的整体性，不会破坏经济发展的持续性。但是，一旦越出这个生态位，经济发

---

① 赫尔曼·戴利，肯尼思·汤森 . 2001. 珍惜地球：经济学、生态学、伦理学 . 马杰等译 . 北京：商务印书馆：10～11.

② Odum E P. 1969. The strategy of ecosystem development. Science，New Series，164，(4)：18.

展就应该“无为”。如果是这样，那生态经济学实质上就回到了中国道家的思路上去，即道法自然，以自然来限制人并确定人的生存界限和生存道德。如果按照这样的思路确定经济规模，那么生态系统的承载力、经济发展的潜力就能够得到最好的保护，经济发展就能够得到最持久的延续。也就是说，在自然界赋予人的生态位所划定的界限内的经济发展是最佳的经济发展，是最好的可持续发展，与之相应的经济规模是最佳的经济规模。从这个意义上说，应该让自然为经济发展划定界限。但是，如果生态经济学不是这样的极端主张，那么，它就必须回答一些问题，即人类能否越出自然所赋予的生态位？如果可以，那可以在何种程度、何种意义上越界？人类又必须在何种程度、何种意义上按照生态系统的制约来确定经济规模？这可能是全部生态经济学、可持续发展理论需要解决的最困难的问题，同时也是这些理论最模糊的地方。如果不能够解决这些问题，那么生态经济学、可持续发展理论都可能仅仅流于一种原则和理想。

生态经济学如何解决这些根本性问题呢？如何根据自然资源的有限性和生态系统的承受力来确定最佳经济规模、最适度的经济发展呢？对此，生态经济学没有也不可能给出一个确定的答案，它只能给出一个基本原则，即最佳规模则至少是可持续的。由于经济规模与生态系统的承载力之间的度很难确定，这种不确定性决定了生态经济学不可避免地带有理想主义特征。生态经济学既主张发展经济，又突出经济发展的自然前提和基础，强调经济发展应该受生态系统的制约，它主张的是一种适度的经济发展，主张对人的需要的适度满足，主张限制人的过度需要，这些都是可取的。从这个意义上说，生态经济学与极端的自然主义和人本主义都不同，它既是人本主义的也是自然主义的。在这个意义上，生态经济学是一种哲学及伦理学的理想主义。

既然生态经济学是一种主张适度发展的经济观，那么，能否把握好经济发展的“度”就是能否实现生态经济理想的关键之所在。而如何把握这个度对人类的道德、情感和理性都是极大的考验。为此，生态经济的发展取决于人的素质的革命性变化，取决于人的存在方式的转换。生态经济的发展实践不是一蹴而就的，它是一个历史过程。

总之，生态经济学一方面主张应该发展经济以满足人的合理需求；另一方面又主张限制人的需求，也就是限制经济增长的速度和规模，从而将人的需求及经济发展规模限制在生态系统的整体性不被破坏，以及自然资源的承受力这个“度”的范围之内，使经济发展规模保持在适度状态。既使人的合理需求得到满足，又使自然生态的整体性及自然资源的可持续性得到保护，从而可以保证人类经济、文明与自然资源同时长久、持续地发展下去。从本质上讲，生态经济学的基本归属是既反对经济的过度增长，也不是要取消经济发展回到古代的原始社会。生态经济学的最终目的是要通过对生态系统整体性和自然资源可持续性的保护，来确保经济发展和人类文明的可持续发展。它看到了经济发展和人类文明发展对于生态系统整体性和自然资源可持续性的关联性、依赖性。正是在这里表现出生态济学的发展理念的哲学基础：部分依赖于整体的系统观、整体高于部分的整体观、社会发展依赖于生态系统整体的大自然观。这些观念都体现了生态经济学对近代机械论自然观的超越，包含着“后现代”的意蕴。

生态经济学一方面看到了自然资源的有限性，另一方面又注意到解决经济发展与自然资源有限性之间矛盾的关键在于对人自身的需要、生活方式等方面的限制与改变。这样的思路使生态经济学与价值论、伦理学产生了交汇。生态经济学是从生态科学、伦理学和经济是否正当的角度来考察经济。由此，生态经济学具有了交叉学科的基本性质：它关注经济发展与生态系统的关系，因此它是一门经济学；它将解决人与自然资源有限性之间矛盾的关键放在对人的需求的限制和人的价值观、伦理观、生活方式等的变革上，因此它必然是一种人本主义的经济学、德性的经济学。

第二节　生态经济学与可持续发展观

对环境问题、生态危机的关注和反思，使当代社会成为名副其实的生态社会。这样的反思催生了生态经济学、生态文化学、生态哲学、生态发展观、生态技术等，几乎当代一切知识门类都深深地打上了生态的烙印，以至可以说，当代科学、技术都出现了“生态化”转向。生态经济学与可持续发展观的产生是同步的，它们的理论内涵和外延也许存在差别，但它们的精神实质是完全一致的。

一、可持续发展观对经济学的影响

尽管可持续发展观与生态经济学存在着差异，但是，经济可持续发展肯定是可持续发展的前提。近代以来，人类把科学技术作为征服、控制自然的手段，在“人是万物主宰”的哲学观支配下推动经济增长，将自然界当做取之不尽、用之不竭、可以肆意挥霍的资源库和硕大无比的垃圾库。在经济发展过程中只考虑眼前利益而忽视长远利益，忽视了自然资源承受力和环境容量的有限性。单纯追求经济增长的发展观，导致在经济发展中把经济增长、人的物质利益最大化作为唯一目标，注重利用自然而忽视保护自然，甚至将环境保护视为一种不经济的行为。工业化和现代化在全世界的扩展，造成了环境污染、生态失调、能源危机、人口剧增和粮食短缺等一系列严重问题，这些问题日益困扰着当代人类。

1966年，博尔丁强调应该由“牛仔经济”向“宇宙飞船经济”转变，他认为人类如果不合理开发自然资源，肆意破坏生态环境，地球这一封闭系统的资源终将被耗尽并走向毁灭。1972年，梅多斯等在《增长的极限》中向世界发出警告：地球上的资源是有限的，如果任由人口和经济无限度地增长，势必将超出自然资源的承受能力，甚至将自然资源消耗殆尽，至此人类将面临万劫不复的生存危机。虽然传统经济增长方式在一定程度上推动了社会发展，但同时也造成了严重问题。严峻的现实提出了诸多关于经济、社会发展的重大问题，如社会还要不要发展？该怎样发展？经济应该怎样发展？经济还要不要继续增长？如何增长？如何发展？发展问题成为当代人类关注的中心问题。

从人与自然界之间的关系来看，单纯的经济增长是不可持续的。以经济增长为核心的发展观仅仅把经济总量的提高、物质财富的增加作为经济发展甚至整个社会发展的目的，将GDP总量或人均GDP的增长作为衡量经济增长、社会发展的根本标准，认为经济发展、社会发展的目的就是经济增长、GDP增加。在这样的经济观和发展观支配下，人类为了追求自身物质利益的最大化，必然不断扩大经济规模、提高经济增长速度，从而导致经济系统对生态系统日趋加重的压力。以破坏生态环境、透支自然资源为代价来换取经济的高速增长，其结果是在全球范围内造成了严重的环境问题、生态危机。正是在这样的背景下提出了可持续发展观，可持续发展观也提出了自身的经济学命题。受到可持续发展观的影响，当代经济学已经或正在发生理论范式的转变，而这一转变的核心就是在经济学中凸显可持续发展的价值取向。本书对这一问题很难作出完整说明，但从最基本的方面看主要表现为以下四点。

第一，要实现经济的可持续发展，就必须区分“经济增长”与“经济发展”这两个不同的概念。这一区分的核心在于可持续性的凸显。大致来说，将经济增长等同于经济发展主要是20世纪50年代以前的经济观，在20世纪50年代以后，经济学家们开始区分“经济增长”和“经济发展”这两个概念。不可否认，以经济增长为核心的社会发展观对资本主义现代化，尤其是对第二次世界大战后各国经济的恢复和发展具有积极意义，特别是很多发展中国家在这种发展观的指导下实现了经济的快速增长和国民生产总值的快速增加，积累了丰富的物质财富。但是，经济增长并不一定意味着经济的健康发展，这个问题逐渐被经济学家们认识到。1965年，著名发展经济学家汉斯·辛格（H. W. Singer）指出，“不发达国家存在的问题不仅仅是增长问题，还有发展问题。发展是增长加变化，而变化不单在经济上，而且还在社会和文化上，不单在数量上，而且还在质量上。”① 显然，辛格已经明确区分了“经济增长”与“经济发展”两个不同的概念。1969 年，英国著名的发展经济学家西尔斯（D. Seers）出版《发展的含义》一书，进一步对发展与经济增长这两个概念作了明确区分。辛格指出，从过去的经验来看，“社会危机和政治动乱不仅折磨了经济停滞的国家，也折磨了人均收入迅速增长的国家。事实上，似乎经济增长不仅能解决社会和政治上的困难，而且某些类型的增长实际上会引起这些困难”。② 西尔斯认为，不能轻率地将社会发展等同于经济增长。他说：“把发展与经济增长混为一谈是我们十分轻率的表现。”“调查一国发展情况应提出的问题是：贫困状况怎么样？失业状况怎么样？不平等现象又是怎样？如果这三方面都已不是很严重了，那么就这个国家而言，无疑已处于一个发展的阶段了。倘若这三个中心问题中的一个或两个更加严重，特别是三方面都更为恶化，那么把这种结局称作‘发展’就是一件怪事。”③

对经济增长和经济发展两个概念的区分，意味着经济学家和社会学家们已经开始展开对以经济增长为核心的社会发展观的批判，开始关注经济增长与自然资源有限性之间的矛盾，关注规模日益扩大的经济系统与生态系统之间的冲突。自然资源的有限性和环境容量的有限性决定了经济增长是有极限的，决定了经济不可能无止境增长，也决定了必须从不可持续的经济增长转变为可持续的经济发展，确立起经济可持续发展的观念。尽管经济增长在社会发展过程中具有不可替代的作用，但据此把经济发展和经济增长等同起来则是有问题的。相比之下，经济增长是一个内涵比较狭窄的概念，而经济发展是更为完整的概念。概括地说，经济增长注重的主要是量，而经济发展注重的主要是质。经济增长主要指的是经济总量的增加，衡量经济增长的指标包括经济总量指标和经济效率指标。经济增长一般只反映经济产值的总量、经济效率等量的方面，而不能反映经济结构、产品性质和经济类别等质的方面。因此，经济增长有可能是不健康的经济发展。经济发展所注重的则不单纯是经济总量的增加、经济效率的提高等量的方面，而是经济结构是否合理、经济素质能否提高、经济产品的性质和比例如何优化、物质产品能否更好地满足人的合理需求等质的方面。因此，经济增长是一个偏重数量的概念；经济发展是一个既包含数量又包含质量，既关注经济问题又关注社会问题的概念。在一定意义上说，经济增长这一

---

① 辛格 H W. 1965. 社会发展：最主要的增长部门. 国际发展评论，(3)：5.

② 杜德利·西尔斯. 1993. 发展的含义//塞缪尔·亨廷顿等. 现代化：理论与历史经验的再探讨. 上海：上海译文出版社：47.

③ 杜德利·西尔斯. 1993. 发展的含义//塞缪尔·亨廷顿等. 现代化：理论与历史经验的再探讨. 上海：上海译文出版社：50～51.

概念是没有价值关怀的，而经济发展这一概念是有价值关怀的；经济增长仅仅以经济总量、经济效率的提高为目的，而经济发展以满足人的合理需求为目的；经济增长是手段，经济发展才是目的；经济增长不一定是健康的经济发展，而经济发展离不开经济增长。由于经济增长是有极限的、不可持续的，而经济发展是没有极限的、可持续的，区分“经济增长”与“经济发展”这两个不同的概念，用“经济发展”取代“经济增长”，这本身就体现了人类对经济发展可持续性的追求，体现了可持续发展理论对经济学的重大影响，是在经济学中贯彻可持续发展观的必然结果。

第二，要实现经济的可持续发展，就必须区分“经济发展”与“社会发展”这两个不同的概念。在对以经济增长为主的社会发展观的反思和批判中，社会发展理论出现了新突破。从思维方式上说，突破口就在于**整体论**的凸显，即从单一的经济发展观向社会整体发展观的转变。社会整体发展观主要体现在三个方面的变化。一是将发展与经济增长区分开。不应该将发展仅仅等同于经济增长，不仅社会发展不能等同于经济增长，而且经济发展本身也不能等同于经济增长。二是将经济发展与社会发展加以区别。不能将社会发展仅仅归结和还原为经济发展。经济发展只是社会一个组成部分的发展，而社会发展应该是社会整体的发展，是包括经济、政治和文化等在内的社会整体的发展。三是将社会发展的手段和目的加以区别。区别手段与目的的直接结果就是社会发展之人本维度的凸显。社会整体发展观明确经济发展不是社会发展的目的而是社会发展的手段，经济发展和社会发展的目的只能是人。社会发展不纯粹是一种经济现象，经济增长不是社会发展的最终目的，人的自由全面发展才是社会发展的最终目的。这样的区分为以人为本的发展理论的提出奠定了基础。

社会整体发展观反映了人类对发展问题的认识的深化，它意味着社会发展观已经从仅仅突出经济增长转变为强调将社会发展视为社会的整体进步；将检验和评价社会发展的根本标准由单一的经济标准转变为社会整体发展的综合性标准。1983 年，受联合国教科文组织委托，法国学者弗郎索瓦·佩鲁(F. Perroux) 撰写出版了《新发展观》一书，在该书中，佩鲁明确提出了“以人为本”的社会整体发展观。他认为，社会发展应该是整体的发展。人是社会发展的根本目的，而经济和社会发展都仅仅是实现这一目的的手段而已，经济和社会发展的最终目的应该是“为一切人的发展和人的全面发展”。[①]

唯物辩证法和现代系统科学都认为，整体与部分是相互依存的关系，整体是由部分组成的，离开部分就不存在整体。整体不是部分的简单相加，而是由

① 弗朗索瓦·佩鲁．1987．新发展观．张宁，丰子义译．北京：华夏出版社：11．

部分按特定关系相互作用而形成的，整体不等于部分的总和，整体大于部分之和。同时，整体与部分相互作用。一方面，整体对部分起着支配、决定作用，它能够协调各部分的关系并使之朝着统一的方向发展；另一方面，部分也具有相对独立性，它能够反作用于整体，部分的变化会影响整体的变化。整体与部分的关系原理是理解经济发展与社会发展之间关系的哲学基础。按照历史唯物主义的社会结构理论，社会是由经济基础、上层建筑等部分组成的复杂结构，是由经济、政治、文化和意识形态等诸方面构成的整体。社会是整体而经济是部分，社会发展与经济发展是整体发展与部分发展的关系。可持续发展指的是社会整体的发展，以及作为整体的人类的发展，它包括经济发展但又不限于经济发展。可持续发展观体现在关于社会各组成部分的发展理念之中，当然也体现在经济学之中。可持续发展观渗透到经济学中，就形成可持续发展理论关于经济的命题，形成可持续发展的经济观，这种经济观与生态经济学是本质一致的。

社会作为一个有机整体，它的各个组成部分密切相关、不可分割。社会各组成部分都具有特定的功能和作用，都对社会整体的发展具有不可替代的意义，它们的相互作用形成社会的整体性。所谓社会发展就是由社会各组成部分相互作用所产生的整体性变化。在社会的全部组成部分中，经济是基础，经济发展是由经济的各组成部分相互作用所产生的变化。历史唯物主义认为，经济发展特别是生产力的发展是人类社会发展的最终决定力量。经济发展是社会发展的一部分，它在社会整体的发展中处于基础性的地位，甚至决定社会其他部分的性质和变化。但是，不能据此将社会发展简单地归结和还原为仅仅作为社会特定组成部分的经济系统的发展。经济发展不能取代社会发展。社会发展史表明，经济发展既有其积极意义，也可能产生消极后果，经济发展并不必然带来社会进步。经济发展与社会发展既有统一的一面，也有冲突的一面。以经济增长为核心的片面发展观就造成了当代人类的生存困境，严重阻碍了社会的可持续发展。可持续发展观强调的是社会整体的发展，由于整体要制约部分，可持续发展高于经济发展，经济发展必须服从可持续发展的要求，而不能破坏可持续发展。经济系统作为社会整体的一个子系统，它不能不顾及社会整体而独立发展，而必须在与整个社会的政治、文化及生态环境相协调的前提下发展。显然，区分“经济发展”与“社会发展”这两个不同的概念，其结果不仅是赋予经济学以可持续发展的理念，而且使整体性得以凸显，将作为部分的经济发展置于社会整体的发展之下，将社会整体的可持续发展规定为经济发展的根本目的，将经济发展定位为可持续发展的手段。

第三，要实现经济的可持续发展，就必须正确处理经济发展过程中数量与质量的关系。唯物辩证法认为，任何事物都是质和量的统一。经济发展也应该将数量的增长和质量的提高统一起来。经济发展的质，首先表现在运用科学技术推动经济发展上。自然资源的有限性决定了经济增长在数量上是有极限的，为此，必须发展和运用科学技术以提高经济、社会和生态效益，从而提高经济发展的质量，实现可持续发展。经济发展的质还表现在对生态环境的保护、对自然资源的节约等方面。通过破坏生态环境、耗竭自然资源换取的经济增长仅仅是数量的增长，而在保护生态环境、节约自然资源的前提下所取得的经济发展才是可持续的、有质量的经济发展。生态环境是人类生存和经济发展的物质基础，可持续发展就是试图实现经济、社会与生态环境的协调发展。工业文明和现代化的经济增长无节制地追求经济规模的扩张，忽视自然资源的节约和使用效率，导致经济发展的不可持续性危机。因此，单纯强调数量、规模的经济增长缺乏对自然资源的节约与合理利用，缺乏对大自然的尊重和爱护。事实上，随着经济的不断增长，自然资源会不可逆转地减少，有些资源的骤减甚至直接威胁到人类的生存和发展。因此，必须改变单纯追求数量的经济增长方式，突出经济发展的质量，树立人与自然和谐的全面发展观，调整对自然资源的利用方式，推动经济、社会整体的可持续发展。

第四，要实现经济的可持续发展，就必须正确处理经济发展的正面效应和负面效应的关系。传统的经济增长模式只注重经济活动的正面效应而忽视经济增长所产生的负面效应。它仅仅以人本身的经济利益作为评价经济增长的价值基点，而不是以包括人类在内的自然界整体的利益作为评价经济增长的价值基点。具体地说，就是注重对人类当前、局部利益的满足而忽视经济增长的长远后果；注重对特定主体经济利益的维护，而忽视人类整体的长远利益。尤其是忽视了对生态环境的保护，以及对自然资源的节约。可持续发展观强调经济发展必须保证代际公正，不能以牺牲子孙后代的利益为代价来满足当下的发展需要。同时，还必须维持代内公正及国际公正，遏止强国对落后地区的资源掠夺，保障每个主体的生存权和发展权。

以上分析表明，随着人类在经济发展过程中对自身与自然环境认识的不断深化，经济学理论也在不断丰富和发展。可以说，建立在对环境问题和生态危机深刻反思基础上的经济学，对主流经济学最根本的变革就在于它赋予了经济学以可持续发展理念，将经济学与可持续发展观统一起来了。生态经济学与循环经济观、环境经济观、节约型经济观、低碳经济观、绿色经济观、稳态经济观等都是经济发展观与可持续发展观统一的结果。可持续发展观是生态经济学“家族”的基因和灵魂，甚至有经济学家提出应该建立一门“可持续发展经济学”。生态经济学、可持续发展经济学、可持续发展观本质上都包含着全人类利益至上的“类意识”。从更大的范围看，可持续发展观的影响还不仅仅局限于经济学，它已经渗透到当代自然科学、人文社会科学的各个学科，成为当代科学所谓“生态学转向”、“后现代转向”的本质内涵。

二、生态经济学是关于可持续发展的科学

生态经济学是一门横跨自然科学和社会科学，尤其是横跨生态学和经济学的新兴交叉学科。生态经济学在推进可持续发展观实施的过程中发挥着重要作用。生态经济学是可持续发展观的重要基础，可持续发展观是生态经济学的灵魂。可持续发展观的一个重要目的是要通过限制人的过度需求和欲望，限制经济的过度增长，保护自然环境、节约自然资源，从而维持人类生存和文明延续的自然前提长期稳定。可持续发展观的基本要求是，经济发展所形成的压力不应该超过自然界的承受力范围；经济发展对自然资源的消耗速度不应该超出自然资源的再生速度；人类向自然环境中排放的废弃物数量不应该超过自然环境的自净能力。只有这样，才能协调人与自然、经济系统与生态系统之间的关系，最终协调代内矛盾和代际矛盾，实现经济、社会的可持续发展，实现人类文明的长久延续。由于经济发展是社会发展的前提和基础，可持续发展观的要求和目标必须通过建立一门经济学，贯彻到经济发展的实践中来实现。生态经济学就是这样一门体现可持续发展观要求和基本精神的经济学。生态经济学的宗旨就是要在经济发展过程中贯彻可持续发展观，它是渗透了可持续发展观、体现了可持续发展原则的经济学。199C 年，首届国际生态经济学讨论会的题目与中心议题就是“生态经济学：可持续性的科学与管理”，有的学者干脆将生态经济学定义为“可持续性的科学和管理”。

生态经济学的目标是在生态系统承载力范围内，变革人类的经济发展方式和消费方式，实现经济系统与生态系统的和谐统一与可持续发展。正如美国学者康斯坦扎所说，生态经济学能够很好地研究生态系统与经济系统之间的关系，而“现有的学科均不能对生态系统与经济系统之间的这些关系予以很好的研究。环境经济学与资源经济学正如它们目前的发展和实际应用情况，仅涉及新古典经济学在环境问题与资源问题研究中的应用。生态学正如其目前的应用情况，有时候研究人类对生态系统的影响，但其主要研究对象是‘自然’系统。生态经济学既包括利用经济学方法研究经济活动对环境与生态的影响，也包括用新的方法研究生态系统与经济系统之间的联系”。① 生态经济学关注经济系统与生态系统之间关系，其目的是要确立经济发展的生态边界，探究经济可持续发展的正确道路。生态经济学与以往的增长经济学不同，它不是脱离生态系统孤立

① 转引自张志强，徐中民，程国栋．2003. 可持续发展下的生态经济学理论透视，中国人口·资源与环境，(6)：1.

地研究经济规模如何扩大、经济水平和经济效率如何提高、经济总量如何增长，而是研究经济系统与生态系统如何协调和谐，研究在与生态系统协调和谐的前提下如何实现经济的可持续发展。因此，生态经济学可视为经济层面的可持续发展观，可持续发展观是生态经济学的实质和灵魂。人类及其生命支持系统、经济系统与生态系统的可持续发展是生态经济学的目标。生态经济学是关于可持续发展的科学。

反过来，可持续发展观也包含了生态经济学的基本理念。特别是，生态经济学和可持续发展观有共同的实践基础。正因为如此，生态经济学与可持续发展理论才是内在相通的。生态经济学的核心理论与可持续发展观同步形成。纵观20世纪70～90年代世界环境与发展运动的历程不难发现，作为生态经济学核心理论的“生态与经济协调”理论与可持续发展观，在世界环境与发展运动的过程中几乎是同步出现的。1992年，联合国在里约热内卢召开的“环境与发展会议”提出“环境”问题的实质是“环境与发展”的关系问题，环境保护的出路不是将生态与经济对立起来而是将生态与经济紧密结合起来。这次会议还提出，可持续发展观应该建立在实现“生态与经济协调”的基础上。可见，强调“生态与经济协调”的过程正是可持续发展观建立的过程，同时也是生态经济学的核心理论——“生态与经济协调”理论的形成过程。生态经济学与可持续发展观在实践基础上完全同步形成。环境保护和资源节约是生态经济学的核心问题，而可持续发展观的提出也源自人们对环境问题的认识和对自然资源节约问题的关注。生态经济学立足于可持续发展观，又推动了可持续发展观的深化。同时，生态经济学也为可持续发展观的实现提供了现实路径。原因在于，要实现可持续发展，就必须按照生态经济学原理，将经济发展对生态环境的影响控制在尽可能小的限度内，实现人与自然的和谐、协调和可持续发展。

三、生态经济学与可持续发展观的本质一致

生态经济学和可持续发展观都关注资源环境问题，关注经济增长有无极限、经济发展能否持续等重要问题，这些问题归结起来实质上都是人与自然界之间的关系问题。人类越来越清醒地意识到，保持人与自然界之间的协调和谐关系对自身生存和文明延续至关重要。于是，可持续发展观应运而生并成为当代人类处理经济发展、人与自然关系、代内和代际利益矛盾的普遍性指导原则。可以说，可持续发展观是指导当代政治、经济和文化建设的普遍原则，而生态经济学主要涉及经济发展这一特殊部门。

在一定意义上可以说，可持续发展观与生态经济学之间是普遍性与特殊性、

共性与个性的关系。可持续发展观寓于生态经济学之中，是生态经济学的灵魂，而生态经济学是可持续发展观的特殊载体。可持续发展观的产生首先根源于对经济增长有无极限、能否持续这一重要问题的反思。工业文明和现代化的核心理念是“增长”和“规模”，而日益严峻的环境问题、生态危机表明，经济增长有无极限取决于自然资源有无极限，经济发展能否持续取决于自然资源能否持续。事实上，自然资源是有限的，因而经济的无限增长是不可能的。自然资源的有限性决定了经济增长一定有极限。有极限就意味着不可持续。因此，可以逻辑地得出这样的结论：无限增长的经济一定是不可持续的，而经济的不可持续意味着社会、文明本身的不可持续，因为经济的可持续是社会、文明可持续的前提和基础。因此，对工业文明和现代化道路的反思使人意识到，自然资源的有限性决定了经济不可能无限增长，必须用“经济发展”这一概念取代“经济增长”。同时，由于无限增长的经济是有极限的、不可持续的，而人类必须选择没有极限的、可持续的经济发展。因此，不仅要用“经济发展”取代“经济增长”，而且还必须确保经济发展是没有极限的、可持续的，要做到这一点，就必须限制经济发展的速度和规模。这样，在超越传统经济增长观的基础上，“发展”与“可持续”聚合为“可持续发展”。“发展”是对“增长”的否定，“可持续”是对“增长的极限”、“不可持续性”的否定，它们构成可持续发展的两个核心。可持续发展观包含着“限制增长”、“ 适度发展”、“发展无极限”、“发展可持续”等丰富内涵，而这些内涵都建立在对自然资源有限性的认知上。从这里可以看到事实与价值之间的内在联系，即人类的自然观（自然资源有无极限）对发展观和价值观（经济发展应该怎样）具有决定性影响，关于自然界“是什么”的事实认知决定了“应该怎样”的价值选择。可见，可持续发展观与生态经济学不仅内涵一致，而且它们的产生具有本质关联。

于是，可持续发展观的基本观念主要包括两个方面——发展与可持续。可持续发展不仅指经济发展、社会文明延续，而且更重要的是指生态环境和自然资源对经济社会发展的支撑力能够持续。“可持续”包含“经济社会可持续”与“生态可持续”两个方面。两个方面不是彼此分离的而是统一为一个有机整体——以生态可持续为前提的经济社会发展就是可持续发展。也可以说，可持续发展就是在生态系统整体性制约下的经济社会发展。可持续发展观的核心依然是发展，它依然把发展放在突出的地位上，它关注的不是要不要发展，而是怎么发展。可持续发展观强调的不是特定主体、特定区域、特定国家、特定时空范围内的发展，而是最大的主体——全人类在时间和空间维度上的持久发展。可持续发展观要求经济发展必须与自然资源、生态环境相适应，而不能像过去那样以无节制地消耗自然资源和破坏生态环境为代价换取经济增长，必须使经济社会发展与自然资源的承载力相协调。在生态系统整体、自然资源承受力范围内，经济可以最大限度地增长，人与自然之间也能够建立起协调和谐的关系；而超出生态系统整体承受力的经济增长则是不可持续的，人与自然界之间的关系也是不协调、不和谐的。人与自然界之间的协调、和谐关系是可持续发展的基础，也是可持续发展的目的。但是，人类社会和文明的延续才是可持续发展的终极目标，只有实现了人与自然的和谐协调，才能最终实现人类社会和人类文明的可持续。因此，可持续发展观要求兼顾代内公平与代际公平，兼顾当代人的利益与后代人的利益，强调发展不能破坏他人特别是后代的发展权，必须承认他人具有平等的发展权，以及作为平等发展主体的地位，从而使他人与自身享有平等的发展机会。可持续发展观不允许当代人牺牲和损害他人尤其是后代人的利益，不允许剥夺他人的发展权和发展机会。

综上所述，生态经济学与可持续发展观的精神实质是完全一致的。生态经济学与可持续发展观都建立在对自然资源有限性的认知基础上，都是将经济或社会系统置于生态系统整体之中加以考虑，都主张从生态系统整体的制约性出发定位经济发展或社会发展，它们都包含着人与自然协调的辩证大自然观。由于生态经济学的核心——“经济系统与生态系统协调”与可持续发展观的内涵是相通的，生态经济学为可持续发展观的建立提供了理论模型。从目的上看，二者也是完全一致的，它们的目的都是为了克服日趋严峻的经济与生态不协调这一重大问题。生态经济学的根本目的无非是通过变革人类的经济观和经济行为，推动经济发展从经济系统与生态系统不协调、不和谐和不可持续，走向经济系统与生态系统协调、和谐和可持续。

四、生态经济学与可持续发展观共同的哲学根基

从哲学层面看，生态经济学与可持续发展观具有共同的哲学基础。其中，**整体论、以人为本**和**可持续**是生态经济学和可持续发展观之共同哲学基础的三个核心。

首先，可持续发展观与生态经济学都包含着整体论的哲学观。与生态经济学一样，可持续发展观也主张将人类的发展置于自然界整体中加以考虑。1972年，联合国人类环境会议的非正式报告《只有一个地球》中明确提出：人是自然界的一部分，“我们是一个整体的一部分，这个整体超越于我们的局部欲望和要求；一切生物都像交错的蛛网一样互相依赖着，侵略和暴力会盲目地破坏生物的脆弱关系，从而引起毁灭和死亡”。[①] 因此，通过对自然界的过度否定而谋求发展是不可取的。环境问题的哲学根源之一就在于，将作为部分的发展凌驾

① 王伟．1995．生存与发展——地球伦理学．北京：人民出版社：31.

于生态系统整体之上，它“来自人类对生态的错误行动。我们通常认为人类不是地球上的寄居者，而是地球的主人。我们把征服客观世界看做人类的进步，这就意味着常因我们的错误认识而破坏了自然界”。[①] 也就是说，作为部分的人类的发展不应该破坏生态系统整体的完善，也不应该破坏人类与生态系统整体中其他组成部分的关系，因为人与自然界其他存在物是相互依存的。

1991 年，由联合国环境规划署、世界自然保护同盟和世界野生生物基金会共同编著的《保护地球——可持续生存战略》一书出版，它试图从有机整体论的自然观中推论出一种生态价值观和伦理观，将有机整体论转变为尊重自然、人与自然界和谐的观念，并提出了人对自然界负责的责任伦理。该书提出人类“只是地球上生命大家庭中的一部分”，[②] 人类应该“尊重地球”，应该把技术的使用、人类利益和需要的实现控制在生态系统整体所能够承受的限度之内。为此，必须建立可持续生存的道德——“尊重并爱护人类及人类所赖以生存的地球应以一种可持续生存的准则表达出来”。[③] 可持续生存道德的核心是“不作恶”，它包括两个维度：一是不破坏自然界的整体性；二是不破坏自然界其他存在物的生存。该书提出的道德准则中，部分条目直接涉及这一问题，例如，第一条，“每个人都是生命大家庭中的一员”；第三条，“每个生命形式有理由而分别得到尊重。人类的发展不应威胁自然的整体性和其他物种的生存；人们应该像样地对待所有生物，保护它们免受摧残，避免折磨和不必要的屠杀”；第四条，“每个人应该对他或她对自然界的影响负责。人类应该保持生态进程和自然界的多样性”；[④] 等等。可持续生存道德“断言我们对与我们一起共享地球的其他形式的生命也负有责任。它还认识到大自然必须按它自己的持续性，而不是作为满足人类需求的工具而得到保护”。[⑤]

其次，可持续发展观与生态经济学都包含着“以人为本”的生存论根基。从表面看，可持续发展观是为了协调人与自然界之间的关系，而其实质是为了协调人与人之间的关系，它试图通过协调人与自然界之间的关系来协调人与人之间的关系，同时通过协调人与人之间的关系来协调人与自然界之间的关系，但协调人与人之间的关系是可持续发展观的最终目的。从这个意义上讲，可持续发展观并不是“以自然为本”或“自然本位”的发展观，而是“以人为本”的发展观。可持续发展观的终极关切和价值取向是作为整体的人类，它是对以人为目的、以人为中心的发展理念的深化。不仅如此，可持续

---

① 王伟．1995. 生存与发展——地球伦理学．北京：人民出版社：27.
② 王伟．1995. 生存与发展——地球伦理学．北京：人民出版社：98.
③ 王伟．1995. 生存与发展——地球伦理学．北京：人民出版社：99.
④ 王伟．1995. 生存与发展——地球伦理学．北京：人民出版社：100.
⑤ 王伟．1995. 生存与发展——地球伦理学．北京：人民出版社：101.

发展观所说的“人”已经是被赋予新的时代内涵、在时间和空间上拓展了的概念。从空间上说，可持续发展观视野中的“人”包括超越了地域局限的他人；从时间上说，可持续发展观所说的“人”包括未来的他人。因此，可持续发展观在人与自然界之间的关系中所凸显的人与人之间的关系主要包括两个纬度，即代内的人与人之间的关系和代际的人与人之间的关系。可持续发展观所追求的“以人为本”就是要通过协调人与自然界之间的关系，实现代内公平与代际公平。

第一，与生态经济学一样，可持续发展观也将人的生存作为发展的最终关切。可持续发展观强调发展不仅要遵循客观规律，而且要有利于人的生存。这突出表现在，它认为发展不应该破坏环境，环境应该是人性化的，应该是有利于生存的。可持续发展观不是将发展规律视为与人的生存相脱离的东西，相反，它要求发展规律必须不断接受人的价值选择和评价，要求在发展过程中将合规律性与合目的性、真与善、科学与道德、事实与价值统一起来。可持续发展观提倡的是一种人本主义的、德性的发展，提倡的是一种生存论意义上的发展伦理。1972年召开的联合国人类环境会议所通过的《联合国人类环境会议宣言》中，提出了七条原则。其中，第一条就是：“环境给予人以维持生存的东西，并给他提供了在智力、道德、社会和精神等方面获得发展的机会。”① 第二条就是：“保护和改善人类环境是关系到全世界各国人民的幸福和经济发展的重要问题，也是全世界各国人民的迫切希望和各国政府的责任。”①同时，可持续发展观的“可持续性”要求本身就体现了中国传统文化“天地之大德曰生”的人文理想。“可持续”就是远距离的、延伸的人文主义，它凸显了对人类文明延续的关注，其宗旨就在于关注发展对于人类生存的影响，其最终目的是要通过对生态系统整体性和自然资源可持续性的保护，来确保人类自身的可持续发展。可持续发展观对于发展对他人特别是对后代的影响的关注，实质上就是强调发展不能破坏人类文明的延续。在《只有一个地球》中就已经指出，要“保持地球不仅成为现代适合于人类居住的场所。而且将来也适合于子孙后代的居住”。②

第二，与生态经济学一样，可持续发展观也强调人的全面发展。可持续发展观主张人的利益和需要应该是全面的，人既具有物质利益和物质需要，也具有精神利益和精神需要。因此，自然界对人既具有物质价值，也具有精神价值。可持续发展观要求，不能把自然界仅仅看做人类的资源库、能源库，自然界不是僵死的物质存在者。同时，也不能把发展仅仅理解为经济发展，而应该理解

---

① 万以诚，万岍．2000．新文明的路标．长春：吉林人民出版社：1.

② 王伟．1995．生存与发展——地球伦理学．北京：人民出版社：27.

为物质和精神的全面发展；发展不应该是纯粹的物质活动过程，而是生存论意义上的伦理过程。可持续发展观倡导的是一种全面的发展。在人的存在论地位和价值观方面，人不应该是单向度的经济人，而应该是既追求物质价值又追求精神价值的全面发展的人；自然界不仅是物质载体而且是精神载体。在 1972 年召开的联合国人类环境会议上，就已经开始了对经济主义、物质主义的批判。“筹备联合国人类环境会议的政治家们，开始认识到人类的物质和精神要素同地球的关系，至少同我们这个地球生态的健全是同等重要的。他们自然会全神贯注于缺少食物和舒适生活，自然资源的枯竭，环境污染物的积累，世界人口的增长以及超越物质需要的某些自然价值受到的威胁等问题。”① 事实上，良好的生态环境本身就是一种非物质的利益，“确保环境保护和持续发展是全人类共同关心的问题，要求国际社会采取有效行动，并为全球合作创造机会”，②“保护环境是人类共同的利益”。③

第三，与生态经济学一样，可持续发展观也强调发展的可持续性。可持续发展观主张，解决人类利益、需要的无限性与自然资源有限性之间矛盾的基本方式应该是，一方面要限制人的利益、需要；另一方面要求人类必须接受自然界这个无生命、也不具主体性的对象对自身利益和需要的限制。可持续发展观主张作为部分的经济发展不能破坏作为整体的生态系统的完善，生态系统的整体性对于作为部分的经济发展具有制约作用。可持续发展观主张通过限制人的利益、需要以适应自然资源的有限性，而这种限制是通过人与人之间关系的协调来实现的。可持续发展观主张通过协调代内矛盾和代际矛盾，实现代内公平和代际公平，从而实现对经济发展的限制与制约，最终实现经济、社会发展的可持续性。从整体论的观点看，可持续发展观的这一思路实质上是试图通过协调部分与部分之间的关系，进而实现生态系统整体的完善。原因在于，经济发展是生态系统整体的一部分，代内矛盾与代际矛盾实质上就是此发展与彼发展、现在的发展与将来的发展之间的关系，简而言之，即是部分与部分之间的关系。显然，可持续发展观包含着整体论的基本观念——部分与部分之间的关系决定系统的整体性。由于代内矛盾与代际矛盾是人与人之间的关系，可持续发展观的上述观念实质上就是主张将人与人之间的关系和人与自然界之间的关系统一起来，通过对人与人之间关系的协调来实现对人与自然界之间关系的协调。可持续发展观在一种特定的意义上使部分与整体的关系同“人-人”关系与“人-自”关系的统一取得了内在一致。

① 王伟.1995.生存与发展——地球伦理学.北京：人民出版社：27.
② 万以诚，万岍.2000.新文明的路标.长春：吉林人民出版社：19.
③ 万以诚，万岍.2000.新文明的路标.长春：吉林人民出版社：1.

对任何主体来说，自然界都既是自身又是他人，对自然界的尊重就是对他人的尊重；与自然界的平等就是与他人的平等；与自然界和谐就是与他人进行合作。可持续发展就是对人的利益和需要加以限制的发展，它的基本伦理主张就是自身的发展不能破坏他人的发展。因此，它同样是节约型发展与利他形发展的统一。正是在这种意义上，可持续发展观也是一种德性的发展观。

第三节 生态经济学与科学发展观

科学发展观是在中国特色社会主义建设实践中形成的社会发展理论，它“是马克思主义关于发展的世界观和方法论的集中体现，是同马克思列宁主义、毛泽东思想、邓小平理论和‘三个代表’重要思想既一脉相承又与时俱进的科学理论”。[①] 同时，科学发展观也体现了鲜明的时代特色和时代精神，而其中一个重要方面就是对生态环境问题的关注。科学发展观本质上是一种生态发展观，它构建并完善了社会发展的新思路，体现了发展模式的整体性、协调性。科学发展观突出经济发展与人文关切、生态环境、自然资源等各方面的协调和谐。在生态维度上，科学发展观与生态经济学、可持续发展观是相通的。

一、科学发展观的形成

实践决定认识。从人类社会历史演进的过程来看，社会发展理论并不是一成不变的，而是随着经济社会发展的实践而不断完善的。科学发展观是当代中国的马克思主义者对社会发展理论的重大贡献，它的孕育、形成和成熟有一个过程。

早在2003年4月15日，胡锦涛在广东考察工作时就提出要坚持全面的发展观。2003年7月28日，胡锦涛在全国防治非典工作会议上指出，要更好地坚持协调发展、全面发展、可持续发展的发展观。在2003年10月召开的中国共产党第十六届三中全会上，明确提出了科学发展观，并将它的基本内涵概括为“坚持以人为本，树立全面、协调、可持续的发展观，促进经济社会和人的全面发展，坚持统筹城乡发展、统筹区域发展、统筹经济社会发展、统筹人与自然和谐发展、统筹国内发展和对外开放的要求”。2004年2月21日，温家宝在省部级主要领导干部“树立和落实科学发展观”专题研究班结业式上发表了题为

---

① 胡锦涛．2007. 高举中国特色社会主义伟大旗帜为夺取全面建设小康社会新胜利而奋斗．北京：人民出版社．

"提高认识，统一思想，牢固树立和认真落实科学发展观"的讲话，强调各级领导干部一定要提高认识，统一思想，自觉运用科学发展观来指导各项工作，推进中国特色社会主义事业顺利发展。2004 年 3 月 10 日，胡锦涛在中央人口资源环境工作座谈会上的讲话中，更具体地阐述了科学发展观的深刻内涵和基本要求。他提出，坚持以人为本，就是要以实现人的全面发展为目标，从人民群众的根本利益出发谋发展、促发展，不断满足人民群众日益增长的物质文化需要，切实保障人民群众的经济、政治和文化权益，让发展的成果惠及全体人民；坚持全面发展，就是要以经济建设为中心，全面推进经济、政治、文化建设，实现经济发展和社会全面进步；坚持协调发展，就是要统筹城乡发展、统筹区域发展、统筹经济社会发展、统筹人与自然和谐发展、统筹国内发展和对外开放，推进生产力和生产关系、经济基础和上层建筑相协调，推进经济、政治、文化建设的各个环节、各个方面相协调。在中国共产党第十七次全国代表大会上，胡锦涛系统阐述了科学发展观的基本内涵、现实基础及其与马克思主义、列宁主义、毛泽东思想、邓小平理论和"三个代表"重要思想既一脉相承又与时俱进的关系。他明确提出：科学发展观，第一要义是发展，核心是以人为本，基本要求是全面协调可持续发展，根本方法是统筹兼顾。

二、科学发展观的革命性

科学发展观是社会发展理论的革命性成果，它鲜明地指出了社会发展的本质是以人为本；社会发展的根本目的是经济、社会和人的全面发展；社会发展的基本要求是全面、协调和可持续。这些思想使人类对社会发展问题的认识更为完善、准确和深刻。科学发展观扬弃了以往社会发展理论的片面性，是一种真正意义的当代发展理论。

（一）从物本主义发展观到以人为本的发展观

机械论经济观的人性预设和理论前提是"理性经济人"。以这种发展理念为指导的社会发展，其表现形式是规模化生产、消费主义和国家福利主义。它在生产层面的基本特征是福特主义（Fordism)，即以市场为导向，以分工和专业化为基础，以较低的产品价格作为竞争手段。社会经济体系主要是建立起大型企业的装配线生产。它在管理层面的基本特征是泰罗主义（Taylorism)，即通过量化、标准化和规范化的管理方式，提高劳动生产率，实现经济利益的最大化。显然，机械论经济观是以物质财富的增长作为价值取向和实践原则的，它片面追求经济的数量型增长和物质财富之量的积累，是一种"物本主义"发展观。物本主义发展观的弊端在于，它片面地以物质财富的增长作为社会发展的目的和衡量社会进步的标准，而人则异化为促进物质财富增长的工具和手段，成为现代化工业生产线上的一个环节，沦为机械化生产体系的一个技术构件。如此一来，人与物的正确关系就被颠倒了。

马克思和恩格斯在《共产党宣言》中说："资产阶级争得自己的阶级统治还不到一百年，它所造成的生产力比过去世世代代总共造成的生产力还要大，还要多。"① 作为人类最基本和最普遍的实践形式，经济活动是人类维持生存、追求社会发展的基本手段。毋庸置疑，物本主义发展观为人类社会积聚了丰富的物质财富，给人类的生活带来了翻天覆地的变化。但是，物本主义发展观本质上是一种经济决定论。它的问题在于见物不见人，主张解释世界的出发点和最终归属是物而不是人，甚至认为人和社会的全部问题都可以归结、还原为这些问题的经济根源。就人而言，物本主义发展观突出人的物质欲望和物质需要，凸显人的经济属性，将人视为只有经济属性的单向度的人。物本主义发展观也许并不否定人的非经济的属性和需要，但它认为人的非经济的需要和属性最终都是由经济属性和经济需要决定的。就社会而言，它主张经济发展是社会发展的决定性方面，甚至认为社会发展可以归结为、等同于经济发展。就自然界而言，物本主义发展观认为自然界仅仅是经济发展的构成要素，是物质性的存在，是人类的资源库和能源库。显然，物本主义发展观包含着片面性思维，包含着对人、社会和自然界的抽象理解，它忽视了人和社会的全面发展，忽视了自然界的整体意义。这样的发展观势必导致人、社会和自然界的异化。单纯只有物质需要和经济属性的人，必然以物质利益为根本目的和价值取向，片面追求物质需要的满足，释放其物欲，不断增强向自然界的索取。

同时，物本主义发展观还包含着一种斗争哲学，它蕴含着人与自然、人与人之间的对立性、斗争性。在人与自然界之间的关系中，物质需要的满足成为社会发展的首要关切，因而在价值层面出现纵欲主义、商品拜物教。人与自然界之间的依存关系被遮蔽，而对立性、斗争性得到凸显。人与自然界之间的关系被抽象为纯粹的物质关系。人类自身不断释放的物质欲望与自然界的自身性之间形成对抗和冲突，人类不断增强向自然界的掠夺与索取。人与自然界之间的关系成为不平等的主奴关系，成为征服与被征服、控制与被控制的关系。人类创造出现代科学技术试图摆脱自然界的束缚，成为自然的主宰。自然界则沦为人类实现自身物质利益的工具，具有丰富多彩特性的自然界被抽象为人类的资源库、能源库，人类文明的历史也被冠名为所谓"资源时代"、"能源时代"。人与自然界之间关系的丰富内涵、人与自然界的平等关系、人对自然界的保护

① 马克思，恩格斯．1958．马克思恩格斯全集．4卷．中共中央马克思恩格斯列宁斯大林著作编译局译．北京：人民出版社：471.

与责任等都被忽视了。在人与人之间的关系中，由于每个人都被抽象为只有经济属性和物质需要的原子个人，在价值层面上形成个人物质利益至上的价值取向，人与人之间的依存性被遮蔽，而对立性、斗争性得到凸显。人与人之间的关系转变为纯粹的经济关系、物质关系，在这种关系中开展出人与人之间以物质利益为核心的对抗和斗争。人的物质需要一旦获得无限扩张，人的物质欲望一旦得到无限释放，就会转化为人们无限追求物质利益的实践。随着人类创造物质财富的能力不断增强，不断膨胀的物质欲望就成为社会的主流价值。相应地，中西方文化中“以人为本”的哲学思想就被有意无意地遮蔽甚至排斥掉了。物本主义发展观带来了严重的现代性危机，表现为人的物化和自然界的异化。在社会物质财富急剧增加的同时，形成了直接威胁人类长远生存与发展的环境问题、生态危机；导致“能源危机”、“资源短缺”并最终引起社会发展和人类文明延续的不可持续性危机。

针对工业文明所导致的人和自然界的异化，从马克思、恩格斯到当代西方一大批学者如马尔库塞、弗洛姆等都进行了尖锐而深刻的批判。如果要从根本上克服片面的经济增长所带来的一系列社会问题，就必须转变社会发展观，推动物本主义发展观向以人为本的发展观转变。从全球背景看，随着在全球经济发展过程中人与自然、人与社会、人与人之间关系的矛盾日益突出，人们越来越深刻地认识到，经济社会发展的目的不是物质财富的增长，而是人自身价值的实现，以及人的自由全面发展。在这样的背景下，以人为本的发展理念逐渐被社会发展理论所吸收，并成为新的社会发展观的核心。20 世纪 80 年代以后，以人为本、以人为中心的发展观逐步流行。其中，佩鲁在《新发展观念》一书中最早、最明确地揭示了传统发展理论存在的问题，并阐述了以人为本的发展理念。他主张将人的全面发展作为社会发展的最终目的，作为评价社会发展成败的根本尺度和标准，从而将社会发展观推进到新阶段——以人为本的阶段。他还主张全部经济学和经济发展都应该以人为目的，以人为尺度，社会发展应该以人的价值的实现、人的需要的满足和人的潜力的实现为中心，促进人的生活质量的提高和社会共同体中每个个体的全面发展。不是物的数量指标而是人的全面发展才是检验经济发展、社会发展成败的根本标准。因此，必须把人置于社会发展的中心。佩鲁的理论使人类的发展观实现了从以物为目的到以人为目的的转变，突出了人的自由、全面和平等的发展，将人的自我实现置于社会发展的中心，引领了当代发展观的革命，同时也体现了当代哲学的时代精神。大致说来，以人为本的发展观包含的主要含义是：以人为目的、以人为尺度。人的自由全面发展是社会发展的根本目的和检验标准。

20 世纪 90 年代以来，以人为本的发展理念得到进一步扩展。1990 年以后，联合国开发计划署每年出版并发布《人类发展报告》（Human Development

Report)，首次提出“人类发展”这一崭新概念。报告主题涉及“人权的概念与测度”、“资助人权”、“人类发展的全球视野”、“人类的参与”、“人类安全的新视野”、“性别与人权”、“人权与绝对贫困的消除”、“从消费的视角看人权”、“有人类面孔的全球化”、“人权与人类发展”、“让新技术为人类发展服务”、“在全球碎裂的世界深化民主”、“千年发展目标：终结人类贫困的国际条约”、“大千世界中的文化自由”、“处在十字路口的国际合作”、“透视贫水：权力、贫困与全球水危机”、“应对气候变化：分化世界中的人类团结”、“变动中的人权”、“40 年的趋势分析显示贫困国家取得了更快的发展”、“可持续性与平等：共享美好未来”，等等。仅从这些题目就能够看出，以人为本、以人为中心的社会发展观已经得到国际社会的普遍认同。《人类发展报告》对世界各国的发展状况进行评估和比较，对于引导各国将社会发展目标由单纯的经济增长转变为人的全面发展产生了重大影响。

以人为本的社会发展观得以确立的一个重要标志是，联合国在 1990 年的《人类发展报告》中，提出了一个崭新的概念——人类发展指数（human development index，HDI)，而且在每年的《人类发展报告》中几乎都要对世界各国的人类发展指数进行排名。HDI 主要包括三个基本因素：寿命、知识和生活水平。寿命主要通过人的预期寿命来衡量；知识主要通过成人的识字率和受教育的平均年数来测量；生活水平则主要通过购买力，即把人均实际国内生产总值调整为当地生活费用的水准，也即购买力评价（purchasing power parity，PPP）来衡量。显然，人类发展指数这一概念本身就体现了以人为本的社会发展理念，它确立的三个指标不单纯是经济指标、物质指标，而是体现了人的全面发展的综合性指标。人类发展指数不单纯以一个国家 GDP 的增长为标准来衡量社会发展的成就，而是将社会发展理解为经济、社会的整体进步和生态环境的整体改善，理解为人的全面发展和生活质量的整体提升。

科学发展观的提出，是对物本主义发展观的超越，也是突出以人为本这一时代精神在当代中国社会发展观中的体现。科学发展观的基本内涵是“坚持以人为本，树立全面、协调、可持续的发展观，促进经济社会和人的全面发展”。显然，科学发展观将以人为本置于最重要的地位，将其作为核心。坚持以人为本，就是以实现人的全面发展为目标，从人民群众的根本利益出发谋发展、促发展，不断满足人民群众日益增长的物质文化需要，切实保障人民群众的经济、政治和文化权益，让发展的成果惠及全体人民。从物本主义转向以人为本，用以人为本的发展理念取代以物为本的发展理念，从国内和国际看都是社会发展实践的必然结果。与物本主义相反，包括科学发展观在内的以人为本的社会发展观，以人的感性生存、人的价值的实现、人的自由全面发展等作为社会发展的出发点、根本目的和检验标准，并以此作为社会发展的价值取向和实践原则。

从这个角度看，科学发展观包含的主要内涵有以下三点。

第一，社会发展的永恒主题是人而不是物。物本主义发展观颠倒了人与物的关系，将物的增长作为社会发展的根本目的和衡量社会进步的根本尺度，人反而沦为实现物质增长的工具和手段。与此不同，科学发展观主张，人才是社会发展的出发点和最终目的，才是衡量社会进步的根本尺度，物仅仅是实现这一目的的工具和手段。人是社会发展的核心，充分满足人的需要、促进人的价值的实现是社会发展的根本目的。与物的因素相比，人是最重要和最根本的，人的地位和价值是物所不可比拟的。

第二，社会发展应该促进人的全面发展。物本主义社会发展观导致人自身的物化、异化，导致人的片面性发展。科学发展观则主张，人是具有全面需要和丰富规定性的存在者，人既具有物质需要也具有精神需要。因此，社会发展的出发点和最终目的不是人的片面发展而是人的全面发展，人的全面发展既是社会发展的根本目的，也是衡量社会发展成败的根本标准。科学发展观反对用物来解释一切社会问题，反对在社会发展过程中将人异化为物的工具和手段；主张社会发展应该始终围绕人的自由全面发展、人的综合价值的实现而展开，在满足人的基本物质需要，实现人与自然和谐统一的前提下实现人的全面发展。

实际上，历史上有远见的哲学家都强调人的全面发展。亚里士多德最早涉及这一问题。亚里士多德是古希腊内在目的论的倡导者，他认为自然界万事万物都有其内在目的。人也有自己的目的，人的实践活动也因此成为目的性活动。而人所追求的目的应该是“美好生活”（the good life）与“幸福”（happiness），“美好生活”和“幸福”是人类全面实践活动的最终目的，是人类“共同的善”（common good），这种“共同的善”是永恒的、普遍的东西而不是易逝和流变的物质。不仅如此，亚里士多德认为，“美好生活”和“幸福”是以“德行”为主的，物质只是这种“德行”生活的手段和工具而已。可以说，亚里士多德倡导的就是人的全面发展。他认为对人的幸福来说，精神生活及德行等是比物质生活更重要的东西，物质只是实现美好生活和幸福的手段而已。显然，物本主义社会发展观与古代哲人的观点是违背的，而科学发展观更符合古代哲人的理想和智慧。

第三，人与自然、人与人之间关系的和谐是检验社会发展的重要标准。以物本主义发展观为指导的社会发展对自然界具有榨取性，因而它是不可持续的。科学发展观则主张社会发展应该是可持续的。在一定意义上说，物本主义发展观割裂了人与人之间、人与自然界之间的关系，在人与自然界之间关系的维度上，通过与自然界的对抗、斗争来求得人类自身的发展。与此同时，它否定自然界的“利益”；在人与人之间关系的维度，突出个人本位、区域本位、国家本位、当代人本位，忽视共时代的他人与历时代的后代人的利益。其结果是，导致人与自然界之间关系的不和谐，人与人之间在发展权、发展利益等问题上的不公正、不平等。科学发展观强调物质财富分配的公平、正义，强调经济发展过程中的道德维度，突出社会和谐，以及人与自然界之间关系的和谐。因此，科学发展观更加强调的是包括物质财富在内的全面的、综合性利益的可持续增长。

必须看到的是，科学发展观是对物本主义社会发展观的超越而不是彻底否定。物的尺度表现为生产力的发展水平，而人的尺度则表现为人的解放和发展程度。物的尺度也是衡量社会发展的重要尺度。也就是说，强调“以人为本”并不否定“以物为本”在特定范围内的合理性；强调人是社会发展的出发点和目的并不否定物对社会发展的重要性；强调人的全面发展并不否定物也是人的全面发展的重要组成部分；强调物是人的全面发展的手段并不否定物也是人的目的之一。在一定意义上，甚至可以说“以人为本”的提法与“以物为本”的提法一样，都包含着某种片面的形而上学思维方式。如果在强调人是目的的同时完全否定物的重要性，那么，“以人为本”就是极端的、形而上学的，就不是历史唯物主义。社会发展应该是全面的发展，只有全面的社会发展才能实现人的全面发展。因此，坚持“以人为本”的科学发展观，必须首先坚持唯物辩证法，正确认识和处理“人”与“物”的关系，将二者辩证统一起来。既应该坚持“以人为本”的社会发展观，也应该肯定“以物为本”社会发展观有限的合理性。“以人为本”强调的应该是包容了物的尺度在内的人的尺度，是包容了物的发展在内的人和社会的全面发展。

（二）从唯经济主义发展观到全面发展观

物本主义发展观同时也是唯经济主义发展观。尤其是在第二次世界大战后，发展问题，特别是经济发展问题成为世界各国共同面临的紧迫问题。在这样的背景下，单纯以经济增长为目标的唯经济主义的社会发展观盛行于世。大致说来，唯经济主义发展观的哲学基础主要包括以下三个方面。

第一，在世界观上，唯经济主义发展观的哲学基础是经济决定论。它认为经济问题是所有社会问题的最终根源，经济发展是解决全部社会问题的最终手段。因此，社会发展可以还原为经济发展，而经济发展可以还原为经济增长。所谓经济增长也就是物质财富的增长，具体表现为经济规模的不断扩大、经济增长速度的不断提高、GDP 的不断增长等。这种发展观认为，只要不断提高经济增长率，物质财富就会自然增加，而随着物质财富的增加，社会的政治、文化、公平和正义等问题就必然能够得到相应的解决。显然，这样的哲学思维忽视了社会是一个有机整体的基本观点，它突出经济发展，却忽视了社会整体的发展；突出经济发展对社会其他组成部分的决定性作用，却忽视了社会其他组成部分对经济发展的反作用；突出经济发展是目的，却忽视了社会其他组成部分也是目的。

第二，在方法论层面，唯经济主义发展观的哲学基础是还原论。它根源于近代机械论世界观，遵从的是线性、简单性、还原论思维。它将社会整体的发展还原为社会的特定组成部分——经济的发展，用部分的发展取代整体的发展，忽视了社会有机系统整体内部各要素之间相互作用关系的复杂性。对线性、简单性的强调忽视了社会发展之非线性、复杂性的一面，还原论思维遮蔽了社会发展的整体性一面。这种发展观包含着孤立地看待问题的形而上学思维方式，它将经济要素从社会有机整体中孤立出来，把复杂的社会发展还原为经济的线性增长，忽视了社会各组成部分之间的普遍联系。

第三，在价值观层面，唯经济主义发展观的哲学基础是进步主义。这种发展观将经济增长等同于经济发展，认为增长就是发展，发展就是进步，而进步是“善”，不进步是“恶”。经济增长、发展和进步是天然合理的。为此，唯经济主义发展观所关注的中心问题是经济如何增长得更快，而这一过程对人类长远生存和可持续发展的后果则被忽视。不仅如此，唯经济主义发展观实际上建立在“自然资源无限性”这一预设的基础上，它认为自然资源是无限的，因而也就认为经济能够无限增长。唯经济主义发展观只看到经济的增长和进步对人的正面价值，而忽视经济的增长和进步对人类社会长远发展的负面效应，是一种静止、片面地看问题的思维方式。事实上，“善”与“恶”的价值评价不是固定的而是变化的。随着时代的发展，增长、进步不一定是“善”，在特定情况下，不增长甚至负增长也不一定是“恶”。同时，客观对象是一种整体性的存在，不能只看到它的某一具体方面对人的需要的满足，而应该看到它整体上对人的意义；既要看到它对人的积极意义，也应该看到它对人的消极作用。在对社会发展的价值评价中，某一特定方面（如“经济增长”、“进步”）在满足人的某方面具体需要的同时，也有可能遮蔽它对人的其他需要的破坏性。唯经济主义发展观的价值观体现在人与自然的关系上就是人类中心主义。它认为人与自然界的价值论地位是不平等的。人是绝对主体，自然界是人的工具；人是自然界的主人，自然界则是人奴役的对象；人具有自身的内在价值，是唯一的目的中心，自然界则只具有满足人类需要的工具价值而没有自身的内在价值。人类中心主义遮蔽了人与自然界平等的价值观，遮蔽了人与自然界之间和谐统一的一面。正是在这种价值观的支配下，人类以征服、支配、掠夺、占有和无节制挥霍的野蛮态度对待自然界，对自然资源进行掠夺式的开发和攫取，以牺牲环境为代价求得经济的高速增长。

唯经济主义发展观在改革开放后的中国也曾一度流行，一些人把“以经济建设为中心”片面地理解为单纯追求经济增长，把“发展是硬道理”理解为经济增长是硬道理；把整个社会的综合性系统发展仅仅归结为经济发展；对经济发展的理解也仅仅停留在经济数量增长上，不重视经济发展的质量，如自然资源节约与生态环境保护等。

自20世纪60年代以来，唯经济主义发展观在全球范围内遭到多方面的挑战，它给社会发展带来的诸多具体问题，从而引发了西方学术界的批评，也引发了关于社会发展理论的批判性反思。学者们总结唯经济增长观给社会健康发展带来的问题，提出了新的发展学说。社会全面发展观、整体发展观逐步形成。从哲学层面看，社会整体发展观更加注重社会各组成部分之间的普遍联系，是一种闪烁着辩证法思想光辉的社会发展观。它超越了唯经济主义发展观的片面性哲学思维，坚持整体论的哲学观，主张社会发展应该是经济、政治、文化、价值观念、文化传统等多方面综合作用的结果，社会发展意味着社会的全面变革。

总体看，从唯经济主义发展观到社会全面发展观的转变，实质上是从形而上学的片面性思维到唯物辩证法的普遍联系思维；从经济决定论到社会有机整体论；从还原论到整体论；从关注线性和简单性到关注非线性和复杂性；从斗争思维到和谐思维等多维度的转变。20世纪70年代以后，经济增长与社会发展不能等同，以及社会发展是经济社会各方面的全面协调发展等理念成为国际社会的共识。1983年，佩鲁在《新发展观》一书中提出“整体的”、“综合的”、“内生的”新发展理论。此后，各国学者提出了人与人和谐、人与自然协调、经济与政治协调等新的发展理念。社会全面发展观强调用社会整体发展取代部分的发展；强调用社会各组成要素的协调发展取代单纯的经济增长；强调社会发展由一维到多维、由单一向整体转变。它不仅凸显社会内部的全面发展和整体发展，而且凸显社会与外部自然环境的协调和谐。

科学发展观就是在上述背景下提出的一种社会发展观。科学发展观的当代性集中体现在它反映了时代精神的精华，它的提出与世界范围内对唯经济主义发展观的批判与超越有关，与世界各国强调社会全面发展的时代潮流有关。它所包含的全面、协调、可持续和统筹兼顾等观念都是时代精神的反映。科学发展观的当代性主要体现在以下三个方面。

第一，科学发展观贯彻了唯物辩证法关于辩证否定的基本观点，它对唯经济主义发展观的否定是一种辩证否定与“扬弃”，而不是全盘否定。科学发展观否定唯经济主义但并不否定经济发展。它强调的是在经济发展的同时，必须坚持社会和人的全面发展，也就是在社会发展过程中，政治、经济和文化等各方面的全面发展、协调发展。

第二，在社会各组成部分的关系问题上，科学发展观贯彻唯物辩证法关于主要矛盾与次要矛盾辩证关系的原理。它强调经济发展是社会发展的主要矛盾，但同时并不因此片面地突出经济发展而忽视社会的全面发展、忽视自然环境的保护等问题。它倡导的是经济、社会、自然环境的协调和全面进步。在社会发展过程中，经济发展是前提和基础。但是，经济发展并不是社会发展的唯一目的或最终目的。社会的全面进步、自然环境的保护和人的全面发展才是经济发展的最终目的。同时，社会的全面发展，政治、文化等领域的发展又反过来为促进经济发展提供了制度保证、精神动力和智力支持。

第三，科学发展观体现了唯物辩证法关于普遍联系的基本观点，它认为社会发展是社会各方面发展所形成的相互影响、相互作用的动态过程。科学发展观所强调的全面性，并不是否定重点的“均衡论”，而是要把全面性和重点论有机地统一起来的“两点论”。全面发展，就是要以经济建设为中心，全面推进经济、政治、文化建设，实现经济发展和社会全面进步。而这几个方面内容的重点是经济发展，经济是基础，离开经济发展也就没有社会的全面进步和人的全面发展。

（三）从自发的发展观到协调发展观

唯经济主义发展观导致的一个严重后果是，社会各组成部分的发展不协调、不和谐。造成这一后果的根源，从哲学上说就是没有正确处理主要矛盾和次要矛盾之间的关系，没有贯彻事物普遍联系、相互作用的整体论原则。唯物辩证法认为，事物的矛盾具有复杂性。在事物内部和外部面临的诸多矛盾中，有些矛盾是主要矛盾，有些矛盾是次要矛盾。对主要矛盾的解决决定着事物的发展方向，尤其是主要矛盾的主要方面，它决定事物的性质。但是，在强调解决主要矛盾的同时不应该否定次要矛盾的重要性。同时，次要矛盾的解决对主要矛盾的解决又具有反作用。在一定情况下，次要矛盾还可以转化为主要矛盾。主要矛盾和次要矛盾之间辩证关系的原理要求，社会发展观必须正确处理社会各组成部分之间的辩证关系。在社会发展的特定阶段，经济发展当然是社会发展的主要矛盾。唯经济主义发展观的根本问题在于，它将主要矛盾作为唯一矛盾，只注重解决社会发展过程中的主要矛盾，忽视了社会发展过程中的次要矛盾；只注重经济发展，忽视了社会其他组成部分的发展。其结果不仅导致社会发展的不和谐、不协调，而且使经济本身的发展也受到制约。社会全面发展观、整体发展观就是倡导社会的协调发展、和谐发展。所谓协调发展、和谐发展，从社会内部看就是要正确处理人与人之间，以及经济发展与社会其他组成部分的发展之间的辩证关系；从社会外部看就是要正确处理人与自然界之间的辩证关系。在这个问题上，同样要坚持唯物辩证法关于主要矛盾与次要矛盾辩证关系的原理。经济发展固然是社会发展过程中的主要矛盾，但不是唯一矛盾。在经济发展的同时，必须推动社会其他组成部分的发展。只有这样，社会发展才是和谐的、协调的。因此，社会全面发展观、整体发展观实质上是一种协调发展观、和谐发展观。它主张社会发展应该是整体性、综合性的，强调经济发展与社会其他组成部分，以及社会整体的协调、和谐和平衡。

同时，唯经济主义的发展观强调的是一种**自发**的发展，而社会全面发展观、整体发展观主张**自觉**的发展。唯经济主义发展观关注的是实体而不是关系，只注重部分（经济）的发展，而忽视整体（社会）的发展，它将部分与部分、部分与整体割裂开来，突出孤立部分的"自由"发展，忽视部分与部分、部分与整体之间的协调发展，因而忽视对部分与部分之间、部分与整体之间的自觉协调。这种社会发展观认为，人的一切经济行为都是天然合理的，经济发展应该顺其自然。反过来说，经济发展不应该受到其他因素的制约。显然，单纯强调经济增长必然忽视对经济与社会其他组成部分的关系、经济发展与社会整体发展的关系、人与自然界的关系等进行统筹协调，从而忽视人在社会发展过程中的主体能动性。佩鲁明确指出，自发的经济增长是一种唯经济主义观点，具有相当大的盲目性。自发的发展观实质上否定了人在经济社会发展过程中的主体性、能动性，否定了人们对经济进行自觉协调的必要性和重要性，因而必然具有自发性、盲目性。它只强调经济增长，突出的是社会有机体中单一要素的自由发展，忽视对社会有机体内部政治、经济、文化等方面，以及对社会外部人与自然界之间关系的统筹协调。经济发展的自发性突出表现为"理性经济人"在追求自身利益最大化的同时，忽视经济行为的可能后果。出于资本的逐利本性，"理性经济人"总是试图以最低成本获得最大收益，往往只注重个人利益而忽视社会整体利益；注重眼前的现实利益而忽视人类的长远利益；注重经济利益而忽视生态利益。自发和盲目的经济发展引发了经济社会发展过程中的诸多不和谐、不协调，如经济失衡、通货膨胀、失业剧增、分配不公、贫富悬殊、两极分化、经济结构和经济素质不合理、资源短缺等。这些问题实质上都是社会发展过程中各种经济关系、社会关系、人与自然界的关系不协调和不和谐的表现。同时，自发的经济发展还导致人的异化。正如马尔库塞所指出的那样，晚期资本主义的经济发展使人沦为物和工具。人与物的关系被颠倒，人成为物的奴仆，人崇拜物。人的异化实质上就是人与自身、人与物的关系不和谐。此外，自发的经济发展还导致了经济发展的长远目标与近期目标的失调，以及公平与效率的失调，等等。

唯经济主义的自发性和盲目性使经济社会发展带有消极、被动的特征。为此，应该提倡统筹兼顾的协调发展观（全面发展观、整体发展观）。全面发展观扬弃了唯经济主义发展观的形而上学思维，贯彻了唯物辩证法关于普遍联系的基本观点。它注重的是"关系"而不是"实体"，将社会视为有机整体，突出社会整体的发展而不是部分的发展，注重整体与部分、部分与部分之间的辩证关系。对社会整体发展的重视，以及对社会发展过程中部分与整体、部分与部分之间关系的强调，使社会全面发展观超越了唯经济主义的自发性和盲目性，凸显了人在社会发展过程中的自觉性。它超越了唯经济主义的消极性和被动性，凸显了人在社会发展过程中的主体性和能动性。事实上，无论是经济发展还是社会发展都不应该是盲目的、自发的，而应该是自觉的和能动的。人类应该主动地对经济发展和社会发展进行自觉调节。强调社会的整体发展就必然凸显人对社会发展积极、自觉的调节，突出人的发展责任。社会整体发展观要求将社会视为具有复杂性的有机整体，主动积极地协调社会各组成部分之间的关系、各组成部分与社会整体的关系、人与人之间的关系、当代人与后代人之间的关系、人与自然之间的关系、社会发展与自然环境之间的关系，以及各发展阶段之间的关系，等等。全面发展、整体发展必然是协调发展、和谐发展。所谓协调发展就是通过人的自觉作用，使人与人之间、社会各组成部分之间、各组成部分与社会整体之间、社会整体与自然环境之间的关系走向有序性、组织性，让社会有机系统、社会-自然大系统、经济-生态复合系统的熵趋于最小。所谓和谐发展就是通过自觉能动的调节，使社会各组成部分的发展保持适当的比例关系，各子系统的发展相互促进，实现整体大于部分之和，而不是整体等于或小于部分之和。社会整体发展观主张社会各组成部分的发展不应该以牺牲其他部分的发展为代价，社会整体的发展也不应该以牺牲生态环境的可持续性为代价。社会各组成部分的发展都既是目的又互为手段，它们彼此之间相互作用，使社会发展出现新的整体性和综合性。人与自然、社会发展与自然生态环境之间也表现出整体和谐。

社会发展是一项复杂的系统工程。科学发展观倡导社会政治、经济和文化等方面的协调发展、全面发展，它特别突出社会发展过程中人的自觉能动作用。全面、协调、可持续是科学发展观的基本内涵，这三个内涵中，“协调”发展，实质上是全面发展和可持续发展的基本特征。全面发展就是各个组成部分的协调发展；可持续发展就是人与自然界之间的关系、代内矛盾和代际矛盾的协调发展。从哲学上看，“协调”是整体观的具体化，也是人的自觉能动性的体现，它的基本要求就是充分发挥人的主观能动性，从整体上自觉调节社会发展过程中的各种矛盾和关系，使社会发展实现整体和谐。因此，科学发展观内在地包含着自觉能动地认识和处理社会发展过程中各种复杂矛盾的内容。

科学发展观要求，自觉协调经济发展与社会其他组成部分的发展之间的关系，以及经济发展与社会整体发展之间的关系。科学发展观所包含的“全面发展”，就是要在坚持“以经济建设为中心”的同时，自觉协调社会有机系统内部各子系统之间的关系、各子系统与社会整体之间的关系，以及人与自然界之间的关系等，促进社会的整体发展和全面进步，使经济发展与社会其他组成部分的发展、经济发展与社会整体的发展、物质增长与人的全面发展、社会发展与生态系统之间相协调。全面发展就是要全面协调社会发展过程中的各种关系和矛盾。全面发展实质上就是协调发展，只有社会发展过程中的各种矛盾和关系都协调和谐，才能真正实现全面发展。全面发展是各种矛盾和关系相互协调的发展，而不是各种矛盾和关系彼此冲突的发展。因此，协调、和谐是社会全面发展的根本特征和题中应有之意。

科学发展观要求，自觉协调人与自然界之间的关系。科学发展观所包含的“可持续”，就是要求在社会发展过程中自觉协调人与自然界之间的关系，进而协调代内和代际的利益矛盾。如果在经济社会发展过程中出现了人与自然界之间的冲突，出现了严重的环境问题、生态危机、资源枯竭等现象；如果在经济社会发展过程中出现了代内或代际的利益冲突、代内或代际在发展权上的不平等、代内或代际的公平正义失衡等问题，那么，这样的发展就是不可持续的，就不符合科学发展观的基本要求。

可见，在科学发展观的三个基本内涵中，“协调”是“全面”、“可持续”的灵魂，是决定社会全面发展和可持续发展的关键，其作用贯穿于社会全面发展和可持续发展的要求之中。协调是科学发展的基本特征，也是科学发展的最终目的，只有社会发展过程中的各种矛盾都协调、和谐，才能说真正实现了科学发展。可以说，协调发展是科学发展观的核心内涵和终极价值取向，科学发展观就是协调发展观。“协调”在方法论层面的基本内涵是两个：一是整体观、全局观甚至人类整体的“类意识”；二是人的自觉能动作用。科学发展观强调“统筹城乡发展、统筹区域发展、统筹经济社会发展、统筹人与自然和谐发展、统筹国内发展和对外开放，推进生产力和生产关系、经济基础和上层建筑相协调，推进经济、政治、文化建设的各个环节、各个方面相协调”，其核心就是要求从整体上自觉调节各种矛盾和关系，促进社会内部各子系统之间、各子系统与社会整体之间、生态系统与社会系统之间、人与自然界之间、代内代际主体之间相互协调，达到社会的政治、经济和文化各领域相互促进的和谐发展状态。

三、生态经济学与科学发展观共同的哲学根基

从哲学层面看，科学发展观与生态经济学、可持续发展观的哲学基础是一致的。整体论、以人为本和可持续是生态经济学和科学发展观之共同哲学基础的三个核心。

首先，科学发展观与生态经济学、可持续发展观一样，都包含整体论的哲学观。科学发展观的整体论思想与马克思主义生态观一脉相承。在马克思、恩格斯看来，实践是具体的、历史的。实践的具体性、历史性决定了人类利益、需要和

认识能力的片面性、局限性，这种片面性、局限性是产生环境问题的重要根源。恩格斯指出：一直到他那个时代的“一切生产方式，都是只从取得劳动的最近的、最直接的有益效果出发的。那些只是在比较晚的时候才显现出来的、通过逐渐的重复和积累才变成有效的进一步的结果，是一直全被忽视的”。[①] 在一定意义上，可以说环境问题就是人类在追求直接利益的同时所产生的长远后果。

在人类历史和现实生活中，处处可以看到因人的利益、需要和认识能力的片面性导致严重环境问题的事例。恩格斯在《自然辩证法》中列举过很多。由于这种情况的出现根源于人类实践的具体性、历史性，在一定意义上，可以说人的利益、需要和认识能力的片面性、局限性也是不可避免的，相应地，环境问题的出现也是不可避免的。同时，也因此要求人类自觉认识和把握实践的长远后果，这是实践作为人的自由、自觉活动的根本要求和根本特性。正因为如此，马克思和恩格斯都特别强调，在实践中要特别注意克服自身需要和认识能力的局限性、片面性。他们要求人类在实现具体利益和需要的同时，一定要充分认识到自己的行为所可能产生的长远的、全局的影响。他们甚至认为，能否做到这一点，是人和动物的一个根本区别。马克思非常明确地指出，人的生产、实践应该是“全面的”。他说：“动物只是按照它所属的那个种的尺度和需要来构造，而人懂得按照任何一个种的尺度来进行生产，并且懂得处处都把内在的尺度运用于对象；因此，人也按照美的规律来构造。”[②] 根据马克思的这一思想，科学发展观首先应该是一种整体观、战略观。在坚持科学发展观，实施可持续发展的过程中，必须正确处理眼前与长远、战术与战略之间的关系。在解决国计民生紧迫问题的同时，要关注经济发展的长远后果，要从战略高度、用战略眼光处理人与自然界之间的关系。

同时，科学发展观的自然观基础也是现代有机整体论。现代有机论科学和哲学认为，系统是物质的存在方式，系统的根本特性是整体性。整体由部分组成并依赖于部分，部分的相互作用形成系统的整体性，任何部分的性质和行为都会影响系统整体的性质和行为。同时，任何部分都是整体中的部分，都必然受整体的控制和支配。这些观念在科学发展观中得到了明确的体现。科学发展观主张经济发展应该是生态系统整体的有机组成部分，并将这一整体观转变为一种以战略观和全局观为核心的世界观、方法论。胡锦涛指出：科学发展观的“根本方法是统筹兼顾”。[③] 统筹兼顾就是有机整体论自然观的具体表述。这里的

---

① 恩格斯．1984．自然辩证法．于光远等译．北京：人民出版社：307.

② 马克思．2008．1844年经济学哲学手稿．北京：人民出版社：58.

③ 胡锦涛．2007．高举中国特色社会主义伟大旗帜为夺取全面建设小康社会新胜利而奋斗．北京：人民出版社．

"统"就是"系统","统筹"就是要从全局上把握系统的整体性;"兼顾"就是在突出整体发展的同时不应该忽视要素或部分的发展。"在方法论层面",统筹的要求就是"加强战略思维"①,"兼顾"的要求就是要考虑系统的各个组成部分,注重局部利益。

在科学发展观中,部分与整体的关系又展开为多元维度,它要求正确处理直接与间接、眼前与长远、局部与全局、战术与战略之间的关系,这些关系本质上都是部分与整体之间关系的不同表达方式。科学发展观主张在解决经济社会发展紧迫问题的同时,要关注发展的长远后果,要从战略、全局高度处理人与自然界之间的关系。从机械论到有机整体论的转变,实质就是从主张人与自然界对立斗争的观念向人依存于自然界的观念转变,依存就意味着必须在人与自然界的协调、和谐关系中求发展。因此,科学发展观主张,部分与部分、部分与整体之间都应该和谐。由于经济发展是自然界的有机组成部分,科学发展观超越了人与自然界绝对对立、斗争的观念,致力于促进人与自然界之间的和谐。但是,科学发展观所倡导的和谐并不完全否定人与自然界之间的对立、斗争,它不是主张从人与自然界绝对对立走向人对自然界的绝对顺应。科学发展观所倡导的"和谐发展"、"协调发展"是人与自然界之间既对立又统一的辩证法。和谐绝不是人与自然界彻底平等,不是主张人在自然界面前束手无策、无所作为,和谐是包含人与自然界之间对立、斗争的和谐,这表现在科学发展观并不否定发展,因为只要有发展就必然存在着人与自然界之间的对立和斗争。科学发展观不仅不否定发展,相反,它的"第一要义是发展"。①与此同时,科学发展观又强调人与自然界之间的和谐统一。表现在它的"基本要求是全面协调可持续"①,它强调发展不能破坏生态系统的整体性,因此发展的同时必须加强环境保护。可见,有机整体论自然观不是对机械论自然观的全盘否定。同样,科学发展观也不是对传统发展观的彻底否定,而是对传统发展观的超越、补充和完善,它包含了传统发展观的合理成分。

科学发展观的自然观基础要求在发展过程中要树立整体观、全局观和战略观。在思维方式上既要有分析、还原论的思维,更要有综合、整体论的思维;既要与自然界对立、斗争,更要与自然界和谐统一。

其次,与生态经济学、可持续发展观一样,科学发展观转换了传统发展理论的存在论根基,包含着生存论的存在论维度。按照马克思的人化自然观,由于实践是具体的、历史的,通过自然界(环境)所表现出来的人的本质也是具体的和历史的。相应地,环境也是随着实践的发展而不断生成、变化的。人的

---

① 胡锦涛.2007.高举中国特色社会主义伟大旗帜为夺取全面建设小康社会新胜利而奋斗.北京:人民出版社.

实践导致自然界的“人化”，但这种“人化”既可能是“人性化”，也可能是“异化”，环境问题、生态危机就是典型的异化。解决环境问题就是要扬弃和克服环境的异化并走向环境的人性化。因此，解决环境问题也就是一种对异化的克服。

马克思认为，实践作为人与自然界之间的物质变换，只有到了共产主义社会，到那个时候，“社会化的人，联合起来的生产者，将合理地调节他们与自然之间的物质变换，把它置于他们的控制之下，而不让它作为盲目的力量来统治自己；靠消耗最小的力量，在最无愧于和最适合他们的人类本性的条件下来进行这种物质变换”。① 这里所谓“无愧于……他们的人类本性”就是说，人的本性是在实践中通过自然界显现和确证的。因此，人类对待自然界的方式应该体现出人之为人的本性，通过自然界（环境）所显现出来的人的本质应该是高度人性化的。同时，所谓“最无愧于和最适合他们的人类本性”也意味着，自然环境应该是有利于人的生存的，生态环境应该是高度人性化的。这充分体现出马克思生态哲学思想的人文关怀的维度。

由于人与自然界（环境）之间的关系本质上就是人与人之间的关系，而人与人之间的关系又是以自然界（环境）作为中介的，自然界（环境）显现和确证人的本质的同时，它又影响和作用于他人。对每一个人来说，环境即是他人，是人与人之间相遇的地方，人与人之间通过环境而发生联系或冲突。因此，马克思所说的“最无愧于和最适合他们的人类本性”既是处理人与自然界之间关系的准则，更是处理人与人之间关系的准则。人与人之间通过环境而发生联系或冲突。

同时，科学发展观也体现了当代哲学的基本精神，从而具有全新的价值取向。这主要表现在以下两个方面。

第一，科学发展观超越了理性形而上学，开启了发展观的生存论界面。生存论的终极关怀是人而不是物。科学发展观从一开始提出就与以人为本联系在一起，它言明“坚持以人为本”、“核心是以人为本”。温家宝指出，“以人为本，就是要把人民利益作为一切工作的出发点和立足点。”② 科学发展观主张社会发展应该是全面、协调和可持续的；社会发展意味着公平，意味着对他人特别是后代利益的关怀；社会发展应该是环境友好型的，不应该破坏人类生存的自然家园，如此等等。在这种意义上，科学发展观是一种德性的发展观。科学发展观致力于促进人与自然界的和谐，而人与自然界和谐的根本目的在于维护生态系统的整体性，保护社会发展的自然前提，其最终目的仍在于人类自身的良好生存和延续。因为“大量事实表明，人与自然的关系不和谐，往往会影响人与

---

① 马克思．1975．资本论．3卷（上）．北京：人民出版社：926～927.

② 温家宝．2004－02－22．提高认识，统一思想，牢固树立和认真落实科学发展观．光明日报．

人的关系、人与社会的关系。如果生态环境受到破坏，人们的生产生活环境恶化，如果资源能源供应高度紧张，经济发展与资源能源矛盾尖锐，人与人的和谐、人与社会的和谐是难以实现的”。[①]

第二，科学发展观超越了经济人假设，凸显了人的全面发展。科学发展观是对唯经济主义、物本主义发展观的超越。它从一开始就言明发展应该是“全面的”，并认为促进人的全面发展是实现以人为本的关键。科学发展观主张，“努力促进人的全面发展”是“坚持以人为本”的基本要求。为此，它主张区分经济增长与经济发展、区分经济发展与社会发展，它认为不能将经济发展等同于社会发展。“社会发展是经济发展的目的”，社会发展“包括科技、教育、文化、卫生、体育等社会事业的发展，也包括社会就业、社会保障、社会公正、社会秩序、社会管理、社会和谐等等，还包括社会结构、社会领域体制和机制完善等等”[②]“坚持以人为本，就是要以实现人的全面发展为目标，……全面发展，就是要以经济建设为中心，全面推进经济、政治、文化建设，实现经济发展和社会全面进步。”[③] 应该“全面推进经济建设、政治建设、文化建设、社会建设，促进现代化建设各个环节、各个方面相协调，促进生产关系与生产力、上层建筑与经济基础相协调”。[④]

科学发展观关于全面发展的观念决定了它是一种更加稳健的社会发展观。社会学理论认为，激进的发展理论倾向于推动社会单点突进，这容易导致社会的坍塌；而稳健的发展理论更倾向于推动社会全面进步，这能够保证社会在稳定中前进。同时，科学发展观主张的全面发展并不否定经济的重点发展，并不否定“以经济建设为中心”，它否定的是将经济发展作为发展的唯一目的，它肯定经济发展的重要性，同时要求社会的非经济因素的全面进步。科学发展观的存在论根基并不是对物质重要性的否定。“以人为本”的“人”也是有物质需求的人，“以人为本”仅仅意味着不能将物质属性和经济属性抽象为人的唯一属性。“以物为本”固然不对，没有物质属性和物质需求的“以人为本”同样是抽象的、错误的。

---

① 胡锦涛. 2005－02－19. 在省部级主要领导干部提高构建社会主义和谐社会能力专题研讨班上的讲话. 人民日报（海外版）.

② 温家宝. 2004－02－22. 提高认识，统一思想，牢固树立和认真落实科学发展观. 光明日报.

③ 胡锦涛. 2004－04－05. 在中央人口资源环境工作座谈会上讲话. 人民日报.

④ 胡锦涛. 2007. 高举中国特色社会主义伟大旗帜为夺取全面建设小康社会新胜利而奋斗. 北京：人民出版社.

结语　生态经济学与生态文明建设

在人类历史发展的不同阶段，有着不同的文明观和文明模式。迄今为止，人类已经经历了农业文明和工业文明。自 18 世纪的工业革命以后，随着科学技术的进步和商品经济的发展，生产力水平有了极大提高，全世界出现了前所未有的经济增长。但是，工业文明打破了全球生态平衡，导致人与自然界之间的关系恶化，造成日益严峻的环境问题和生态危机，威胁着人类的长远生存和可持续发展。基于此，人们开始对传统经济增长方式进行深刻反思，思考人类文明进程的方向应该如何把握，社会发展理念应该如何调整和选择，并试图在新的文明高度上重建人与自然界之间的关系。于是，人对自然界的责任、自然界本身的价值、生态环境的价值等被认识到，生态文明观由此发端。生态文明观是一种崭新的社会文明观，它的出现是一场涉及生产方式、生活方式，以及政治观、经济观、价值观和文化观等在内的全方位变革。生态文明观以人与自然协调发展为原则，以实现经济、社会和人类文明的可持续发展为根本目标。

一、经济观和文明观的双重转型

概括地说，生态经济学以协调经济系统与生态系统之间的关系为核心、以可持续发展观为灵魂、以尊重和维护生态系统的整体性为主旨、以经济社会与生态环境的协调和谐为途径、以实现人类文明的持久延续为终极关切。生态经济学主张，人是自然界中的一员，人类不仅应该遵循经济规律和社会规律，而且应该遵循生态规律。它强调在开发利用自然界的过程中，应该以维护经济、社会和生态系统的整体和谐为出发点，在发展经济的同时，重视自然资源和环境容量的有限性，在尊重自然界承载能力有限性的前提下发展经济，实现人与自然界之间关系的和谐发展。为此，生态经济学坚持人和自然界是一个有机整体的基本观念，它试图从根本上转变社会的生产方式、生活方式，以及人的生态观、经济观、发展观、消费观、价值观和伦理观，从通过人与自然界对立、斗争来发展经济和创造文明，转变到通过人与自然界和谐、协调来发展经济和创造文明。以上诸方面既是生态经济学的思想观念，同时也都体现了生态文明观的基本理念。

从现实根源上看，生态经济学是对时代问题的积极回应，它是人与自然、经济发展与生态环境之间矛盾激化的产物，是人类在应对环境问题和生态危机等时代挑战的过程中，对传统经济发展方式——特别是生产方式和生活方式等进行深刻反思的结果。属于克服环境问题和生态危机的建设性路向。在新的时代背景下，人类基于自身生存和发展的需要，越来越懂得顺应自然、尊重自然界自身价值的重要性。美国生态经济学家布朗认为，经济必须归属于生态，生态经济的基本轮廓应该根据生态学的规律勾画出来。布朗不仅非常具体地绘制了生态经济的蓝图，而且为人类的实践活动指明了应该努力的方向。随着环境保护意识的不断提高，人与自然和谐的理念不断深入人心，生态经济学的基本主张成为历史的必然选择。可以说，生态经济学是生态文明观的具体化和必然要求，发展生态经济是人类为了自身的可持续发展而在人与自然、经济系统与生态系统之间的关系中达成的一种妥协与平衡。作为为生态文明奠基的新的经济形态，生态经济是继工业经济之后的一种全新经济形态，它涉及生产方式、生活方式、科技范式等一系列的新变革。生态经济学也是继主流经济学之后的一种全新的经济观，它必将促进人类从单一的经济文明时空，进入经济系统与生态系统和谐互动的新的文明时空，按照人与自然协调和谐的生态文明观，建设与生态系统协调和谐的新经济，构筑起基于人与自然和谐的新文化、新的生产方式和生活方式等。显然，生态经济学与生态文明观有着共同的现实根源和时代背景，也具有共同的发展理念。

实现生态经济观和生态文明观、生态经济模式和生态文明模式的双重转型，需要一种全新的自然观和价值观，需要人类思维方式的根本变革。生态文明观可视为社会文明观的生态化转向。在自然观上，它要求超越人与自然界对立、斗争的观念，确立人与自然界协调和谐的有机整体论观念，在遵循自然和生态规律的前提下发展经济，塑造文明；在价值观上，它要求破除人类中心主义，确立人与自然平等、共生的价值观，规范人类对自然界的态度和行为，促进人与自然的协调发展。在当代，人类的文明观和文明模式正在由工业文明向生态文明转型，建设和发展生态文明成为重大的时代主题，而生态经济与生态文明、生态经济观与生态文明观是紧密联系在一起的。生态文明观需要一种与之相适应的生态经济观，生态文明需要一种与之相适应的生态经济。从这个意义上说，生态经济（学）是生态文明（观）的前提和基础。同时，生态经济学需要与之相适应的生态文明观作为指南，生态经济也需要与之相适应的生态文明作为保障。在这种意义上，生态文明观可以说是生态经济和生态经济学的灵魂。生态经济学与生态文明观、生态经济与生态文明具有内在一致性，两者都强调在经济、社会发展的同时尊重和保护人类赖以生存的自然家园，走可持续发展之路，从而实现人与自然、人与人、人与社会的协调发展。

二、生态经济学对生态文明观的支撑

生态经济学是生态文明观的重要基础；生态经济是实现生态文明的根本前提。对此，可以从以下三个方面加以理解。

（一）生态经济学体现了生态文明的自然观

生态经济学和生态文明观都以特定的自然观为基础。生态文明观否定了传统经济发展过程中存在的人类中心主义，强调并肯定生态系统整体的价值，是一种注重协调人与自然界之间关系的文明观。在价值取向上，生态文明观否定了工业时代的物质形而上学和经济形而上学，主张确立起以人为本，能够促进人与自然协调和谐的生态价值观。生态经济学主张，经济发展的终极价值取向应该是促进人与自然界之间的和谐及人的全面发展，实现社会的全面进步和人类文明的永久延续。生态经济学和生态文明观都标志着人类对人与自然界之间关系的认识发生了质的飞跃，它们都是在新的文明高度上，对人与自然界之间关系的科学思考和对人类自然观的积极发展，是一种全新的经济发展观和社会文明观。

生态文明观是人类对传统工业文明进行理性反思的产物，其时代内涵仍然是人与自然和谐共处。人与自然的关系是人类文明的基础，文明的转型基于人类对自然界，以及人与自然界之间的关系等问题的认识和理解上的根本变革。因此，生态文明观内含了自然观的革命性变革，其核心就是从人与自然对立斗争转变为人与自然协调和谐。但是，生态文明观并不完全否定人与自然界之间的对立、斗争，表现在它并不否定发展，而是主张人与自然界之间既对立又统一，将经济发展与环境保护统一起来。为此，它要求人类改造自然的实践活动必须限制在生态系统承受力的限度之内，从而使持久延续的自然环境为人类文明的持久延续奠定基础，实现人与自然的相互依存、相互促进、和谐共生和协调发展。

生态文明观所倡导的是辩证大自然观或有机整体论自然观。它认为自然界是一个有机整体，生态系统中的诸要素是相互依存、相互制约的关系。人类社会作为自然界的一个有机组成部分，与自然界中的其他存在物构成相互依存的整体。为此，生态文明观要求将人类的经济活动规律、社会发展规律与生态系统的运行规律统一起来，一方面保持和改善自然界的生态平衡，另一方面充分利用各种自然资源，推动人类文明持久健康发展。在生态文明观的视野中，以损害自然界的整体性来满足人类无节制的需求，只能导致生态系统整体性的破坏和自然资源枯竭等严重问题，并最终危及人类文明自身的持久延续。因此，人类的功利和幸福不能逾越自然界所允许的范围，相反，只有在与自然界和谐共处的前提下，才能获得真正持久、健康的发展。

在农业文明时代，人类的主要经济活动是农业生产。经济活动的成败很大程度上受制于自然条件，人的主观能动性发挥的空间是有限度的。因此，在人和自然界的存在论地位上，自然界处于主导地位，起支配性作用。人类对自然界充满了敬畏和膜拜，“靠天吃饭”正是农业文明时代人与自然界之间关系的真实写照。近代以来，随着机器大工业的出现，科学技术和生产力获得了突飞猛进的进步，形成了控制自然、征服自然的自然观，人的主观能动性得到前所未有的提升，人与自然界的存在论地位地位发生了根本改变。生态文明的自然观则将包括人类在内的整个自然界理解为一个有机整体，认为自然界各组成部分之间存在着内在的有机联系。因此，生态文明观从文明重建的高度，试图重新确立人在大自然中的存在论地位。在生态文明观看来，人与自然界中的其他存在物都是一个巨大的存在之链上的具体环节，自然界是人类赖以生存和发展的基本前提，人与自然界的和谐是经济、社会发展和人的全面发展的内在要求，也是人类文明持久延续的根本保证。

生态经济学与生态文明观有着共同的自然观基础。生态经济学认为，经济系统是生态系统的有机组成部分，经济系统与生态系统构成统一的有机整体。为此，在经济发展过程中必须既坚持经济规律，也坚持生态规律，人类的经济活动不能超出自然资源和生态环境之承载力的限度。为此，一方面，必须约束对自然资源的过度使用，减少资源消耗，加强环境保护，追求经济效益和生态效益的双赢；另一方面，必须在经济发展的同时考虑环境容量，降低废弃物排放量，减少对生态环境的破坏。可见，生态经济学是关于经济系统与生态系统协调发展的新经济观。人类文明的永久延续取决于人类赖以生存的自然前提的永久延续。为此，必须合理地开发和利用自然，并维护和促进生态系统的长久稳定与繁荣。因此，生态经济学充分体现了生态文明的自然观，二者是本质一致的。生态经济学的自然观是生态文明之自然观的具体化，生态文明的自然观是生态经济学的自然观的灵魂。

生态文明是对工业文明的扬弃。在生态文明时代，人类在自然界面前应该保持一种更加理智的谦卑态度。科学技术不应该是征服自然的工具，而应该是维护人与自然和谐的手段。生态文明观抛弃将人与自然分离、对立起来的工业文明自然观，以及在这种自然观基础上形成的物质利益第一、经济利益至上，透支自然资源的不可持续发展。但是，生态文明观并不是对工业文明的绝对否定。生态文明观肯定对物质利益的追求，但是它反对极端的个人主义和物质享乐主义；它主张发展经济、建设物质文明，但是反对通过过度掠夺自然的方式来促进经济繁荣。生态文明观的主旨是要通过经济的适度发展，建立起人与自然和谐共处、相互依存的有机整体，维护生态系统的完整和稳定，最终实现人类文明的永久延续。

（二）生态经济学体现了生态文明的可持续发展观

人类文明的延续是以自然资源的可持续性为前提的。为此，生态文明观要求必须坚持可持续发展观，实施可持续发展战略，强调经济、社会和生态环境的协调发展。生态文明观主张，经济发展应当建立在生态可持续和社会公正的前提下，既满足当代人的需要，又不对后代人满足其需要的能力构成危害。可以说，生态文明观为可持续发展观提供了思想基础，可持续发展观则是生态文明观的灵魂和终极关切，二者本质一致。要促进人与自然的协调与和谐，就必须在经济发展过程中转变单纯追求经济增长的工业文明观。工业文明观的根本问题在于，它忽视了自然资源对经济增长的制约性。随着人类征服自然的能力不断提高和物质欲望的不断释放，经济发展的水平和规模呈无限扩大的趋势，特别是在资本主义社会，在以追求经济利益为最高目的的发展思路指导下，科学技术被广泛运用来作为人类不断扩大对自然资源开发利用的手段，加速了自然资源的衰减和枯竭，导致严重的环境污染和生态破坏。

事实证明，在有限的资源条件下追求经济的无限增长，其矛盾是无法调和的。进入21世纪以后，人们普遍认识到，世界已经进入资源稀缺甚至枯竭的时代。那种认为自然资源可以无偿使用的观念受到质疑，迫使人们对传统经济增长方式进行深刻反思，正是在这种反思的基础上提出了可持续发展观。可持续发展观的目的就是要促进人与自然和谐，实现经济发展与资源、环境相协调，确保人类文明的永久延续。生态文明观要求在开发利用自然资源的同时，规范人类的行为，维护人与自然的平衡和协调发展。可持续发展观以协调人与自然界之间的关系、人与人之间的关系为最高准则，以不断解决经济发展与生态环境之间的矛盾为宗旨，其价值取向的核心就是生态文明。生态经济学强调，必须实现自然资源的永续利用以及人类文明的可持续发展，这与生态文明观的可持续发展理念是完全一致的。生态经济学致力于解决经济发展对自然资源需求的无限性与生态系统承载力的有限性之间的矛盾，这也正是生态文明观之可持续发展观产生的价值根源。生态经济学和生态文明观都要求，在经济发展和环境保护发生矛盾时，应该着眼长远；在求得经济发展以满足人的需求的同时，要顾及经济发展中的制约、节制、适度等内涵，而其中最重要的就是人类赖以生存的自然基础，即自然资源与生态环境对经济发展的制约。

（三）生态经济是实现生态文明的根本途径

在生态文明时代，人类将在新的文明高度上与自然界实现更大范围和更深层次的和谐共处。在构建生态文明观的过程中，人类不仅面临环境问题，也面临发展问题。这两个问题的解决要求必须将经济发展与环境保护统一起来，树立生态经济理念，转变经济增长方式，发展生态经济，改变人与自然的对立态势，为构建生态文明提供理论支撑。建设生态文明的目的就是要促使人与自然和谐发展，使人口、经济发展与自然环境相适应。自工业革命以来，世界各国经济、社会取得了飞速发展。但是，数量型的经济增长方式造成了对自然资源的过度消耗，生态环境承载能力受到严峻挑战。通过毫无节制地消耗自然资源以求得经济增长的生产方式，已经使经济、社会发展受到了极大制约；以牺牲自然资源、污染生态环境为代价换取经济增长，带来的只是一时的经济增长，留下的却是长久的危害和隐患。生态经济学倡导的是一种与环境协调和谐的经济发展模式，它扬弃了人类中心主义，强调把人类的物质欲望、经济增长，以及对自然的改造和扰动限制在生态系统承受力的范围内。工业文明把人视为自然界的主人，而把自然界当做人类征服的对象，没有意识到人与自然界和谐协调是经济、社会可持续发展的前提，从而导致了自然资源利用的不合理和生态危机。生态经济学作为一种节约自然资源、保护生态环境的新的经济观，包含经济发展的全面性、协调性和可持续性等诉求，这也正是生态文明观的题中应有之意。在经济和社会发展过程中，发展生态经济能够避免对自然界大规模的资源浪费和对生态环境的严重破坏，对于建设生态文明具有根本性的意义。

总之，发展生态经济与推进生态文明建设是内在统一的。发展生态经济是正确处理人与自然界之间的关系、缓解资源约束矛盾的根本出路。生态文明观强调在经济发展中保护自然，在保护自然的过程中发展经济，与生态经济学有着共同的目标。发展生态经济，从根本上解决经济增长与资源环境之间的尖锐矛盾，协调经济发展与资源环境之间的关系，这是解决人与自然、环境保护与经济发展之间矛盾的根本途径，也是推进生态文明建设的必然要求。

三、在生态经济中建设生态文明

生态经济学所要解决的基本矛盾是，人的需要的无限性与生态系统承受力的有限性之间的矛盾。但是，在发展生态经济的实践中遭遇诸多现实困境。这些现实困境对加强生态文明建设提出了具体要求。

(一) 提升生态意识文明

发展生态经济,要求社会公众不仅要有经济意识,而且要有生态意识。生态文明首先是公众生态意识的文明。为此,必须“增强全民节约意识、环保意识、生态意识”。[①] 传统经济发展模式以经济发展取代社会发展、将经济增长等同于经济发展的观念深入人心,以消耗自然资源为代价的经济发展导致人们对生态经济内涵的接受存在困难,对经济系统与生态系统和谐协调的重要性认识有限。一般来说,公众对发展生态经济存在的认识误区主要有三个。一是认为发展生态经济不是社会发展的主要矛盾。当代世界处于和平与发展时代,发展仍然是时代主题。社会公众往往认为,当代社会的主要问题仍然是发展生产以满足人的物质文化需要的增长。因此,社会发展的首要问题是推动经济增长而不是发展生态经济。很多人甚至将经济发展与生态环境保护对立起来,认为社会发展就是经济发展,经济发展就是经济增长,经济增长仅仅是 GDP 的增长而不包括生态环境保护。二是认为生态经济学仅仅是一种理想主义,而经济发展才是一种现实选择。认为生态经济学所倡导的原则和方法都不足以解决环境问题所带来的挑战,很多人并没有认识到生态经济是在生态文明背景下一种新的经济发展模式。三是认为环境保护是政府责任,与公众无关。长期以来,在计划经济体制下,“政府主导型”的经济发展模式造成公众在生态环境保护领域呈“政府依赖型”,缺乏主体自觉,他们将保护环境归结为政府的责任。公众的环保意识薄弱,普遍缺乏环境保护的参与意识和社会责任感。

为此,发展生态经济不仅是经济运行模式的变革,而且是全面的社会变革,它的实现除了需要政治、法律的保障外,还需要相应的社会文化、价值观和伦理观的支持。发展生态经济,必须最大限度地提升公众的生态意识,树立生态经济、生态文明的新理念;培养环境保护意识和绿色消费意识,增强保护环境的意识和责任感;提高对发展生态经济重要性和紧迫性的认识;推动全社会逐步形成符合生态经济发展和生态文明观要求的道德、习惯,使全民自觉参与到保护环境、节约资源的行动中去,把发展生态经济的要求作为生态文明建设的重要内容加以推进。

(二) 推进生态制度文明

发展生态经济、建设生态文明是一项系统工程,它需要法律、法规和制度

① 胡锦涛. 2012. 坚定不移沿着中国特色社会主义道路前进为全面建成小康社会而奋斗. 北京:人民出版社.

作保障。生态经济需要人的经济活动的规范，生态文明需要人的行为的文明，而这些都需要生态制度文明作保障。因此，“保护生态环境必须依靠制度。要把资源消耗、环境损害、生态效益纳入经济社会发展评价体系，建立体现生态文明要求的目标体系、考核办法、奖惩机制”。[1] 必须通过法制建设，使政府、企业和社会公众了解发展生态经济和建设生态文明的重要意义，明确各自的责任、权利和义务，明确全社会推进生态经济发展、生态文明建设的正确途径和方向。

发展生态经济不仅需要伦理道德上的“应该”，而且需要法律强制性规定的“必须”。生态经济学和生态文明观的理想需要法律提供保障，而法律保障的首要条件是法律体系的“生态化”转向。为此，必须建设与生态经济发展和生态文明建设要求相适应的生态法制文明。从世界范围看，近几十年来，促进生态经济发展的法律、法规体系建设已经有了较大发展，但仍然有待加强，各国关于发展生态经济、建设生态文明的专门性法律法规还有待健全。法律体系不健全所导致的直接结果是，政府、企业和个人在生态经济发展、生态文明建设中的责任、权利和义务不明确，相关规范、体制和推动生态经济发展的利益机制还没有完全形成，因而与发展生态经济、建设生态文明的现实要求不相适应。由于发展生态经济、建设生态文明的立法缺位，依法监督政府、企业和个人的经济行为就难以实现，发展生态经济、建设生态文明就缺乏专门的监督体制和法律依托。

制度和机制是发展生态经济、建设生态文明的根本保证。如果不解决制度和机制问题，仍然坚持对经济和社会管理的传统模式，将保护生态环境和自然资源排除在宏观经济要素之外去管理经济，发展生态经济就无从谈起，生态文明观也只能沦为一种理想。发展生态经济、建设生态文明涉及政府、市场、企业和社会公众诸多主体的责任、权利和利益关系，需要各社会主体的共同推动与努力。比如，政府的产业政策、产业发展规划等如何体现生态经济发展和生态文明建设的要求？发展生态经济、建设生态文明的绩效考核与职责监督如何纳入政府的绩效管理体系和法制轨道？其体制机制应该如何构建？国家政策如何从整体上引导生态经济发展和生态文明建设？如何运用金融、信贷、税收和投资等政策杠杆激励生态经济发展和生态文明建设？如何形成环境保护与经济发展有机统一，环保机构与经济机构相互配合、彼此监督的管理机制？如何建立成熟有效的市场化运作模式，充分发挥市场机制的资源配置作用？如何健全综合监督管理体制，在科学研究、资金投入、项目建设上将发展生态经济和建设生态文明作为重点？如何在政策和激励机制上推动公众性环保组织和环保事

① 胡锦涛．2012．坚定不移沿着中国特色社会主义道路前进为全面建成小康社会而奋斗．北京：人民出版社．

业的发展？如何规范企业的经济行为以推动生态经济发展和生态文明建设？如何建立市场经济条件下发展生态经济、建设生态文明的激励机制？如此等等。这些问题都需要有相应的制度进行规范。

市场经济是现代工业经济的基本形态，它以个人利益原则为基本导向。因此市场机制一方面具有推动经济增长的作用，另一方面则具有抑制生态经济发展和抑制环境保护的作用。对此主要可以从两个方面看：首先，市场经济原则与环境保护原则之间存在冲突。作为市场经济主体的企业主要遵循的是个人利益原则。由于追求利润的内在动力和市场竞争的外在压力的推动，企业在经济行为的选择中可能坚持经济利益优先的原则，于是在现实经济利益与生态环境保护之间就会出现利益冲突。在这一冲突中，人的自利性和追求利润的趋利性可能使企业将经济利益凌驾于环境保护之上，从而对发展生态经济、在经济发展的过程中进行环境保护失去动力，甚至可能为了经济利益而牺牲生态利益，破坏生态环境。企业在生产和经营活动中追求的主要是经济效益最大化而不是社会效益最大化，是生产成本的最小化而非社会成本的最小化，对既得利益的期望使得企业缺乏发展生态经济的动力。在相同压力下舍弃生态保护的企业可以减少更多经济成本，这势必造成对环境保护的忽视。市场经济存在着扩大经济规模、提高经济发展速度的内在机制，相应地也就可能忽视经济发展对生态系统的压力，忽视生态系统对经济发展的制约性。企业对经济利益的片面追求可能导致将经济增长作为矛盾的主要方面而忽视生态系统承载力的有限性，从而阻碍生态经济的发展。其次，市场经济主体与环境保护主体不一致。市场经济中企业的利益主要是经济利益而不是诸如环境保护这样的公共利益；市场经济中经济利益的主体是企业，而环境保护、生态利益的主体是社会公众。于是，企业追求自身经济利益的同时往往缺乏承担环境保护这一公共利益的动力，难以将经济发展与环境保护统一起来发展生态经济。因此，在市场经济中环境保护的主体往往处于缺位状态。

克服上述问题的出路在于：首先，企业应该实现“生态化”转型。作为市场经济的主体，企业应该正确认识和处理自身利益与社会利益、经济利益与生态利益、经济发展与环境保护、经济增长与自然资源的承载力之间的矛盾，避免将经济利益凌驾于生态利益之上，将自身利益凌驾于社会利益之上，将经济发展凌驾于环境保护之上，将经济增长凌驾于自然资源的承载力之上。企业的发展观必须转变，在市场经济活动中，企业应该从单纯的经济实体转变为“生态-经济实体”；企业所遵循的基本原则应该从单纯的个人利益原则转变为个人利益与社会利益统一的原则；企业的行为不仅应该是经济行为而且应该是生态行为；企业经济行为的动力不仅应该是追求经济效益，而且应该是追求生态效益；企业行为不仅应该“为我”，而且应该“利他”。总之，企业应该自觉承担起对他人和社会的环保责任。市场经济主体的行为不应该是绝对自由的，只有能够承担起生态环境保护责任的企业才有资格谈自由。其次，政府应该承担起发展生态经济的主要责任。在市场经济中，消除经济系统与生态系统之间冲突的有效执行者主要应该是政府，而政府在生态环境保护上的缺位可能严重制约生态经济的发展。由于市场经济是一种自由经济，它突出市场这只“看不见的手”对经济的调节作用而忽视政府的作用，政府在市场经济中往往处于缺位状态。政府的缺位减少了对经济行为的干预，但同时也可能减少对破坏生态环境的行为的干预。因此，市场经济可能导致政府对发展生态经济的忽视。另外，传统的政府绩效评价突出经济而忽视生态，政府绩效考评的主要指标是 GDP 的增长而不是环境保护，这很容易催生政府急功近利的经济行为，使政府更加注重经济发展而忽视经济发展过程中的生态问题，缺乏发展生态经济的动力。错误的政绩观还形成经济发展中的本位主义，在经济发展过程中注重本地区、本部门的眼前利益，忽视长远利益，经济发展中的短期行为明显，对发展生态经济的战略意义缺乏自觉认识。从这个意义上说，市场经济也不应该是绝对自由的，政府应该在环境保护、资源节约等方面干预企业的行为，承担起发展生态经济的责任。要在市场机制之外，建立起推动政府和企业进行环境保护、发展生态经济的新机制。同时，转变对政府绩效的考评方式，突出政府对发展生态经济的责任。

（三）建设生态技术文明

马克思、恩格斯不仅不忽视，而且都十分重视科学技术对于协调人与自然界之间关系的意义。马克思在《资本论》中盛赞科学技术对于治理环境污染的作用。他说：“化学工业提供了废物利用的最显著的例子。它不仅发现新的方法来利用工业的废料，而且还利用其他工业的废料，例如，把以前几乎毫无用处的煤焦油，变成苯胺染料（茜素），近来甚至把它变成药品。”① 按照马克思主义哲学的存在论，人与自然界之间的关系本质上是人与人之间的关系，解决环境问题关键在于解决人的问题；协调人与自然界之间的关系关键在于协调人与人之间的关系。但这并不是说环境问题仅仅是人的问题，或环境问题只与人有关而跟自然界无关。既然现实的、对人来说存在着的自然界是进入人类实践领域的自然界，是人化自然，那么，所谓环境问题也就是指人化自然不符合人的生存。人化自然是人的因素与自然因素的统一，环境问题也就是人的因素、自然因素及二者的统一不符合人的生存。因此，环境问题既是人的问题也是自然界的问题，处理人与自然界之间的关系、解决环境问题既要解决人的问题，又要

① 马克思．1975．资本论．3卷（上）．北京：人民出版社：118.

解决自然界本身的问题。那么，肯定科学技术也是处理人与自然界之间关系、克服环境问题的重要手段。

按照马克思的对象性关系理论，进入人类实践领域、与人照面的自然界是现实的自然界，它对人来说是存在的。这样的人化自然对我们可以称之为“在场的自然”。与此同时，马克思并不否定没有进入人类实践领域的自然的客观性、先在性，这样的自然我们可以称之为“不在场的自然”。这样，人类实践实质上就形成了“人-在场的自然-不在场的自然”这样一个三级结构。在“人-在场的自然”这一结构中，人类利用自身对自然界本质和规律的认识改造自然，使自然界人化。但是，这种对自然界的改造与作用是对自然界整体的干扰和介入，在“在场的自然-不在场的自然”结构中，在场的自然与不在场的自然发生着遵循自然界客观规律的内在联系，它不以人的意志为转移，而这种联系对人来说是不在场的，是在一定实践水平上的人类所不可知的。因此，人类任何时代在任何历史水平上的具体的历史的实践，都不可避免地会对自然界的自身性形成盲目的干扰，这种干扰既有可能顺应自然，也有可能破坏自然界的自身性。环境问题就是人与自然界之间矛盾的集中表现。从这个意义上说，环境问题的产生具有必然性，它是人类对自然界的盲目性，以及对自然界内在规律认识程度的有限性造成的。正是在这一意义上，处理人与自然界之间的关系，解决环境问题，需要有人类对自然界客观规律的正确认识，需要科学技术。

既然人化自然是人的因素与自然界的因素的统一，环境问题既是人的问题也是自然界的问题。因此，一个必然的推论就是：克服环境问题既需要人文社会科学，也需要自然科学技术。必须注意的是，马克思所说的科学与他的存在论一致，就如同他所理解的存在是进入人的实践领域的现实的、感性的存在一样，马克思所说的科学也是包含人的科学在内的。从这个意义上说，这样的科学技术就更是处理人与自然界之间关系、克服环境问题所不可缺少的。

马克思的上述思想表明，环境问题首先是人的问题但又不能仅仅归结为人的问题；环境危机首先是人的危机但又不仅仅是人的危机。解决环境问题既要解决人的问题，也要解决自然界本身的问题，要将科学文化与人文文化、自然科学与人文社会科学统一起来，协同进行。面对当代环境危机，既要解决人的问题，通过协调人与人之间的关系来协调人与自然界之间的关系，也要增强对自然规律的认识与把握，依靠科学技术解决环境问题。在人与自然界之间的关系中，科学技术有其存在的根基与合理性。人与自然界之间的关系，以及环境问题中的一部分必须依靠科学技术来解决，一部分问题必须依靠协调人与人之间的关系来解决。因此，在生态问题上，一些西方学者片面地反对、批判科学技术是错误的。如果科学技术的使用被限定在人与自然界之间关系合理的范围内，这样的科学技术就应该大力发展和使用；如果科学技术的使用超出了人与自然界之间关系合理的范围，这样的科学技术当然要反对。当代西方不少生态学者在反思环境问题时，不分青红皂白地进行对科学技术的批判，将科学技术视为环境问题的罪魁祸首，这种倾向是不足取的。

发展生态经济的关键之一是突破技术瓶颈，建立绿色技术支撑体系。因此，生态经济发展和生态文明建设需要有生态技术文明作为支撑。传统经济发展观孕育了与之相适应的技术观，其核心是，认为在经济发展过程中，人类应该更加注重发展科学技术并使之转化为生产力，突出发挥科学技术对经济增长的推动作用。这种技术观忽视科学技术对节约自然资源、加强环境保护、治理环境污染、推动经济系统与生态系统协调发展等问题的意义。传统经济发展观认为，发展和应用科学技术的主要目的是推动经济增长而不是推动生态可持续发展；是提高经济效益而不是提高生态效益。可以说，这样的经济发展观是一种不文明的经济发展观，这样的科学技术观也是一种不文明的科学技术观。以这样的目的来发展和应用科学技术不仅不利于环境保护而且事实上加速了对生态系统的破坏，因为科学技术在推动经济增长的同时实质上加速了对自然资源的耗竭，经济发展过程中以不断更新的科学技术为手段扩大对自然资源的开发和利用，通过消耗自然资源、牺牲生态环境为代价来换取经济发展。

为此，与经济发展模式的转型相适应，科学技术的发展模式也应该转型，应该发展与生态经济和生态文明建设要求相适应的生态科技，既推动经济发展也推动环境保护。事实上，生态经济的每一个环节都需要生态科技的支撑。先进的科学技术是生态经济的核心竞争力，如果缺乏生态技术上的创新，生态经济学所追求的经济系统与生态系统协调发展的目标是难以实现的，生态文明建设也无从谈起。

主要参考文献

埃德蒙德·胡塞尔 . 2005. 欧洲科学危机和超验现象学 . 张庆熊译 . 上海：上海译文出版社 .

埃利希·弗洛姆 . 1986. 在幻想锁链的彼岸 . 张燕译 . 长沙：湖南人民出版社 .

埃利希·弗洛姆 . 1989. 占有还是生存 . 杨慧译 . 北京：国际文化出版公司 .

艾尔弗雷德·诺思·怀特海 . 1997. 科学与近代世界 . 何钦译 . 北京：商务印书馆 .

奥尔多·利奥波德 . 1997. 沙乡年鉴 . 侯文蕙译 . 长春：吉林人民出版社 .

芭芭拉·沃德，勒内·杜博斯 . 1997. 只有一个地球——对一个小小行星的关怀和维护 . 长春：吉林人民出版社 .

包利民 . 2007. 西方哲学基础文献选读 . 杭州：浙江大学出版社 .

保罗·萨缪尔森 . 1991. 经济学（上册）. 10 版 . 高鸿业译 . 北京：商务印书馆 .

保罗·萨缪尔森，威廉·诺德豪斯 . 2008. 经济学 . 18 版 . 萧琛译 . 北京：人民邮电出版社 .

北京大学哲学系外国哲学史教研室 . 1981. 西方哲学原著选读（上）. 北京：商务印书馆 .

本书编写组 . 2003.《中共中央关于完善社会主义市场经济体制若干问题的决定》辅导读本 . 北京：人民出版社 .

彼得·辛格 . 1999. 动物解放 . 孟祥森等译 . 北京：光明日报出版社 .

曹卫东 . 2004. 霍克海默集 . 上海：上海远东出版社 .

查·帕·斯诺 . 1987. 对科学的傲慢与偏见 . 陈恒六，刘岳译 . 成都：四川人民出版社 .

查伦·斯普瑞特奈克 . 2001. 真实的复兴——极度现代的世界中的身体、自然和地方 . 张妮妮译 . 北京：中央编译出版社 .

陈嘉映 . 2003. 语言哲学 . 北京：北京大学出版社 .

陈学明 . 2001. 西方马克思主义教程 . 北京：高等教育出版社 .

大卫·格里芬 . 1996. 后现代科学 . 马季芳译 . 北京：中央编译出版社 .

大卫·格里芬 . 1999. 后现代精神 . 王成兵译 . 北京：中央编译出版社 .

丹尼尔·J·布尔斯廷．1992. 发现者——人类探索世界和自我的历史．吕佩英等译．上海：上海译文出版社．
丹尼斯·米都斯．1999. 增长的极限——罗马俱乐部关于人类困境的报告．李宝恒译．长春：吉林人民出版社．
杜德利·西尔斯．1993. 发展的含义//塞缪尔·亨廷顿等．现代化：理论与历史经验的再探讨上海：上海译文出版社．
恩格斯．1984. 自然辩证法．于光远等译．北京：人民出版社．
弗朗索瓦·佩鲁．1987. 新发展观．张宁，丰子义译．北京：华夏出版社．
哈肯 H. 1983. 协同学及其最新应用领域//庞元正，李建华．系统论、信息论、控制论经典文献选编．北京：求实出版社．
F A 哈耶克．2003. 科学的反革命．冯克利译．南京：译林出版社．
汉斯·约纳斯．2008. 技术、医学与伦理学．张荣译．上海：上海译文出版社．
赫尔曼·戴利．2006. 超越增长：可持续发展的经济学．诸大建，胡圣译．上海译文出版社．
赫尔曼·戴利，肯尼思·汤森．2001. 珍惜地球：经济学、生态学、伦理学．马杰等译．北京：商务印书馆．
黑格尔．1997. 哲学史讲演录．贺麟，王太庆译．北京：商务印书馆．
胡锦涛．2007. 高举中国特色社会主义伟大旗帜为夺取全面建设小康社会新胜利而奋斗．北京：人民出版社．
胡锦涛．2012. 坚定不移沿着中国特色社会主义道路前进为全面建成小康社会而奋斗．北京：人民出版社．
胡锦涛．2004-04-05. 在中央人口资源环境工作座谈会上的讲话．光明日报．
胡锦涛．2005-02-19. 在省部级主要领导干部提高构建社会主义和谐社会能力专题研讨班上的讲话．人民日报（海外版）．
胡文耕．1992. 生物学哲学．沈阳：辽宁教育出版社．
卡普拉 F. 1988. 转折点——科学、社会和正在兴起的文化．卫飒英等译．成都：四川科学技术出版社．
康德．1997. 纯粹理性批判．蓝公武译．北京：商务印书馆．
康德．2000. 判断力批判（下卷）．韦卓民译．北京：商务印书馆．
柯林武德 R G. 1999. 自然的观念．吴国盛译．北京：华夏出版社．
库尔特·拜尔茨．2001. 基因伦理学．马怀琪等译．北京：华夏出版社．
库尔特·多普弗．2011. 经济学的演化基础．锁凌燕译．北京：北京大学出版社．
拉·梅特里．1979. 人是机器．顾寿观译．北京：商务印书馆．
雷毅．2001. 深层生态学思想研究．北京：清华大学出版社．
李武林等．2007. 西方哲学史教程．济南：山东大学出版社．
路德维希·冯·贝塔郎菲．1999. 生命问题．吴晓江译．北京：商务印书馆．
马丁·海德格尔．2012. 存在与时间．陈嘉映，王太庆译．北京：生活·读书·新知三联书店．
马尔库塞 H. 1982. 工业社会和新左派．任立译．北京：商务印书馆．
马克思．1975. 资本论．3 卷（上）．北京：人民出版社．
马克思．2008. 1844 年经济学哲学手稿．北京：人民出版社．

马克思，恩格斯．1957. 马克思恩格斯全集．2卷．中共中央马克思恩格斯列宁斯大林著作编译局译．北京：人民出版社．
马克思，恩格斯．1958. 马克思恩格斯全集．4卷．中共中央马克思恩格斯列宁斯大林著作编译局译．北京：人民出版社．
马克思，恩格斯．1965. 马克思恩格斯全集．1卷．中共中央马克思恩格斯列宁斯大林著作编译局译．北京：人民出版社．
马克思，恩格斯．1972. 马克思恩格斯选集．1卷．中共中央马克思恩格斯列宁斯大林著作编译局译．北京：人民出版社．
马克思，恩格斯．1972. 马克思恩格斯选集．2卷．中共中央马克思恩格斯列宁斯大林著作编译局译．北京：人民出版社．
马克思，恩格斯．1972. 马克思恩格斯选集．4卷．中共中央马克思恩格斯列宁斯大林著作编译局译．北京：人民出版社．
马克思，恩格斯．1972. 马克思恩格斯全集．23卷．中共中央马克思恩格斯列宁斯大林著作编译局译．北京：人民出版社．
马克思，恩格斯．1979. 马克思恩格斯全集．6卷．中共中央马克思恩格斯列宁斯大林著作编译局译．北京：人民出版社．
马克思，恩格斯．1979. 马克思恩格斯全集．46卷（上）．中共中央马克思恩格斯列宁斯大林著作编译局译．北京：人民出版社．
马克思，恩格斯．2004. 马克思恩格斯全集．44卷．中共中央马克思恩格斯列宁斯大林著作编译局译．北京：人民出版社．
马克思，恩格斯．2007. 马克思恩格斯全集．3卷．2版．中共中央马克思恩格斯列宁斯大林著作编译局译．北京：人民出版社．
马克斯·韦伯．2007. 新教伦理与资本主义精神．康乐，简惠美译．桂林：广西师范大学出版社．
麦喀梵．1908. 经济学原论．朱宝绶译．北京：中国图书公司．
乔治·萨顿．1987. 科学的生命．刘郡郡译．北京：商务印书馆．
斯蒂芬·贝斯特，道格拉斯·科尔纳．2002. 后现代转向．陈刚等译．南京：南京大学出版社．
斯坦利·杰文斯．1984 政治经济学理论．郭大力译．北京：商务印书馆．
孙周兴．1996. 海德格尔选集．上海：上海三联书店．
唐纳德·沃斯特．1999. 自然的经济体系——生态思想史．侯文蕙译．北京：商务印书馆．
唐奈勒·H·梅多斯，丹尼斯·L·梅多斯，约恩·兰德斯．2001. 超越极限：正视全球性崩溃，展望可持续的未来．赵旭，周欣华，张仁俐 译．上海：上海译文出版社．
滕藤．2001. 概述我国生态经济学的产生过程与发展趋向．当代生态农业，(Z1)：11.
田中裕．2001. 怀特海．包国光译．石家庄：河北教育出版社．
万以诚，万岍．2000. 新文明的路标．长春：吉林人民出版社．
王德峰．2000. 哲学导论．上海：上海人民出版社．
王伟．1995. 生存与发展——地球伦理学．北京：人民出版社．
温家宝．2004-02-22. 提高认识，统一思想，牢固树立和认真落实科学发展观．光明日报．
吴国盛．2008. 技术哲学经典读本．上海：上海交通大学出版社．
孝文．2008. NASA 最具纪念意义 50 张照片：展现完整地球．http：//news.xinhuanet.com/tech/

2008-10/28/content_10264781. htm [2009-09-01].
辛格 H W. 1965. 社会发展：最主要的增长部门. 国际发展评论，(3)：5.
雅克·莫诺. 1997. 偶然性与必然性. 上海：上海人民出版社.
亚当·斯密. 1974. 国民财富的性质和原因的研究（下）. 王亚南译. 北京：商务印书馆.
杨通进. 2000. 走向深层的环保. 成都：四川人民出版社.
余源培，吴晓明. 2005. 马克思主义经典文本导读. 北京：高等教育出版社.
张德昭. 2005. 论环境伦理的基础. 社会科学研究，(4)：66～70.
张德昭. 2006. 深度的人文关怀：环境伦理学的内在价值范畴研究. 北京：中国社会科学出版社.
张德昭. 2008. 解释模式的转换与后现代科学实在论——兼论生存论视野的科学与人文. 教学与研究，(1)：62～69.
张德昭. 2008. 生态经济学的范式——生态、经济与德性之思. 自然辩证法研究，(5)：99～102.
张德昭，冯亚军. 2011. 马克思，恩格斯的生态哲学思想与科学发展观. 重庆大学学报（哲学社会科学版），(4)：123～127.
张德昭，任心甫. 2005. 自然观和价值观的转折与互动. 自然辩证法研究，(5)：12～16.
张德昭，王净. 2011. 儒、道生态伦理观的共性及其当代意义. 重庆大学学报（哲学社会科学版），(2)：112～118.
张德昭，徐小软. 2004. 论动物解放/权利论的天赋价值范畴. 自然辩证法通讯，(4)：42～48.
张德昭，徐小软. 2004. 重建人和自然界的价值论地位. 自然辩证法研究，(3)：14～18.
张德昭，杨华. 2010. 论生态经济学的伦理基础. 伦理学研究，(4)：60～67.
张德昭，杨华. 2010. 整体论，以人为本与可持续——从生态维度看当代发展理论的共同旨趣. 重庆大学学报（哲学社会科学版），(4)：109～113.
张德昭，袁媛. 2006. 价值层面的可持续发展. 自然辩证法研究，(3)：14～17.
张德昭，杨庆峰，石敦国. 2002. 论伦理评价对科学技术的张力. 自然辩证法研究，(1)：31～33.
张连国. 2005. 从传统经济学到生态经济学. 社会科学辑刊，(3)：59～64.
张自强，徐中民，程国栋. 2003. 可持续发展下的生态经济学理论透视. 中国人口·资源与环境，(6)：1.
Collins H. 1981. Stages in the empirical programme of relativism. Social Studies of Science，(11)：3.
Costanza R，Segura O，Martinez-Alier J. 1996. Getting Down to Earth：Practical Applications of Ecological Economics. Washington D C：Island Press.
Devall B，Sessions G. 1985. Deep Ecology in Living as if Nature Mattered. Salt Lake City：Peregrine Smith Books.
Faber M，Manstetten R. 2010. Philosophical Basics of Ecology and Economy. New York：Routledge.
Naess A. 1988. Self realization：an ecological approach to being in the world. //Seed J，Macy J，Fleming P. Thinking Like a Mountain：Towards a Council of All Beings. Philadelphia：New Society Publishers.

Odum E P. 1969. The strategy of ecosystem development. Science, New Series, 164, (4): 18.

Patridge E. 1997. Values in nature: is anybody there? //Environmental Ethics: Readings in Theory and Application. CA: Wadsworth Publishing Company.

Patridge E. 1997. Discovering a world of values: a response to rolston//Environmental Ethics, Readings in Theory and Application. CA: Wadsworth Publishing Company.

Regan T. 1986. The Case for Animal Rights. CA: University of California Press.

Rowlands M. 2000. The Environmental Crisis: Understanding the Value of Nature. London: Macmillan Press.

Simon S. 2011. Leviathan and Air-pump: Hobbes, Boyle, and the Experimental Life. NJ: Princeton University Press.

Taylor P. 1986. Respect for Nature: a Theory of Environmental Ethics. NJ: Princeton University Press.

后记

本书是笔者主持的国家社科基金西部项目“生态经济学的哲学基础研究”（09XZX004）的最终成果。在此，首先要感谢国家社科基金的资助。社科基金是以笔者的博士后出站报告为基础申报的，因此，要特别感谢笔者的合作导师曾国平教授，以及参与课题申报的尹希果教授、刘燕副教授、庞永红副教授（最近已晋升为教授）、何兵副教授和靳萍副教授。具体研究工作由笔者和李树财完成。

本书在写作过程中，得到重庆大学文理学部副主任蔡珍红、科技处处长王旭、公共管理学院副院长刘渝琳，重庆社会科学院科研处处长李敬等领导和专家的关心与指导，得到重庆大学社科处周余斌、石磊、陈姿屹等同志的帮助，在此深表感谢！

另外，还要特别感谢笔者的研究生魏绮芳、胡艺鸣、吴玉龙、刘娇、郭益维、刘超然。他们或协助我查阅资料，或协助我编排文献，或帮助我处理一些琐碎事务，有些还作为本书初稿的第一读者提出了他们的修改建议。

关于生态经济学的哲学基础问题，目前国内外学术界在生态经济学的研究中都有所涉及，但是大多数研究散见于浩如烟海的各种文献中，系统的研究还比较少，这既给本书的研究提供了机遇，也带来挑战。本书写作在很大程度上是一种创新，同时也是对学者们已有研究的总结。在此，笔者要特别感谢相关领域的学者们，正是他们的创造性工作，为本书写作提供了丰富资料和灵感源泉。因篇幅所限，无法在本书的末尾将相关文献的详细目录列出，特此向相关作者表示诚挚的歉意！

最后，衷心感谢重庆大学公共管理学院科研秘书薛育余先生一直以来的帮助，感谢科学出版社邹聪编辑在本书出版过程中所付出的辛劳！

张德昭

2013年春节于重庆大学民主湖畔